HUMANITIES AND SOCIETY

社会政治理论的重构

Richard J. Bernstein

[美国] 理查德·J.伯恩斯坦 著 黄瑞祺 译

译林出版社

图书在版编目（CIP）数据

社会政治理论的重构 / （美）R. 伯恩斯坦（Bernstein, R. J.）著；黄瑞祺译. — 南京：译林出版社，2008.4（2021.7 重印）
（人文与社会译丛 / 刘东主编）
书名原文：The Restructuring of Social and Political Theory
ISBN 978-7-5447-0502-8

I. ①社… II. ①伯… ②黄… III. ①社会哲学 – 研究 ②政治哲学 – 研究 IV. ① C91—02 D0

中国版本图书馆 CIP 数据核字（2008）第 030474 号

著作权合同登记号　图字：10–2021–299 号

社会政治理论的重构 ［美国］理查德·J. 伯恩斯坦 / 著　黄瑞祺 / 译

责任编辑　黄　颖
装帧设计　胡　苨
责任印制　单　莉

原文出版　Methuen & Co Ltd, 1979
出版发行　译林出版社
地　　址　南京市湖南路 1 号 A 楼
邮　　箱　yilin@yilin.com
网　　址　www.yilin.com
市场热线　025-86633278
排　　版　南京展望文化发展有限公司
印　　刷　江苏凤凰扬州鑫华印刷有限公司
开　　本　880 毫米 × 1230 毫米　1/32
印　　张　11.5
插　　页　2
字　　数　268千
版　　次　2008年4月第1版
印　　次　2021年7月第2次印刷
书　　号　ISBN 978-7-5447-0502-8
定　　价　72.00元

主编的话

刘 东

总算不负几年来的苦心——该为这套书写篇短序了。

此项翻译工程的缘起，先要追溯到自己内心的某些变化。虽说越来越惯于乡间的生活，每天只打一两通电话，但这种离群索居并不意味着我已修炼到了出家遁世的地步。毋宁说，坚守沉默少语的状态，倒是为了咬定问题不放，而且在当下的世道中，若还有哪路学说能引我出神，就不能只是玄妙得叫人着魔，还要有助于思入所属的社群。如此嘈嘈切切鼓荡难平的心气，或不免受了世事的恶刺激，不过也恰是这道底线，帮我部分摆脱了中西"精神分裂症"——至少我可以倚仗着中国文化的本根，去参验外缘的社会学说了，既然儒学作为一种本真的心向，正是要从对现世生活的终极肯定出发，把人间问题当成全部灵感的源头。

不宁惟是，这种从人文思入社会的诉求，还同国际学界的发展不期相合。擅长把捉非确定性问题的哲学，看来有点走出自我囿闭的低潮，而这又跟它把焦点对准了社会不无关系。现行通则的加速崩解和相互证伪，使得就算今后仍有普适的基准可言，也要有待于更加透辟的思力，正是在文明的此一根基处，批判的事业又有了用武之地。由此就决定了，尽管同在关注世俗的事务与规则，但跟既定框架内的策论不同，真正体现出人文关怀的社会学说，决不会是医头医脚式的小修小补，而必须以激进亢奋的姿态，去怀疑、颠覆和重估全部的价值预设。有意思的是，也许再没有哪个时代，会有这么多书生想要焕发制度智慧，这既凸显了文明的深层危机，又表达了超越的不竭潜力。

于是自然就想到翻译——把这些制度智慧引进汉语世界来。需要说明的是，尽管此类翻译向称严肃的学业，无论编者、译者还是读者，都会因其理论色彩和语言风格而备尝艰涩，但该工程却绝非寻常意义上的“纯学术”。此中辩谈的话题和学理，将会贴近我们的伦常日用，渗入我们的表象世界，改铸我们的公民文化，根本不容任何学院人垄断。同样，尽管这些选题大多分量厚重，且多为国外学府指定的必读书，也不必将其标榜为“新经典”。此类方生方成的思想实验，仍要应付尖刻的批判围攻，保持着知识创化时的紧张度，尚没有资格被当成享受保护的“老残遗产”。所以说白了：除非来此对话者早已功力尽失，这里就只有激活思想的马刺。

主持此类工程之烦难，足以让任何聪明人望而却步，大约也惟有愚钝如我者，才会在十年苦熬之余再作冯妇。然则晨钟暮鼓黄卷青灯中，毕竟尚有历代的高僧暗中相伴，他们和我声应气求，不甘心被宿命贬低为人类的亚种，遂把迻译工作当成了日常功课，要以艰难的咀嚼咬穿文化的篱笆。师法着这些先烈，当初酝酿这套丛书时，我曾在哈佛费正清中心放胆讲道：“在作者、编者和读者间初步形成的这种‘良性循环’景象，作为整个社会多元分化进程的缩影，偏巧正跟我们的国运连在一起，如果我们至少眼下尚无理由否认，今后中国历史的主要变因之一，仍然在于大陆知识阶层的一念之中，那么我们就总还有权想像，在孔老夫子的故乡，中华民族其实就靠这么写着读着，而默默修持着自己的心念，而默默挑战着自身的极限！”惟愿认同此道者日众，则华夏一族虽历经劫难，终不致因我辈而沦为文化小国。

一九九九年六月于京郊溪翁庄

目　录

中文版序

《社会政治理论的重构》一书已出版三十余年，从那时起，所有社会科学以及我们对社会政治理论的理解都发生了剧烈的变迁。不过，我仍然相信在这本书中所形成的论旨——一个适当的社会政治理论必须是经验性的、解释性的、批判性的——已经被证实了。这并不是三种不同类型的理论，而是社会政治理论的功能的三个方面。为了能领会我在这本书中所说的，我们需要重建其（社会政治理论）历史脉络与智识脉络。二战后社会科学有惊人成长，特别是美国的社会科学。许多重要社会科学家把社会科学看作是行为科学，即人类行为的科学。他们的行为科学观主要是基于对自然科学的理解，或更确切地说，基于他们认为是自然科学的主要特征。行为科学（因而）是研究人的自然科学。不同于自然科学，社会科学相对崭新及"年轻"。但是希望及期待是社会科学能有快速进展，能比得上自然科学及物理学已经实现的巨大发展。这个时期的精神可借由心理学家克拉克·赫尔（Clark Hull）来表达，在1943年他写道："我们有充分的理由相信行为科学将在当前展现一种足以媲美物理学在哥白尼、开普勒、伽利略与牛顿时代的发展。"赫尔的期待为经济学、社会学、人类学、政治科学与心理学等领域的许多主流社会科学家所共享。然而，越来越明显的是，社会科学家主要不是受到物理学实际作为的影响，而是受逻辑实证主义者及逻辑经验主义者所提出的自然科学观所影响。依据逻辑经验主义者对科学的理解，理论说明依循一种假设—演绎模型，需要对关键性概念下工作定义，以及对理论及假设仔细验证。理论的主要目的是去描述及说明经验实在。它预设事实与价值之间存在明显区别，而且必须避免任何命令式的或规范性的主张。从我们今日的观点来看，很讽刺的是，那时许多社会科学家接受了逻辑经验主义者的自然科学观，这种自然科学观受到诸如波普、库恩、费耶阿本德等人（以及其他思想家）的严重质疑及批判。

对主流社会科学观的批判还有其他来源。有一种批判来自于受后期维特根斯坦以及行动的分析哲学所影响的哲学家。温奇在1958年出版了他的专著《社会科学的理念及其与哲学的关系》，这本书造成了轰动。温奇利用对维特根斯坦以及行动的语言哲学二者的理解，论证许多主流社会科学家所采用的“社会”的概念是彻底混淆的。在行为与行动之间，以及在理由与动机之间，存在着概念上的混淆。我们赋予人类社会行动的说明类型和适用于肢体行为的说明类型是完全不同的。分析语言哲学中正出现的一个新领域——行动哲学，挑战并批判了主流社会科学观以及逻辑经验主义的遗产。

不过对于社会学科的自然主义观之批判也还有其他来源。19世纪下半叶的德国，关于自然科学（Naturwissenschaften）与人文科学（Geisteswissenschaften）的关系已有激烈争辩。在这个时期如狄尔泰等思想家论证人文科学（特别是史学）本质上是解释性的，且主要关注于理解和解释。再者，人文科学中的理解必须与自然科学中的说明小心区分。在20世纪初，伟大的社会学家马克斯·韦伯，也论证理解对于社会学科的方法论而言是必要的。解释学运动也受到胡塞尔现象学探究的影响。舒茨曾经是胡塞尔与韦伯的学生，对于什么是理解及解释人类行动所需要的问题，立足于现象学的洞察，他寻求发展一种新的解释探究途径。尽管社会学科的主流自然主义式探究途径与现象学探究途径之间存在许多差异，他们都共享了一个预设，即一种恰当的社会科学应该是

“价值中立的”。社会学科的功能并不是要对社会现象采取一种规范性的或批判性的立场。

但是,这种为社会学科的“价值中立”辩护以及避免批判的企图,却遭到法兰克福学派思想家的挑战。哈贝马斯——他曾经担任阿多诺的助理,且熟习社会学科的各种探究途径——认为社会科学不能避免批判。甚至,他论证社会科学本质上是批判的。在1968年出版的《知识与人类兴趣》一书中,哈贝马斯区分三种主要的认知或知识引导的兴趣:技术的、实践的、解放的兴趣。技术兴趣引导并组织了经验性—分析性科学;实践兴趣引导历史性—解释性学科;而解放兴趣引导批判性社会科学。“系统化的社会行动科学……如同经验性—分析性科学,以生产理论性知识为目标。然而一门批判性社会科学将不会只满足于此。批判性社会科学主要关注于超越此目标,去确定何时理论性陈述掌握社会行动本身不变的规律性,以及这些陈述何时表达意识形态所冻结的依赖关系,而这种关系原则上是可以转变的。”再者,批判所涉及的不只有认知,还有一种情感—动机的基础。“如果不是由对批判的热情所推动,批判将不具有瓦解错误意识的力量。”一门批判性社会科学本质上是规范性的,且关注于那些应当引导人类实践之规范的辩护。在过去三十年间,哈贝马斯已建构一套综合性的沟通行动理论及论辩伦理学理论,然而他仍一贯地坚持一门批判性社会科学的必要性。

我在上述背景下撰写了《社会政治理论的重构》。我寻求以一种辩证的方式来整合这些互相竞争的探究途径的洞见,而拒斥我认为误导的(成分)。一门恰当的社会科学必须遵守经验研究及假设检证的准则。但是我也认为逻辑经验主义者的理论观及科学说明观必须抛弃。就如同解释学探究途径及现象学探究途径的拥护者教导我们的,在社会学科中我们不能避免理解与解释。因此一套恰当的社会理论必须是经验性的和解释性的。然而这仍不够。我完全同意哈贝马斯的意见,一套充分发展且健全的社会政治理论也必须是批判性的。它必须探讨那些支配人类行动的规范,并厘清在这些规范的证立中涉及些什么。

自1970年起，在过去三十几年间社会科学的景象以及有关社会政治理论的争论已经彻底转变了。关于什么是一套恰当的社会政治理论所需要的,出现了许多新的辩论。我已在《超越客观主义和相对主义:科学、解释学及实践》(1983)和《新全貌:现代性/后现代性的伦理—政治视域》(1992)二书中尝试探讨及厘清这些关键性辩论。虽然智识领域已经转变了,但我认为我的主要论旨和结论依旧是站得住脚的。时至今日它们甚至更为相关。我仍然认同我在结论中所写的:

> 分析到最后,我们并非面对着互斥的选择,即要么经验理论,要么解释理论,要么批判理论。而是在社会政治理论的重构之中有一种内在的辩证关系:当我们从事任一环节时,我们会发现涉及其他的环节。一套恰当的社会政治理论必须是经验性的、解释性的以及批判性的。

最后,感谢黄瑞祺博士花费许多时间及努力,他的翻译态度极为认真,使得《社会政治理论的重构》有了可靠的中译本。

理查德·J.伯恩斯坦

2007年3月12日于社会研究新学院

致　谢

在撰写这本关于社会科学之问题和议题的书时，我曾和那些学科的同事们密切合作。哈弗福特学院(Haverford College)提供联合教学、非正式研讨课以及跨学科讨论的稀有的机会。我从与T. 丹德烈亚（心理学)、S.古宾斯(经济学)、W.霍恩施泰因(社会学)、W.麦加佛瑞(人类学)和W.瓦尔德曼(政治学)等人的讨论中获益良多。他们都对我关于这些主题的想法有贡献,不过没有一位会完全同意我在本书中所说的。我要特别提到我受惠于舒默(政治理论)的,我和他在过去已经争辩了八年了。她的敏锐以及她掌握别人意思的能力经常帮助我拓深我自己的思维。

我要感谢人文学科国家基金会，从1972年到1973年当我开始撰写本书时,我接受了该基金会的高级奖学金。我要感谢哈弗福特学院减免我的教学工作并提供打字服务。麦克布莱德和彼特金阅读初稿。他们锐利的批评让我重写了许多。我夫人卡罗尔从她百忙的学术活动中抽出宝贵时间给我详尽的批评。塔拉博雷利和哈格里夫斯帮忙打字,奥唐奈制作索引。Harcourt Brace Jovanovich出版社的编辑维伦和布劳德结合了同情的理解与编辑的坚定。最后我要感谢约万诺维奇的忠告和友谊,他具有每个作者都梦想在出版商身上发现的两种美德——耐心和鼓励。

我开始撰写这本书是在伦敦的汉普斯特德，文特里斯用过的办公桌前，最后在纽约杰伊的办公室完成的，那时我还俯视着阿迪朗达克山。尽管地方的某种精神并不经常提供灵感的来源,但在这件事上它们却提供了。

ix **R.J.伯恩斯坦**

导　言

20世纪60年代，我正在撰写《实践与行动》一书时，就深深感觉到有些新思潮非常活跃——学术生活的模式、强调的重点以及关注的对象都逐渐在改变。尽管当代的各种思想取向迥异，而且其间缺乏有效的沟通，但我隐约感觉到有些基本主题却是自黑格尔以降，在各种思想运动中不断且必然出现的。这些思潮都将焦点放在实践和行动的核心概念上，以期对人类处境获致深刻的理解。于是，我开始检视实践和行动的观念在当代四种思潮，即马克思主义、存在主义、实用主义以及分析哲学中的重要性。不过当时我主要限于厘清这几种探究途径对于理解人类活动的贡献。而这也就是为什么我在总结该项研究时，宣称那只是一个开端的原因。

当我完成手稿时，一场新的论战正在进行，我在书中所探讨的许多议题，也在这场论战中，以各种崭新且无法逆料的形式出现。20世纪60年代社会政治的骚乱与抗议所导致的一个后果，就是社会科学的基础受到一连串抨击及彻底批判。正当"意识形态的终结"在美国被叫得震天价响时——当时，主流社会科学家都怀着一种自信，认为他们的学科终究可以建立在稳固的经验基础之上了，因而知识的稳定增长指日可待——于是，一场如火如荼的论战爆发了。

有些学者宣称社会科学的基础本身就是脆弱的；常常我们以为是

客观的、科学的知识，其实只不过是一种用来维护现状的意识形态的伪装形式而已；社会科学最显著的特征，不在于其阐明既存社会政治实在的能力，而在于它们对现实情况不能提供任何批判性的视角；以及它们赋予已渗透到人类生活所有层面的社会技术性控制及操纵，一种虚假
xi 的正当性。人们逐渐怀疑社会科学中根深蒂固的自由主义信念，即相信一旦人类对于社会政治的运作，逐渐获致系统性的、经验性的理解之后，自然会导向明智的决策，改善社会的不平等及不公道，解决社会问题。即使是价值中立及客观经验研究的坚决拥护者，也不得不承认他们的学科有些问题，虽然这些问题经常被归因于社会科学的年轻及不成熟。

局外人的批评或许可以当作无知、外行而不加理会。最让专家困扰的还是圈内人士的批评。这些专家都认为社会科学已经获得大众承认，成为真正的科学了。下一代的学者（拥有最精密量化及经验性的研究技术）将可以全心全力推动社会科学的发展，使其成为更加成熟的科学。但是有些圈内人士却觉得极端不满，大肆批评。世界各地学生运动的领袖，有许多是学习社会科学的学生，他们对于社会的批评和对他们自己学科的批评是息息相关的。

一些向来被认为是不相干的、垂死的、错误的或过时的探究途径，突然之间又充满了活力。从语言哲学的纯概念分析中所得到的一些主题，被用来批判社会科学的认识论基础。科学史及科学哲学晚近的发展，也威胁到社会科学家一向所抱持的有关科学及理论的看法。“硬心肠”的经验主义者一向所敌视的“软心肠”的现象学及解释学也大受欢迎。许多年轻的思想家认为：这两种探究途径对于社会关系的理解，比起以精密严谨而自豪的经验研究，更能提供真知灼见。已经被宣布死亡或被确切驳倒的马克思主义，又在国际上展现新的活力了。

阅读社会科学过去十年来的相关文献，我们获得的第一印象是杂乱无章。一切仿佛都“唾手可得”。关于何者是确定不移的研究结果，何

者为适当的研究程序，何者为重要的问题，甚至何者为研究社会政治最有前途的理论途径等问题，都很少有甚至根本没有共识存在——除非是同一个学派的成员。某个人一提出主张，另外的人就唱反调，互相辩驳，十分热闹，喋喋不休地竞相博取我们的注意。 xii

20世纪60年代如火如荼的论战，绝不限于社会科学的地位这类狭隘的学术议题。这些争执的激烈反映出人们关心一些较深刻、较广泛的议题。当人们感觉到他们正处于危机时期，当基础似乎动摇了，正统崩溃了，人们就会创立一个公共空间，在此，有关人类处境的一些基本问题将会重新被提出来讨论。本书主要的目标在于厘清、探索这些比较基本的议题。我希望阐明，本来只是有关社会科学的争论，只限于很小的学术圈子，现在却转移到一些基本问题上，譬如人性，何者构成关于社会政治知识，此种知识如何影响我们的生活方式，理论与实践之间的关系如何，以及应该如何等等。

许多社会科学家都相信，在相对平静的70年代中，60年代许多混淆都将很快地过去。一些把社会视为一种复杂的动态均衡，而持"结构功能模型"的人，或者有些认为新的、更进步的"一般系统"探究，能使我们理解社会是如何运作的人，都把这段时期视为一种暂时的紧张压力，而"调节机制"会再调整过来。他们说，让这批胡闹的批评者——这些人会越来越少——叫嚣说这些都是"资产阶级的意识形态"。假若我们是负责、认真、诚实的研究者，则我们的主张必须中庸、实际，但信念必须坚定，即坚信持续不断的经验研究将会增加我们对于社会的科学理解。而最终这种研究所能获致的有效的社会改革，将远比所谓的革命者的叫嚣大得多了。

我不否认这是一种普遍的态度，特别是在社会科学家中间，也不否认有重大的理由去支持这种态度。但我希望能够证明，对于过去二十年所发生之现象的这种解释，基本上是一种曲解。对于过去所发生的，而现在仍然继续演变的现象，还有另外一种解释。如果我们能透视浮辞泛语，即当我们能区辨何者为正确的批评，何者为错误的批评；何者为夸张的批评，何者为中肯的批评时，我们就能觉察到正在发展中的一项复杂论证的轮廓：一种正在浮现的新感知性（new sensibility），目前虽然还是很脆弱，但终将导致社会政治理论的重建。在此“论证”一词具有双重的意义：在比较古老的用法中，论证指一段情节或一则故事。我要展示此一情节的轮廓，把它带到前台来。而论证比较正规的用法则是指一种
xiii 理性论证。我们可以发觉最初似乎是相互独立的探究路线，只是一项复杂论证的各个阶段或步骤，而整个论证的力量比其中任何部分都要大得多。一套恰当的、广博的政治社会理论，必须同时是经验性的、解释性的以及批判性的。这句话是什么意思，为什么必须如此，以及经验研究、解释及批评如何辩证地结合在一起等问题，在此一潜在的构思中将可以逐渐明朗起来。

在本书一开头，我不打算把我正准备证明的一个清晰论题提出来。我只提出一个模糊的征兆，暗示有关行动、社会及理论等的基本议题已经在论战之中被提出，而社会科学的批评者和辩护者都只是在自说自话。当务之急乃重新检讨一个受到严厉批判的观念，即相信社会科学应该是研究社会现象的自然科学，和目前已确立的自然科学只是在程度上有所差别。某些批评者认为社会科学要模仿自然科学的想法十分肤浅，甚至很愚蠢。有些批评者认为这个信念基于一个简单的或过分简化的谬误，例如社会科学都是天真素朴的实证主义，然而实证主义已经被驳倒了，或至少已被彻底修正了，所以我们可以轻而易举地驳斥基于此一错误基础的社会科学了。另外一些批评者则认为所有社会科学的核心在于肯定事实与价值的严格二分法，而此种僵硬的划分是不可靠的，所以整个社会科学就崩溃了。在社会科学某些批判性讨论中，有一种隐藏的本质主义。有些批评者——辩护者也是一样——总以为社会科学运用自然科学的程序来研究社会政治，只是牵涉到“一个大原则”。只要将此项大原则加以揭露、驳斥，那么整个社会科学就会土崩瓦解，而不

必考察各门社会科学的烦琐细节。

由于经常有人倡言社会科学是真正的**实证**科学，因此在一个更精微的层次上，反对者就提出种种“不可能性”、“超验性”或“概念性”的论证，以证明要建构此种社会科学是不可能的，因为此种社会科学观根本就是概念上的混淆。我不相信任何“不可能性”的论证能够成立。而且由于哲学上的理由，我也不相信社会研究的认识论地位可能有这种确定不移的、先验的论证。[①]数百年来，对于社会研究的真正性质，虽然有人 xiv
一再地提出超验的或不可能的论证，然而随即又有反对的论证产生，证明其无法成立，从这种反对论证中可见建立一门研究社会中之个人的实证性、经验性的自然科学，并没有什么不可超越的理论障碍存在。关于社会科学的一些重要思考已经从这些讨论当中浮现出来了，我并不是暗示把社会研究当作不成熟的或年轻的自然科学的看法没有问题。但是社会研究是不是真正的科学，或社会生活的某些特征是否无法用科学技术来研究等，对于这些问题的回答，只是混淆（而非厘清）自然科学与社会研究的异同。

我首先要讨论的是，主流社会科学家对于他们的学科的理解。我用“主流社会科学家”是指那些认为社会科学与成熟的自然科学之间的差异只是程度问题，而不是本质问题的人。他们相信社会科学最大的成就乃寄托在模仿、修正、适应那些在我们对自然的科学理解中，已然是成功的技术。我们不可把“主流社会科学”想象得比实际的更为一致、更为同质。因为其中不仅对自然科学的本质特征有重大歧见，而且对社会科学与自然科学之间的相似性也莫衷一是。然而，我觉得应该重视实际在做研究且在方法论上自觉的社会科学家的意见，而不应完全听信社会科学哲学家的说法。社会科学哲学经常成为自然科学哲学贫乏的同父

① 参阅《实践与行动》，第四部分，关于我怀疑此种先验的或超验的论证的理由。

异母姐妹，只是探讨一些一般认识论的争议，与社会学科的实际研究毫无关联。

诚如我将在第一章中阐明的，主流社会科学家相信他们的学科是一门真正的自然科学，只是比较年轻而已，他们这个信念源于他们对于经验理论之性质及重要性的理解。因而必须探讨何谓经验理论，经验理论与类型的理论活动（例如所谓的规范理论）如何区别，为何他们认为经验理论对于社会各学科的科学地位是如此重要。尽管主流社会科学家之间有许多的歧见，但是他们对于经验理论之认识论特征以及逻辑
xv 特征的理解，却极为一致。不过对于何者能满足甚或接近该种理论的标准却缺乏任何理性共识。

对于社会科学的自然主义观，只有在提出来加以探讨之后，我们方能评估其优、劣，其所见、所蔽。我将集中于直接向这种社会学科的自然主义式理解的主张挑战的三种当代取向。*每一种取向皆针对社会科学之基础来进行批判，每一种取向皆提出一种它自认为更高明的社会政治探究途径。

第一种思想取向系基于分析哲学，特别是维特根斯坦和奥斯汀所倡导的“语言学转向”。社会科学并非两人的主要兴趣，甚至对于他们的研究与社会理论究竟有何关联的问题，也不是他们的兴趣所在。但受两人影响的许多思想家却论证：以往社会科学家对于行动之性质、描述及说明的自命不凡的主张，已经受到有关语言复杂性（特别是行动的语言）的新见解的挑战了。他们论证，对人类行动的描述和解释要完全纳入经验性自然科学的规格中，根本是错误的见解，而且是观念上的混淆。

再者，最近分析哲学家之间的一个最重要、争议最厉害、高潮迭起的领域，就是科学史和科学哲学。在过去短短几年之中，我们对“科学形象”(image of science)的理解，已历经了一次实质革命——至少和实证

---

* 即分析哲学、现象学及批判理论，分别在本书第二、三、四章中审视。——译注

主义者及逻辑经验论者倡导的所谓的正统见解比较起来确实如此。科学史和科学哲学大部分的著作是以自然科学为对象，但对社会科学显然有重大的影响。对社会科学作一种自然主义式的理解，有赖于对自然科学的主要特征(特别是理论所扮演的角色)有一个清楚的掌握。由于一种崭新的后经验主义科学观，已经改变了我们对于自然科学的理解，从而影响到对社会科学与自然科学之间各异同方面的合理评判。对于最近之社会科学概念的影响，也许没有哪一部作品比库恩的《科学革命的结构》更大了，尽管他很少论及社会科学。他的影响很纷杂，也很令人迷惑。或许问题主要出在一些政治及社会学者对库恩著作的引用方式 xvi
上，他的著作甚至被引用来支持互相冲突、矛盾的论调。

第二个对社会学科的自然主义观的重要挑战，来自于现象学。当代现象学创始者胡塞尔的研究，虽然是从考察逻辑及数学开始的，但他把现象学方法应用到了全部的人类经验中。在社会科学当中，他对心理学的兴趣最为直接。有鉴于传统心理学的缺失，有必要把心理学建立在一个坚实的现象学基础之上。在他的哲学发展中，主体间性(intersubjectivity)的本质成为他理解现象学的中心旨趣了。

但是，真正去探求现象学对于社会生活全部的复杂涵义的，则是受到胡塞尔影响的一些学者。舒茨原来关注韦伯的“解释社会学”，后来在胡塞尔以及柏格森的作品中，找到厘清社会学科之现象学基础所需要的思想工具。法国哲学家如梅洛—庞蒂和保罗·利科，不受约束地从胡塞尔那里获得一些观念，将注意力转移到现象学如何能够帮助我们理解社会实在上。最近若干思想家——最著名者莫过于意大利哲学家帕奇——尝试综合胡塞尔和马克思二者的思想。关于现象学对社会科学中经验研究的影响也许最令人震惊的，是现象学原来对它的影响微乎其微，但在过去二十年间，对于经验研究(特别是在社会学里头)已经发生了重大影响。在美国和英国，现象学派的社会学者及民俗方法学者(ethnomethodologists)逐渐形成一股潮流，他们经常从胡塞尔和舒茨的思想中获得灵感。

对于经验理论，以及那些相信其学科正逐渐向成熟的自然科学发展的主流社会科学家的信念，还有第三个挑战，即来自法兰克福学派的批判理论。“法兰克福学派”在第二次世界大战后始闻名于世，它包括一群与社会研究所有关的思想家，该研究所于1923年在德国法兰克福成立。此一学派大部分成员，包括核心人物霍克海默、阿多诺及马尔库塞等等，都深受黑格尔、马克思的影响。在他们被逐出德国的时期——正值该所最具创造力的时期——他们集体建立起社会批判理论的基础。
xvii 这种理论一方面有别于资产阶级社会科学，另一方面也和教条式的斯大林派马克思主义不同。社会研究所成立的宗旨之一乃从事经验研究，在其避居美国期间，系以权威人格及大众社会的研究闻名于世。但是其成员对于英国经验主义以及美国实用主义的传统深表怀疑而且极为轻视。

社会研究所于1950年迁回德国之后，出现的最为杰出而且引起最多争议的思想家就是哈贝马斯。哈贝马斯与老一辈的法兰克福理论家不同，他对社会科学、分析性的科学哲学、语言哲学以及理论语言学等的晚近发展都有精深和全面的理解。哈贝马斯重新检视了批判理论的基础，并寻求发展出一套广博的社会理论，将经验主义、现象学、解释学以及马克思—黑格尔等的研究主题，进行一种辩证式的综合。和舒茨以及许多维特根斯坦之后的分析哲学者一样，哈贝马斯对于为主流社会科学家所构想并加以实践的社会科学，公然加以抨击，对于我们理解社会实在所涉及的一些核心的认识论议题，也加以探讨。他已经着手在自然主义式的社会科学观之外，另辟蹊径。

因为上述三种取向都根源于哲学运动，这些哲学运动已经深深地形塑了现代意识，又因为三种取向都对于主导我们这个时代的科学主义加以揭露——一种可能导致理论上及实践上不良后果的科学主义——因此我决定详加检视。但是我并不想撰写一部概论书,也不想站在不偏不倚的裁判者立场,评判各方的优劣。我的主要目标是要发展出一个观点,以便借此综合各种思想取向的精华,而弃其糟粕。

我越多地审视这堆庞杂的材料,就发现有越多的材料可以安排到这里面。于是乎,我们所面对的**不再**是一大堆从不相关的观点撷取而来的批判要点和特设性论证(ad hoc arguments)。当我发现在这些材料中,尽管有紧张及冲突,却远比我当初所预料的更为连贯时,觉得大为兴奋。

例如,在探讨分析哲学家对于社会科学的一些批判时,我就问他们对于社会知识有何不同的见解。这些批评者所津津乐道的一些主题,仍 xviii
是解释社会学和现象学传统的核心问题。因此我就很自然地探讨现象学是否为社会实在的见解提供了一套比较清楚的阐释。进而言之,尽管"硬心肠"的经验主义者、分析哲学者与现象学者之间有重大歧见,但他们其实共同秉持某些基本假定。他们倡导一种理论观以及理论家的角色,这种理论家近乎超然无私之观察者的理想,去说明、理解、解释甚至仅仅描述实际的情况。但是这种理论和理论家的观念,潜藏着困难和未解决的问题。这些问题及其枝节就是社会批判理论最初的源泉了。

在从事此一研究时,我想起黑格尔《精神现象学》中的一段名言。在《精神现象学》导言中,黑格尔描述科学(Wissenschaft),或者说关于实在的完整系统而科学的理解,与自然意识(Das Naturliche Bewusstsein)彼此最初如何看待对方。从其中之一的观点来看,对方似乎都是颠倒错乱的。黑格尔警告我们:

> 因为要抛弃或驳斥一种不是真理的知识,说它是对事物的一种庸俗见解,则不能全凭保证,保证自己是一种完全不同的知识,至于那种庸俗见解在自己看来一文不值等等;也不能全凭揣想,说在这种不真的知识本身中存在着较佳知识的征兆。如果只是作断

> 言，那么科学等于声明它自己的价值及力量全在于它的存在，但不真的知识恰恰也是诉诸它的存在，而断言科学在它看来一文不值。一项枯燥贫乏的保证，只是跟另一项保证具有同样多的价值而已。[①]

尽管我摒弃黑格尔的主张，谓有或可能有一种最终的完善科学，我们却可以从上述引文中获得一项与本研究相关的、极为重要的教训。在有关社会学科之地位的争论中，特别是基于不同哲学观点的争论之间，我们似乎遇到“一项空洞的保证”，此保证的价值“和另一项保证的价值完全相等”。从争论各方的言行来看，似乎自己的观点才是唯一正确的观点，别的观点根本“不足道”。假若我们想要避免这种理智的怀疑主义，必须非常实在地检视某一种主张——黑格尔称之为某种意识形
xix 式——设身处地来加以理解，发现它的弱点和内在矛盾，这样就能引导到更恰当、更广博的理解。这就是黑格尔所谓从确定性（Gewissheit）到真理（Wahrheit）的辩证运动。真理有待发现——黑格尔所探讨的每一种意识形式中正确的东西；任务是抽出这种“真理”，因而必须揭露这些意识形式之中错误的及抽象的成分，然后超越这些意识形式，而达到一种更为恰当的理解。

同理，我们探讨各种相互竞争的社会政治理论时，也应从其自身内在观点或其自我理解来加以掌握，看看各种理论的内在困难，如何让我们能理解其各自的错误或片面性，以及各自的真理。黑格尔也教导我们，任何严肃的反思都必须从浅显处开始；完全不顾普通的见解是不行的。这也就是我为什么从审视社会学科的自然主义观及其对经验理论的强调开始。虽然这种观点遭受许多批评，它仍然是一种普通见解。

---

① 《精神现象学》，J. B. Baillie译，New York: Harper and Row (1967)，第134—135页。[译文参酌贺麟等的中译本，《精神现象学》，上卷，北京：商务印书馆 (1979)，第54页。——译注]

如本研究这样，要处理那么多的思想家以及那么庞杂的材料的情况下，选择原则的问题通常都是可以提出来的。我深知有好多相关材料我都没有讨论到，还有许多其他探究途径可供我选择。当我进行探讨时，我选择议题及主题的原则将会变得更清楚些，不过在此我可以做一个初步说明。本书主要是为熟知盎格鲁—撒克逊思想传统以及被这种思想传统所影响的人而写的。我之所以强调这点，乃是因为当代社会学科、人文科学(sciences humaines)或精神科学(Geisteswissenschaften)的讨论，在不同文化脉络中采取非常不同的形式。例如，假若我要参与法国最近的人文科学讨论，我就会聚焦于现象学者、结构主义者、后结构主义者及综合符号论者的交汇点上。从另一方面而言，假若我要为德国及中欧读者写作的话，我就会检视种种形式的马克思主义、解释学、存在主义哲学及现象学，这些学说都影响到重要议题的讨论。在美国(在其他英国移民后裔的国家较不显著)社会科学有一个强烈的自然主义传统存在。许多研究者都毫不迟疑地说社会科学是一门“美国的”学科，他们也以跟较富于玄想的及较哲学性的探究决裂而感到自豪。虽然我将会探讨现象学及社会批判理论的意义——二者都是根源于欧陆传 xx
统——但我着重于介绍他们宣称矫正社会科学之自然主义观的不当之上。

甚至更重要的是——这需要另外写一本或两本书来建立我的主张——在盎格鲁—撒克逊有关社会科学的性质以及理论的作用的争辩中所凸显的基本问题，在欧陆对于人文科学及精神科学的探讨中也同样重要。二者被严肃地对待的选择以及讨论的形式显然不同，但二者都关切同样的基本议题。

在本书中，我所讨论的是“社会科学”及“社会研究”。我已警告过一种伪装的本质主义的危险，即未能恰当处理这些名称一向所包括之探究的多样性及复杂性。为了避免浮泛，我的讨论集中于社会学及政治科学的领域。正是在这两门学科中，关于社会科学的性质及地位，以及这对于社会和政治知识的含义等基本问题，被人们提出来讨论。但是从头到尾，我都将显示我对于这两门学科所说的，和所有社会科学都是相关的。

另外还有一点需要读者注意的。我这本书题为“社会政治理论的重构”，但是关于“社会理论”及“政治理论”的意义，有许多语言学上的混淆——这也反映出实质上的混淆。有时这些名词主要用来指涉有关社会和政治之性质的哲学思考。晚近，特别是由于对经验理论的兴趣提高之后，这类名词遂用来指谓关于社会政治现象的经验理论。大多数的主流社会科学家都承认社会学与政治科学有所区别，但此区别乃是基于二者在这两个不同领域，所探讨的不同类型的变量或议题。至于二者都志在科学的成熟性以及可验证的说明性理论，则在“社会的”与“政治的”之间并无本质的或范畴上的差别。物理学与化学的差别亦是如此。正如同这些自然科学之间有许多交错重叠和相互交流的领域，社会学与政治科学之间亦复如此。

然而我也欣赏阿伦特及哈贝马斯之类的思想家，他们检视了“社会的”及“政治的”等概念的历史，并告诉我们这类概念曾经被如何应用到
xxi **不同范畴**的现象上，以及研究这些现象的学科如何具有不同的目标。[①]他们的研究不限于这些概念之意义转变的历史。现代人把社会政治研究视为基本上相类似和同质的，其间的差别主要在于所探讨的变量类型，这可说是概念上的革命，他们告诉我们此概念革命的意义。不论获得了什么，也有些重要的东西失落，甚至被压制了。此种现代概念革命已导致对于政治及实践的古典意义——尤其是亚里士多德式——的遗忘。政治学曾一度被当作具有实践目的的学问——在城邦里过着一种美好、正义的生活，而不是当作对政治系统如何运作的一种理论探讨。

---

① 参阅阿伦特，*The Human Condition*；哈贝马斯，《理论与实践》。

对于许多社会科学家而言,这种政治学的概念,虽然高尚、感人,现在却显得虚伪。他们认为这种概念反映出事实与价值的混淆、经验性与规范性的混淆，这类混淆也许会阻碍社会政治研究的科学发展。在第四章中,我将探讨区别“社会的”与“政治的”所涉及的争议,因为这与理论之**批判**功能的理解有直接关联。当然,我们不可能返回到古典意义的政治学。但是,在此回应哈贝马斯的主张,我认为今日的基本问题乃是政治学之古典目标(让人们在政治团体中过着美好、正义的生活),与社会思想的现代要求(获致社会运作之科学知识)二者之间的调和。①

我想把这个探究摆在我个人的经验及信念里,来总结这篇导言。这些个人的经验业已为许多思想家所共享，这些思想家皆试图清晰地去思考社会政治现象，并寻求把他们最深刻的思想与他们的生活方式关联起来。当代英语世界的思想家不能低估他们的思想、态度、信念,甚至感觉等受经验主义、科学以及实用主义等传统影响的程度,即使有人反抗这些传统。这些传统有若干优点,不可轻易抹煞:他们尽量坚持清晰、严谨。他们忠于公共的及主体间的验证与批评的理想,承认任何知识都有可能错误,且应接受进一步的质问。对于无拘无束的玄想及含糊的蒙昧主义思想具有一种健全的怀疑态度。这些智识上的优点和道德上的优点及政治上的优点都密切关联。人们相信:坚实的经验知识不仅可以帮助我们避免迷信及成见,也能获致明智的行动。但导致启蒙思想家如 xxii
此高瞻远瞩的许多这类信念,已经变质了。从早期启蒙时代的理想到当代的实证主义和经验主义,似乎是一种自然进展。一度曾经是伟大的解放理念,却转变为桎梏人心的紧身夹克。此种辩证发展隐含了一种虚无主义,而英美思想家却经常未加以正视。过去两百年来的思想史,对于什么才算是真正的知识以及对于理性论证的界限，已经赋予愈来愈严

① 哈贝马斯,《理论与实践》,第44页。

格的限制了。维特根斯坦在他的《逻辑哲学论》中,将此一辩证发展推到它无可回避的结论:严格说来,我们不能够有意义地谈论价值,因为价值是处于事实以及有关这些事实之有意义命题的世界之外。

此一思想之辩证运动已经有了最为深远的理论和实践后果——特别是在社会政治研究方面。一方面,人家告诉我们,我们不能无视于科学的不断进步,我们作为理论家的任务乃是要来解释此世界,即要对于符合科学知识之严格标准的事实,给予理论上的说明。启蒙时代的理想仍然在口头上被承认,因为我们不断地被告知:随着我们经验知识的累积,我们就能够更好地进行明智的行动及社会改革。但就另一方面而言,关于何者是明智的,何者是较佳的,这类理性讨论的可能性却受到了怀疑。我们被告知:此种讨论不仅在科学领域之外,也在**任何**形式的理性论证之外。分析到最后,也许一切价值立场都是主观的、任意的而且都没什么道理可言。没有任何理性的决定程序**足以**判定各种价值取向的高下。

以上论述所产生的问题及紧张不仅仅是在思想方面,它们影响到我们思考自己的方式以及生活的方式。20世纪60年代此种自我异化及危机的重要经验,许多人都经历过。现行社会政治实在的形式以及对此实在之既有的思考方式,必定犯了严重的错误。一个人被教导去接受的最精致的知识形式,和一个人"内心"所感觉的,二者之间的歧异变得非常重大。这段时间诚然是个多事之秋。但一个严重的后果不容忽视,许多人逐渐感觉需要一种更深刻的理解:什么地方发生错误,既有思想的紧身夹克如何支配人们的生活。肤浅的抗议及论战是不够的,目前需要的是一种彻底的批判;重新思考"过一种理性生活"是什么意思;以及把理论与实践相结合。我在本书所要说的正是此一转向及探索的历
xxiv 程——一个尚未有定论的历程。

第一章

经验理论

我们之中应该有我们认为是政治哲学家的人，这是我国智识生活中的一个设定。哲学家本身以及对哲学变迁感受敏锐的人，在最为概括的层次上，关注政治社会关系。……我们的历史三百年来，从17世纪初期到20世纪，自霍布斯至鲍桑葵，已有这样的人以英文来著述。然而如今，我们似乎不再有这种人了。传统中断了，设定也错置了；除非我们对传统即将恢复的可能性抱持信念。但是现在，无论如何，政治哲学已经死了。

拉斯利特，1956①

所有成熟的科学知识皆是理论性的，显然这并不意味着事实是无关紧要的。……事实必须以某种方式来编排，以便我们能理解它们之间的关联。而编排这些事实的概括性层次越高，说明和理解的范围也就越广。……

假若政治科学能够达到这样的一般理论，显而易见的，其能给予政治生活的理解将是深广的。因而，就不必说这种理论由于它的效用而成为值得拥有的了。然而唯一不明显的事情是：无论如何，此一理论的建构乃通往可靠且敏锐的政治学知识的道路上的一个可能且必要的步骤。

在现今美国政治研究的视野下看不到此类理论。

伊斯顿，1953②

在推动政治学中所谓“行为革命”的众多动机之中，有两大强烈的焦虑扮演着重要角色。这两种焦虑已经说服政治学者离开传统的政治学课程，并且说服这些新政治学者，他们的新科学将是自

① 参阅《哲学、政治与社会》(第一辑)，拉斯利特编，第vii页。

② 参阅伊斯顿，《政治系统》，第4页。

然科学的一种。……第一种焦虑是害怕伊斯顿在《政治系统》一书中所称的“极端事实主义”(hyperfactualism)。政治科学家经常成为
3 只是关于政治系统的事实的编纂者，特别是有关宪政体制之细枝末节的事实。没有人会否认事实的重要性；其实，这只是坦承一门成熟的政治学需要的事实证据远比我们现有的更多。但是我们也必须认知到成熟且声誉卓著的物理学，远非仅是事实的编纂而已；而且，我们也看到执着于事实本身，不足以产生任何可享有政治**“科学”**之名的东西。一套整合理论的创建才是治疗“极端事实主义”的方法，因为只有理论才能使我们分类及评估由实验和观察所得的事实数据的意义。而且此种理论也可平息第二种焦虑，即害怕政治学者可能被视为政治意识形态者。因为此种理论与“传统的”政治理论迥异；它是经验性的及描述性的理论，而非道德性的及规范性的理论。我们的目标是创造一个通过恰当验证的科学理论体系，而非制造意识形态。

瑞安，1972[①]

① 参阅瑞安，“‘Normal’ Science or Political Ideology?”，《哲学、政治与社会》(第四辑)，第86页。

一

实证主义的影响

上述题记反映出盛行于20世纪50年代政治哲学及政治学状态的主调,亦提供了探究社会科学中经验理论的性质及意义的一个观点。虽然题记只有关政治哲学及政治学,但我们仍然可以在整个社会科学领域中引用类似的文字,来反映相同的智识态度。纵使其间发展的律动有所不同,然而每一门社会科学在20世纪中皆经历了哲学思辨的式微,以及某种乐观主义的兴起,这种乐观主义认为一个稳固的科学经验基础一旦建立,则研究成果将指日可待。

拉斯利特宣称"现在,无论如何,政治哲学已经死了"虽然刺耳,却似乎是残酷的事实。我们无法举出任何一位当代的哲学家,其显示的政治社会思想能如霍布斯、洛克、边沁或密尔般广博;也没有任何当代学者能展现孟德斯鸠、卢梭、黑格尔或马克思等的力道、广度及深度。拉斯利特所言甚是:伟大的传统已经支离破碎了,纵然他暗示这个传统有可能再兴。

然而这并非任何表面理由所能说明的,或者是缺乏具创造性的天
才所导致的。传统的破败似乎是盎格鲁—撒克逊文化生活中根深蒂固 4
且盛行的智识态度所不可避免的后果。诚然,几乎没有什么盎格鲁—撒克逊思想家是孔德或维也纳学派的严格意义下的实证主义者,但是这种实证主义者的气质却在他们身上产生了深刻的影响。基本上,实证主

义者的气质只承认两种正当知识的典范：经验科学或自然科学，以及诸如逻辑和数学等的形式学科。任何无法化约为这两种典范知识，或无法满足这些学科所订立的严格标准的知识，都会遭受质疑。有一种分析及厘清这两种典范的特征的工作，但是分析本身是一种属于第二层级（second-order）的学科，是存在于经验科学和形式科学这两种第一层级学科中的寄生物。

很少有社会科学家会提议或暗示：政治社会哲学的研究是毫无价值的。这样的历史研究或许可以扩大个人的视野，提示付诸验证的经验假设，以及偶尔显露一些可能被挽救起来加以利用的敏锐观察。但是这些大哲学体系的问题是它们混淆了事实与价值的倾向，即所谓的描述判断与规约判断。因此，不论此种研究可能具有何种价值，这些传统的哲学体系是无法系统而严格地表述出来，以便付诸验证的。

主流社会科学家通过实证主义的眼镜来观照自身学科的历史。某些人选择“断裂”理论，强调20世纪发生于社会科学的变革，足以媲美16和17世纪自然及物理科学与较古老的自然哲学传统之间的断裂。在人文科学中，这个新科学时代的潜在革命性影响不下于物理科学曾发生过的变革。其他人则赞同“连续”理论，将此种新科学探究途径视为始于柏拉图、亚里士多德传统的潜在承诺的实现。上述两种理论皆认为智识生活史在历经了神学、形而上学及哲学等的思辨黑暗期之后，才出现实证科学的胜利。

社会科学家对自身学科的理解又为哲学内部的发展所强化。早期逻辑实证主义者所主张的知识三分法——分析的、综合的或无意义的——一旦确立了，社会政治哲学将无正当的地位*。此一宏伟的知识殿堂一旦将其经验的（综合的）要素与定义的（分析的）要素分门别类，便
5 不得不被拆解了。对于这些学科的规范层面的态度差距颇大：从最极端

* 被视为无意义的。——译注

且最好斗的立场,即认为此类论述皆无意义或者最多是情绪性的,到较不极端的看法,认为哲学分析至少可以厘清规范性的术语及讨论的用法。因此,伦理学被元伦理学所取代了。哲学家的工作是要阐明伦理学讨论,而非提出规范性的声明。或许适合于社会政治生活的规范性话语也是同样道理。我之所以说“或许”,乃是因为受逻辑实证主义或逻辑经验论影响的哲学家们,把大量的智识精力贯注于元伦理学的研究中,而对于社会政治问题没有什么兴趣。他们坚信:一旦认识论和伦理学中的棘手难题能厘清,其他问题自然迎刃而解。

即使分析哲学中产生“日常语言”的革命,此种情形起初仍未改变。日常语言运动的第一道曙光包括了下述三种趋势:对正统实证主义之过度科学主义的严厉抨击,且对不同形式的语言的复杂性、多样性及不可化约性渐增其敏感度,以及一种新的哲学分析观。如今我们可以说道德话语——或是更一般性的规范话语——不会因其无法满足科学讨论的标准而有所缺憾。道德话语自有其结构、语法及规则。哲学家的工作是阐明及探讨这些话语,并且厘清道德术语的细微差别。不过,日常语言哲学家与其较具实证主义倾向的对手仍有共同的信念,即真正的哲学工作是阐明道德话语,而非提出伪装的规范主张或是虚假的辩护。在此,哲学同样被视为是第二层级(尽管是极为重要的)学科。

简言之,由于盎格鲁—撒克逊哲学中最精致、最严谨的发展,已经假定政治社会哲学没有(而且也不可能有)任何能产生真正知识的这种理性训练,所以政治社会哲学的传统已经破灭了。主流社会科学家肯定不会为此传统之消逝或崩溃而哀叹;相反,他们自己的领域缺乏科学发展,经常被他们归咎于受到这种传统的局限,以及经验理论与规范理论之间范畴区别的概念混淆。

康德在其《纯粹理性批判》一书中,已敏锐地描绘出数学和自然科学如何经历概念革命,正是这种革命将其转变成为真正的科学。一旦这样的革命发生,它们才展现出在人类知识成长中,逐渐成熟的学科特 6

征。主流社会科学家们相信,在20世纪,类似的革命已发生在针对复杂人际关系中之个人的科学研究上。对于当时情况的这种集体感受,以及关于社会科学或行为科学的未来发展所抱持的这种乐观主义,在克拉克·赫尔1943年出版的一本书中有所表述:

> ……有理由希望在未来百年中,在这个领域中将会看到前所未有的发展。在这方面乐观主义的一个理由在于,至少在美国人当中,把“社会”科学或行为科学当作真正的自然科学,而非当作精神科学的趋势日益增长。与此种趋势紧密结合的是日益把逻辑的、民俗的及拟人化的考虑,排除在推定的主要行为解释因素表列之外。与这些趋势完全吻合的是,对行为科学中要求明确陈述及充分验证的逐渐扩大的承认。假如这三种趋势持续增强,似乎很可能,有良好的理由期望行为科学不久将会展现足以媲美哥白尼、开普勒、伽利略、牛顿时代的物理科学所显现的发展。①

正当社会科学家们逐渐对其自身学科的科学地位具有信心时,他们感觉有必要去厘清这些学科在逻辑上及认识论上的特征,特别是在可能被拿来与已经确立的自然科学进行有意义的比较的层面上。瑞安虽然提及对于“极端事实主义”的担心,但其他方面的影响亦敦促对于社会学科的科学地位加以阐明,特别是对于经验理论的性质与意义。从事实际研究的社会科学家日渐关注其领域的内部混淆。而当科学哲学家们对于自然科学的主要特征以及理论在其间所扮演的确切角色逐渐理解之后,他们便对方法论精练的社会科学家们发挥了强而有力的影响。

① 参阅赫尔,*Principles of Behavior*,第400页。

二

主流立场:默顿

当代关于社会学科的科学地位的最佳陈述之一,出现在默顿的《社会理论和社会结构》一书中。[①] 因为默顿是一位社会理论家,对社会学研究有实质的贡献,对社会科学领域展现了巨细靡遗的知识,并且对社会 7
科学的发展也有历史意识,他关于理论的陈述对经验理论的探究提供了一个绝佳的起点。默顿一直是一个温和派的学者,20世纪50年代他关于“中程理论”(theories of the middle range)的概念被奉为圭臬,不同流派的社会学者应该都会欣然同意。

默顿接受挑战,即相较于自然科学而言,社会科学未成熟发展的说明。他声称把现阶段的社会科学,特别是社会学,与当代的物理学相比较,不仅是误导的,并且有成为一种“误置的受虐狂”(misplaced

---

① 《社会理论和社会结构》一书发行了三版,且重印多次。它首次出版于1949年,1957年修订,又于1968年再次增订。在我的文本中所引用的许多文句都引自第一版的导言,默顿于其中提出了中程理论的必要性。此导言重印于1957年版。然而,在1968年增补版中,默顿扩充及修订了他最初的导言成为两篇文章。在这些新章节中,默顿为他的中程理论概念在这二十年间所受到的许多批评进行了辩护,并且为社会学的科学地位提出更为充分的描述,考虑了科学史及科学哲学的近著。除非特别注明,否则所有参考默顿著作的页数都是指第一版的《社会理论和社会结构》。

masochism）倾向。对科学史的理解可以同时是谦卑的并且是解放性的，特别是对那些认为社会理论可以一举获得巨大成果的乐观主义者。这种天真的乐观主义忽略了在物理学发展的道路上，数个世纪以来的研究成果为物理学中的重大突破预备了地利条件。“**历史上同时代的文化产物必有相同程度的智识成熟度**”（第6页）乃是错误的假定。“或许社会学尚未准备好迎接它的爱因斯坦，因为它的开普勒尚未出现。即使无与伦比的牛顿，在他那个时代，也承认累积性的研究是无可取代的贡献，他说：‘我之所以看得较远，是因为我站在巨人肩上’。”（第7页）[①]

我们可以得到的教训是，假若我们欲将社会学与物理学相提并论，那么以现阶段的社会学与刚起步的物理学相比更具启发性。“在20世纪物理学与20世纪社会学之间存在有数十亿人时持续的、严格训练的、累积的研究差距。”（第6—7页）

虽然默顿强调社会科学与物理学在发展上不相称，但他并不怀疑使社会科学具有同类型的科学成熟度的可能性。和赫尔一样，他确定社会科学可以有开普勒、牛顿或爱因斯坦。他提倡中程理论乃是将此视为当前欲达成此目标的灵活策略。默顿敏锐地发觉到，多数的社会科学研究皆在“抽象经验论”与“巨型理论”的两极间摆荡——此两极为C.W.米尔斯所嘲讽并且加以严厉批评。[②]

但是在能够恰当描述中程理论之前，我们必须更清楚社会科学的
8 理论取向。对于经常与真正的理论相混淆的研究活动，默顿的概述不仅极具警示作用，亦标出了理论的特定功能。

---

① 在《社会理论和社会结构》1968年的版本中，默顿增加了社会科学中还没有出现相等同的自然科学家的名单。“或许社会学尚未准备好迎接它的爱因斯坦，因为它的开普勒尚未出现——更不用说它的牛顿、拉普拉斯、吉布斯、麦克思韦或普朗克了。”（第47页）

② 参阅米尔斯，*The Sociological Imagination*，特别是第二、三章。

理论不可理解为"**针对数据的一般取向，提示无论如何需要考虑的变量类型，而非特定变量间关系明确的、可验证的陈述**"组成的——即使这是"大部分目前所谓的社会学理论"(第9页)。依照默顿的看法，由于这太过于松散无法令人满意。理论不是由"观点"或"探究途径"组成的，理论所衍生的明确定理至少必须包括"特定变量间的关系之清晰、可验证的陈述"。

理论不可与方法论相混淆。当然，社会科学家在方法论上必须熟练。他们必须知道如何使用统计学和其他量化的技术，如何设计实验；他们必须理解推论的性质和一套理论系统的要求。"但此种知识并不包含或意指社会学理论的特定**内容**"(第84页)，社会科学的特殊性之一——不同于自然科学——在于方法论已自成一个学科分支而有其自身的专家。过度关注方法论，经常偏离了建构实质的理论体系的工作。默顿与许多从事实际研究的科学家的看法一致，即方法论的讨论通常在与特定实质研究问题相关联时，才是最有成效的。[①]

理论也不可与诸如地位、角色、社群 (Gemeinschaft)、社会互动、社会距离、失范 (anomie) 等"社会学概念之分析"相混淆。诚然，若没有对于进入一个理论系统之核心概念的分析，社会学理论化就无法进行。但对这些概念进行多方面的分析，已吸引了许多社会理论家，并不能产生一个理论系统，也不能对理论系统有任何的增益。这样的理论系统是由具有经验结果的、在逻辑上相互关联的命题所组成的。

将"**事后** (post factum) 的社会学解释"(第90页)误认为是真正理论时，我们更接近理论的一个主要混淆。通常此种解释是用来说明观察的现象。社会理论家面对种种数据，他看到某一既定的诠释使得此数据

① 波普在他的《历史决定论的贫困》中强调这点：在方法上比较丰盛的辩论总是受到某些研究工作者面临的实际问题所激励；且几乎所有在方法上未受激励的争辩，都具有无益的精致氛围的特征，为方法论带来了不良声誉(第57页)。

9 “有意义”或者该诠释“适合”此数据。但隐含于**事后**解释之下的逻辑谬误在于，许多粗糙假设在某种程度上皆可由“事实”来加以证实或确证，但这些假设是设计来说明互相冲突及矛盾的事态的。事后解释与说明经常是如此有弹性的、含糊的或开放的，以致它们几乎可“说明”任何数据。默顿警觉到皮尔斯所强调的，而且波普在当代一再述说的一个论点：科学理论必须是可驳斥的与可证伪的，而非只能被确证或证实。

有些社会科学家认为理论的适当功能在于提出健全的经验概推。经验概推是建立理论系统的必要条件，但并非充分条件。在此，我们看得最清楚瑞安所谓的“极端事实主义”的焦虑，或是米尔斯所指称的“抽象经验论”。一个深深地影响了社会科学研究的原始神话，就是相信真正的科学工作就是收集数据，以及以此为基础提出经验概推。20世纪我们收集数据的技术已相当精致。我们有数据库和一些以改良收集数据的技术为宗旨的机构。很多人也相信：倘若当我们搜集了足够的数据，并且发现这些数据中的相关性时，我们将能达到建构真正科学的较高级的经验概推。即使有些人隐约地感觉到科学不只是收集数据以及根据此数据建构经验概推，但仍深信这是朝向更高阶理论的不二法门。这是一个“原始神话”——即使它被广泛相信，且培根与密尔也经常被引用为赞同及倡导此观念的人——因为这是全然错误的。我们很难指出任何哲学家曾对科学持有如此简化的观念——当然不是培根和密尔。再者，尽管当代哲学家对科学理论的性质和角色有很大的甚至是尖锐的歧见，却有一个理性的共识，即理论不是仅仅由基于事实之收集或观察而形成的经验概推组成的。

当我们考虑把社会科学当作是真正的对自然科学的某些挑战时，这将是极为重要的一点。许多固执于素朴的经验主义的社会科学家们深信这些挑战是似是而非的，或是“没有根据的”。当他们的对手断定借由收集数据、寻求相关性，再经由数据的提示而提出可检证之经验概推是不可能的或错误的时，对他们而言是难以置信的。他们确信这不仅是

可能的,而且**已**在最佳的经验研究中被实践了。他们认为这样的活动是科学探究的精华，他们完全无法理解其对手如此反对的理由；他们问 10 道:对于运用在方法论上健全的研究技巧的社会科学,我们怎能质疑其可能性或重要性呢？但是,我们即将理解,主要的问题不在于收集及解释数据的可能性,而在于这种工作的意义以及我们能从中得到的推论。

默顿告诉我们社会学文献里有很多经验概推——“概述观察到的两个或多个变量间关系之齐一性（uniformities）的孤立命题”(第92页)。但是“此种庞杂的命题仅仅为作为一门学科的社会学提供了原料。只有当此种齐一性有关的一组相互关联的命题暂定地建立起来时，理论工作及迈向理论的经验研究才刚刚开始”(第92页)。

以上区别了许多与理论相混淆的研究活动之后，默顿现在准备不仅是针对社会学,且针对一般社会科学,解释何谓系统理论（systematic theory),第一点他强调:适用于系统理论的概推与奠基在观察特定变量之上的种种经验概推有很大的不同。“第二类的社会学概推,即所谓的‘科学定律’，不同于前者在于它是可以由理论**推演**出来的一项规律性陈述。”(第92页)如同大多数的社会科学家,默顿也承认至今仍然缺乏此种定律的好榜样,然而他相信近似第二类的社会学概推“并非完全没有”(第92页)。“社会学领域中缺乏此种定律或许反映出当前理论与经验研究的二分。尽管有许多社会学理论史的著作和许多经验研究,但社会学者(包括作者)可能在讨论社会学定律的逻辑判准时,没有引用任何一个完全满足这些判准的例子。”(第92页)这种承认几乎是对社会学科之科学地位的捍卫者的一个限制，特别是对那些确信理论与科学说明的角色在自然科学与社会科学之间本质上相同的人。然而,对于他自己的意思,默顿举了一个例子,非常值得仔细地来加以思考,因为默顿想要强调的关于系统理论、科学说明以及科学定律角色的许多论点皆可参考此例而理解。这个例子是“重述”涂尔干对天主教徒与基督教徒

11 之间不同自杀率的解释。①

“在不同的人口中，天主教徒的自杀率比基督教徒低，是一个已经被长久建立的统计上的齐一性。”(第92页)在其他因素维持不变的情形下，就此一主张被小心地建构的程度而言，我们只有一个经验概推——这个概推不会声称去陈述不变的关系。问题在于给予这个规律性一个理论上的说明。默顿用形式化的方式重述涂尔干的理论假设，提供了以下对于涂尔干的分析之解说：

> 第一，社会凝聚力能够给深受压力及焦虑的团体成员提供精神上的支持。
>
> 第二，自杀率乃是人们**未获抚慰缓解**之焦虑与压力的函数。
>
> 第三，天主教徒的社会凝聚力比基督教徒大。
>
> 第四，因此，天主教徒的自杀率可以预料比基督教徒低。

在默顿的讨论脉络中，他并不想证明这是涂尔干说法的一个恰当重建。默顿亦不争论相关前提的真假，或分析这类重要但模糊的概念，诸如“精神上的支持”或“**未获抚慰缓解的**焦虑及压力”。他唯一的目的只是

---

① 经常在社会科学文献中所发现的一种困难是，有关理论本质、科学说明、定律等的一般陈述，与为了阐明这些论点所引证的例子之间的不一致。默顿犯此过错不亚于他的许多没有他那么老练的同事。由于在本书的脉络里，我感兴趣的是引出默顿对于社会科学中理论之本质及功能的理解，我忽略了有关默顿对涂尔干之“重述”的适当性的许多可能被提出来的问题。晚近学术界质疑默顿的逻辑重建在历史上及经验上的精确性。参阅Steven Lukes, *Emile Durkheim: His Life and Work*, Ch. 9; Dominick La Capra, *Emile Durkheim: Sociologist and Philosopher*, Ch. 4; Jack Douglas, “The Sociological Analysis of Social Meanings of Suicide”, *Archives européennes de sociologie*, 7 (1966); Hannan C. Selvin, “Durkheim's *Suicide* and Problems of Empirical Research”, *American Journal of Sociology*, 62 (1958)。

对此理论分析范式的一些形式上的特征加以评论。

第一,他观察到,原有的经验发现的范围由于此种分析而扩大了很多,因为这个概推是以比较高阶的抽象性来概念化的:"天主教义——社会凝聚力——获抚慰的焦虑——自杀率。"朝向更高抽象性的益处在于我们不再将此齐一性视为独立的,而是视为一种在"带有某种概念化属性(社会凝聚力)的团体与行为"(第93页)之间的关系。

第二,此类型的分析一旦说明并且建立了"从一组相关命题所衍生的齐一性的理论相关性"(第93页),它遂提供理论及研究发现的累积。"自杀率差异的齐一性更加证实了它们(与其他齐一性)所衍生出来的一组命题,而这是**系统理论**的主要功能。"(第93页)

第三,上述对涂尔干分析的重述可以让我们导引出不同的结果,并使我们既可以检证理论分析恰当与否,又可以说明其他似乎不相干的规律性。例如,社会凝聚力的初始前提让我们能探究自杀之外的现象可否成为影响"社会凝聚力"崩解的因素——诸如固执的行为或病态的成见等现象。 12

第四,理论提供了一个预测基础。例如,假若有独立的测量显示天主教的社会凝聚力下降了,则理论学者(倘若其他条件不变)能预测此团体的自杀率将会有上升的趋势。

第五,上述的理论功能暗示了理论的另一个重要特征,也就是说默顿告诉我们的:"涂尔干的论述并非全然正确。"(第94页)一个理论要有生产性,则它必须是充分**确定**的。"精确性是**可检证性**标准的一个构成元素。"(第94页)默顿敏锐地警告现阶段的社会学,理论确定性的程度事关良好判断,但在社会科学中过度精确的压力却可能导致徒劳的活动。然而另一方面,理论家也必须努力达到起码的精确程度,如此理论才可付诸经验检证与否证。

默顿对涂尔干理论分析的重述,和他所强调的若干论点,只是当作阐释罢了。在我目前的探究阶段,若去指责他无法面对为了获致对真正理论确定的理解所产生的许多问题,未免有失公允。但我确信,默顿已触及到那些社会科学家和社会科学哲学家在阐释系统理论与科学说明之性质时所关注的最核心课题。默顿所预示的理论科学说明模型即是所谓的“假设—演绎”模式,其为“演绎的”在于其说明——在此例中,是关于自杀率之经验规律性——乃非琐细的推演。给定了前三个前提,结论就可以逻辑地推演出来。假若任何一个前提遭遇挑战,或许可以给予一些暂时接受它们的理由。其为假设性的,因为不可能宣称此架构中的任何前提不可能发生错误。进一步的概念探究或经验探究可能挑战、修正甚至摒弃它们。

默顿也承认在系统理论中,或明或暗地需要运用定律——或者更谨慎地说,是定律式的陈述(lawlike statements)。这样的定律必须小心地与仅仅是经验的概推加以区别。由于这些定律的优点——哲学家称之为“通则性陈述(nomological statements)”——才能保证所导出的反事实陈述(counterfactual statements),对科学的说明与预测是如此的重要。默顿告诉我们,当涂尔干的理论预设让我们能预测:倘若天主教徒中的社会凝聚力有减弱的趋势,则(其他条件不变)我们可以预期此团体自
13 杀率有上升的趋势,由此可了解上述道理。

最后,默顿注意到科学说明、精确性、可检证性和预测性,四者之间的紧密关系。一个良好的科学理论能借着显示如何从理论预设与适当的初始条件中,推演出经验现象与规律性,来加以说明。但它必须有足够精确地陈述,以便能付诸检证。否则,我们无法把它和上述的事后解释加以区分,因为伪科学说明亦可满足可推演的判准。

上述对社会学理论的概述——意图掌握社会科学中系统理论的本质特征的概述——有助于定位默顿对中程理论之需求的策略性建议。一方面,默顿反对那些认为无需理论的经验主义者,在他的作品中,他由始至终都驳斥此种态度为心胸狭隘的,不具生产性的,而且最终而言

是非科学的。这样素朴的经验主义最多只能导致毫无方向地收集数据以及种种经验概推的混乱积累。而这些并不是科学所要做的,更不是自然科学成功的要诀。没有理论的经验研究是盲目的,正如没有经验研究的理论是空洞的一样。我们的抱负也必须谨慎实在。只有借由缓慢地建立及验证中程理论——“中程理论乃是介于:一方面是日常研究所发展的小型工作假设,与另一方面是无所不包的思辨所构成的一个主要概念架构(由此架构希望能推演出社会行为中大量经验观察之齐一性)这二者之间”(第5页)——由此我们可以增益科学探究的累积性传统。一旦更多适切的理论被验证以及它们的后果被检验,我们就可以预期——正如物理学的进步所教导我们的——我们将会发现更综合的理论架构,在此架构中,中程理论可以被统合起来。

虽然默顿是当代社会科学家中少数对社会科学的历史和社会学都有兴趣的学者之一,但他仍将理论史与“理论系统学”(systematics of theory)区分开来。通常——如同反映在大学社会科学课程中一样——所谓“理论”包括的只不过是过去宏大理论系统的历史探究。“可以利用的社会学理论与社会学理论的历史之间,存在具吸引力却致命的混淆。”(第4页) 14

> 虽然社会学理论的系统学与历史都应列入训谏社会学家的范围,却没有任何理由将二者合并或混淆。系统的社会学理论……代表着那一小部分至今仍可在经验研究的检证下存活的早期理论之高度选择性的累积。但是,理论史却也包括为数更多的已经被经验检证击垮的概念。它也包含错误的起点,古代的教条和过去无益的错误。即使熟悉这些或许有助于社会学家的训练,却无法取代在研究中实际运用理论的训练。也许我们可以把许多社会学前辈的著作当作知识探究的训练而获益,但这是另一回事。(第4—5页)

此处默顿所言似乎是有道理的、有意义的，以致我们可能忽略了其中的激进意涵。他的话确实反映了主流社会科学家盛行的或正统的观念。默顿宣称的合理性，即有关理论史与理论系统学的混淆却有致命吸引力的观点，已接受了自然科学与社会科学间类推的假定。在他看来，为何我们要研读牛顿的原著并研究他的时代有许多理由。我们的兴趣或许是在历史方面，即发掘牛顿的所言与所行，对照教科书上对其成就的说法；或者我们可以探察牛顿的作品，当作理解科学探究如何进展的范本。但是，研究历史上的牛顿，对于关注其学门中的研究以及关注物理世界的理论性理解的物理学者而言，既非必要，亦不重要。

上述所言更进一步地指出当代系统理论学者用以评判过去这些“高贵”尝试的标准。默顿的主要关注是而且应该是“那一小部分至今仍可在经验研究检证下存活的早期理论”（第4页）。熟悉个人所属学科的历史最多只是对于社会学者的教育有一个助力，但无法取代在研究中实际运用理论的训练。默顿这个基本态度（被许多人如此广泛地分享）也认为早期理论家已经隐约地意识到我们现在才看得清楚得多的东西。现在的理论——就其严谨表述和经验检证的程度——乃过去理论之成败的判定标准。

默顿的观点对于社会科学家的教育及训练有重大影响。在此阶段，我要提示它的一个副作用。在现代美国大学的多元结构下，一向都对不
15 同的研究路径存有容忍度，几乎每一个值得尊敬的社会科学部门至少都有一位“理论家”，但这通常意味着他是一个对古董或历史有奇特兴趣的人，而他主要的职能是教授该领域过去的经典作品。虽然研读这些经典作品或许是有益的，对于拓广社会科学家的训练也有用的，但是人们仍然认为这不能和促进系统理论的庄严事业相提并论。因此，此种对“理论”研究明显的容忍——即过去之巨型理论——是和一种并非如此隐晦反对它的偏见相结合的。

默顿对系统理论之本质的反思，和他试图将之与其他通常被冠上

理论之名的研究活动区分开来，乃是刻意为他试图提出的实质性经验理论所搭的台子。他告诉我们“功能分析是最有希望、却可能是最欠缺整理的当代社会学解释问题的途径”（第21页）。默顿认为他自己的理论工作是直接针对功能分析之重新表述与整理，以便符合或接近真正理论的判准。在转向检视默顿版的功能论之前，我想要说明系统性经验理论的观念是如何普遍而深刻地渗透在主流社会科学家当中。

默顿的论述其实代表20世纪40年代和50年代许多社会学家所认同的立场论述，其中一个他所批评的对象便是巨型理论家帕森斯，他当时正主导美国社会学界。默顿企图将真正的理论与一般社会学取向、社会学概念的分析和事后解释区别开来，可视为对帕森斯思想的影射批评。默顿提倡中程理论，直接向帕森斯建构综合广泛的系统理论的努力发起挑战。大家都期待帕森斯能接受挑战，并回应默顿或明或暗的批评。在默顿论述其社会学立场之后，帕森斯在就任美国社会学会主席的演说中就直接回应这个挑战，默顿接着在《社会理论和社会结构》1968年的增订版中答复了帕森斯。

这场论辩最重要的面向不是相异点而是相同点。愈来愈清楚了，在社会学及社会科学中，何者是系统理论的实质点并没有本质上的歧异。在某种程度上，他们的歧见是关注对于促进理论有兴趣的社会学家要 16
如何促进的策略问题。帕森斯，并不下于默顿，也期待恰当的一般理论：将借着显示这些现象和规律性如何能从理论假定推演出来，说明现象和规律性；将具有充分的精确性和确定性以付诸经验的检证及否证；将揭露社会学定律，伴随着相关的辅助假设，以保证适当的违反事实的条件句；以及至少原则上，将让我们对于社会系统和社会变迁能有所预测。

为了显示默顿与帕森斯之间有多少的共识，有必要引证默顿为这场辩论所做的长注。

在我论述此立场之后，帕森斯在就任美国社会学会主席的演说中所作的观察颇为重要。例如:“在理论知识的岛屿日益增加频率和明确性的道路终点乃理想状态,从科学上来说,经验研究最实际的操作性假设是直接由一般理论系统演绎出来的。大体而言……只有在物理学中才达到这种状态。我们**不能**期望已经接近这种状态了。但是这并不意味由于我们的目标如此遥远,任何朝该方向前进的脚步都是徒劳的，相反，**任何**真实的脚步都是一个进展。只有在这个终点上这些岛屿才会合并为一块大陆。”

“一般理论至少可以提供一个广阔的定位架构……它可以将大量的现存经验知识编纂、整理，使之彼此关联而且可以随时使用。一般理论也可以唤起我们注意到知识的裂缝,并提供理论及经验概推的批评准则。最后,即使它们无法被系统地推演出来,对问题作系统的厘清以及对假设作有益的阐述也是绝对不可或缺的。”(黑体系引者所加)

1950年2月《美国社会学评论》(*American Sociological Review*)刊载帕森斯“社会学理论的展望”一文,其中值得注意的是,如帕森斯这样一位一般理论学者都承认:第一,其实一般社会学理论很少能够提供从其自身推演的特定假设;第二,若与物理学这样的领域相比较,此种推演对于大多数假设而言,仍是一个遥远的目标;第三,一般理论只提供一般取向而已;第四,一般理论用作编排经验概推及特定理论的基础。一旦这些得到认可,投入发展一般理论的社会学者，原则上与那些认为发展中程理论是现今最佳的社会学前景,并且将中程理论定期加以合并的学者们,并无显著的差别。①

① 参阅默顿,《社会理论和社会结构》(1968年增订版),第52页。

许多社会科学家都认为默顿的《社会理论和社会结构》一书是当代社会学的经典著作，其成功及影响的主要理由，是默顿将社会学作为一 17
门年轻但成长中的科学的状况，做清楚而适当的表述，以及对社会学作为一种理论基础正缓慢建立起来并加以巩固的科学事业的未来发展，他表现出一种乐观主义。

三

斯梅尔塞之重述

1968年尼尔·斯梅尔塞出版了一本论文集《社会学说明论文集》(*Essays in Sociological Explanation*),其副标题为“社会学作为一门社会科学的理论陈述,及其在社会变迁过程中的运用”。如同默顿原创性的研究,是20世纪50年代主流社会科学家对其学科之理解的缩影,斯梅尔塞的论文集在20世纪60年代也展示了相同的功能。在默顿和斯梅尔塞这二十年的研究中,不仅在社会学,包括所有的社会学科,在研究的数量及多样性上皆有惊人的成长。诚如默顿所宣称的,在20世纪的物理学与20世纪的社会学之间已有“上亿个持续的、受训练的及累积的研究者工作时数”的痕迹。但若认为在这个阶段我们只看到社会学作为一门科学在稳定进步,是相当天真的想法。其实在这段期间,许多新的研究途径——从戈夫曼到加芬克尔以及民族方法学(ethnomethodology)的新学派等的研究工作——都开始影响社会学,这些新的研究途径并不符合默顿所提的中程理论图像。这个时期亦是许多圈内人和圈外人开始质疑社会科学的成就和基础的时候。

斯梅尔塞系加州大学伯克利分校社会学系教授,处在这个智识暴风圈的核心。斯梅尔塞与帕森斯曾有密切合作(他们合作出版了《经济与社会》一书),他本人也已出版了两本相当具有分量及影响力的社会学著作——《工业革命中的社会变迁》(*Social Change in the Industrial*

Revolution, 1959）以及《集体行为理论》（*Theory of Collective Behavior*, 1963）。这些书名显示了斯梅尔塞两个核心关怀：社会变迁和理论。

斯梅尔塞对于经常责难帕森斯架构的两个论点非常敏感：一是帕森斯理论是如此庞大及抽象，以至于无法说明或引导具体的经验研究；二是帕森斯的理论结构无法阐明社会变迁中极为重要的过程。斯梅尔塞自身对社会学的贡献及其对社会科学领域的广泛知识——包括经济 18
学、心理学甚至史学——使他成为社会科学之自然主义观的一位理想代言人：这种观点把社会科学视为"不成熟的"自然科学，有潜力发展成为精致而成熟的科学。

斯梅尔塞意识到对于社会学作为一门科学的批评以及近年科学哲学的发展，他对于社会科学未来发展的乐观主义比赫尔和默顿更为审慎。但最显著的是，在社会科学的经验理论的性质、功能及展望等议题上，他和默顿的意见基本上相同。他承认，如在1967年社会学是"过于松散，中心松软，边缘模糊不清"（第49页），[①]"当前的景况呈现各领域胡乱拼凑，绝不是科学上的理想状态"（第53页）。虽然如此，他相信几门被当作**科学**的社会科学的结构是可以厘清的，而且所采取的步骤也朝向更成熟的发展。斯梅尔塞检视用来描述不同社会科学之特征的因变量与自变量的类型，和用来确认这些变量及发现变量间相关性的研究方法。但是，如同默顿，他亦坚持列出自变量与因变量"并不能述说整个故事，必须……指明一门学科在其变量上**施加逻辑秩序**的方法"（第5页）。他很明确地区分三种逻辑秩序：第一，**假设**或"在一些条件陈述下，因变量会被预期根据这些条件陈述以某些特定方式变化"（第5页）；第二，**模型**，在此若干假设合并组织成一个系统；第三，**理论**，在此模型系埋藏在定义、预设和设定中。"这些定义、预设及设定构成了一门科学学科的**理**

① 参阅尼尔·斯梅尔塞，《社会学说明论文集》。除非特别注明，所有参考斯梅尔塞著作的页数都是指此书。

论架构。在这个架构中，特定的假设‘才有意义’。更严格地说，这些假设和模型必须尽可能严谨地从理论架构中推演出来。”（第6页）

斯梅尔塞的描述是如此一般而足以揭露任何科学学科的基本结构，包括物理科学和社会科学。他与默顿同样深信在社会科学中，只有搜集资料、提出变量相关性的假设，或者局限于特设性经验概推（ad hoc empirical generalizations）都是不够的，也必须有逻辑秩序，乃至于发掘并
19 建构能说明资料，并使假设“有意义”的理论架构。虽然斯梅尔塞并没有明确地讨论到定律在社会学说明中的角色，但他坦承：

> 我将是最后一位质疑定律在社会学说明里的核心重要性的人，也是最后一位否定这些定律必须既是从理论推演出来，又具有经验基础的人。另一方面，在处理例如社会变迁的领域，我发现的确缺乏定律，以及经由理论推演出来的命题之不足，更别说稳固确立的经验规律了。知道应该做什么与拥有资源去做之间的落差是相当重要的。[1]

斯梅尔塞也遭遇了——并且击败了——反对社会科学建立在自然科学模型上的观点。有些论调主张社会科学是立基于素朴的认识论上的，假定有一个客观事实的领域存在。这些观察陈述所描述的事实被视为一切较高阶理论的基础及试金石。批评者主张，一种比较精致的认识论显示出此种素朴观是不恰当的。我们已经知道所谓的事实或观察本身是“渗透理论的”（theory-laden），并且受我们的观念架构所形塑。所以，根本没有未经诠释的或无感情的事实“摆在那儿”，完全不受我们的理论与概念架构所影响。

---

① 参阅尼尔·斯梅尔塞，“Some Replies and Some Reflections”，*Sociological Inquiry*，第三十九期（1969），第217页。

虽然我认为晚近承认事实和观察“渗透理论”，对于理解社会学科有重要影响，但我认为这点并没有显示或甚至暗示社会学科之科学地位是不可能的。然而讽刺的是，大部分对于一切观察皆“渗透理论”的确切意义及重要性的争辩，都把焦点摆在物理学上。虽然挑出其中的问题对于我们理解科学并无重要的影响，但从没有人主张在物理科学中，事实与理论或观察与理论之间缺乏明确区分，足以质疑物理科学的理念本身。

斯梅尔塞对此问题的看法是：

> 在某种形式之下，（理论与事实）的区分几乎广为社会及行为科学家所接受。根据此种区分，世界可划分为存在于“真实世界”中的经验事实（行为资料）与存在于“观念世界”的理论（概念、建构及模型）；而科学探究的核心任务则在于在理论与事实之间建立起适当的关系，以便进行系统的衍生说明（第58页）。 20

但诚如斯梅尔塞所指出的，虽然关于这个区分有某些东西是正确的，但是太过于简化了。斯梅尔塞引用亨德森（L. J. Henderson）对事实的描述：“根据一个概念架构而关于现象的可付诸经验检证的陈述。”（第58页）斯梅尔塞用“在一个概念架构中”这个词语来强调其重要性，离开其所指涉之概念架构没有所谓的社会学事实。“当我们提出事实或行为资料时，其实是提出一个陈述的界域，这个陈述界域的组织规则共同根植于未经检验的共同语言和常识的结构之中，因而没有概念架构就不可能有事实”（第58页），但是当我们必需放弃组成“真实世界”之事实世界的素朴图像时，并不表示我们必须放弃事实与理论间**刻意**区分的重要性，而是将此区分重新表述为“**两个概念架构之间的关系**”（第58页）。

> 它存在于组织经验世界的用语与组织观念的用语之间的比

> 较。如果这两个架构间达成了某一种关系，我们判定一个断言是“有效的”或“经过检证的”；假若达成了另一种关系，我们判定此断言是“被拒斥的”或“需要修正的”（第58—59页）。

一旦我们论及不同概念架构间的关系时，许多复杂议题便产生了——这些议题是科学哲学争论的核心，但斯梅尔塞并未探讨。在我现阶段的探究中，我只是想要指出，当许多社会科学家对何者构成了事实及数据，有一种素朴概念时（如许多物理科学家所做的），显示事实与理论之间并无严格区分，并未否决社会科学的自然主义观。

四

功能论及其批评者:霍曼斯

如同默顿,斯梅尔塞也意图把他对社会学的科学地位、社会学说明的本质,特别是社会科学中理论的重要性等的评论,当作他追求建构实质理论的序言,这些实质理论能科学地说明社会变迁。当转而检视这些 21
评论时,我们不仅发现理论上的模糊,并且发现在他对理论所设定的要求与他实际的提议之间有极大的落差。或许有人反驳说由于我把焦点放在默顿、斯梅尔塞及帕森斯上,使我对主流社会科学之理论性质的讨论被扭曲了。毕竟,这三位杰出社会学者都被联系到所谓的“功能论”或“结构功能论”运动中——默顿称这种取向为“当代社会学解释中最有前途却也是最少整理的理论取向”。虽然功能论在社会人类学及社会学方面深具影响力,但也遭受了严厉的批评。站在实质的、方法论的、认识论的以及意识形态的立场上批评功能论的文献,已多不胜数。所以,或许有人会认为功能论者对社会学科之科学地位的架构假设,及其对经验理论的强调,皆与他们误导的功能论取向有所关联。

这并不尽然。即使功能论者与他们的一些主流批评者在诸多议题上有许多歧见,但对于社会科学中适当理论的性质上并无显著的歧见存在。他们的歧见在于我们是否能经由功能主义取向来发现经验理论。

霍曼斯是功能论最尖锐的批评者之一。1964年他在美国社会学会主席的演说辞“把人找回来”(Bringing Men Back In),在一向平静无波的专业社会学者间引起一阵骚动。霍曼斯在面对功能论时偶尔会大放厥词,他在论战中的抨击遍及整个(功能)学派,即从涂尔干到斯梅尔塞。他说:“很奇怪,功能论的失败之处不在其经验兴趣,反而在其一向最自豪的一般理论”(第811页)①,这种失败源自于“所有功能论者对理论的讨论,从未——但我要建议——成功地弄清楚什么是理论”(第811页)。现在正是“停止对我们的学生讲述社会学理论的时候了,直到我们已经教导他们理论是什么”(第811页)。为了嘲弄他的对手,他给他们上了一堂科学哲学的基础课,教导他们“什么是理论”。他提出实际上已经成为逻辑实证主义者及假设演绎的科学说明模型的拥护者所倡导之经验理论的正规理解。

22 关于霍曼斯的论调最讽刺的是,当他告诉我们“理论是什么”,读起来就像是在替默顿对“系统理论”的描述(1949年)以及斯梅尔塞关于“逻辑秩序”理论类型(1968年)作批注:

> 要建构一个理论,其命题必须采取演绎系统的形式。其中的一个命题,我们通常称之为最低阶命题,即被说明的命题,例如,一个社会工业化愈彻底,其亲属组织就愈趋于核心家庭。其他的命题则是一般命题或特定条件的陈述。一般命题之所以如此称谓,因为它们进入其他的(或许是许多个其他的)演绎系统,除了我们正在考虑的那一个演绎系统之外。的确,我们通常所谓的理论其实是一组演绎系统,共同拥有相同的一般命题,却有不同的被说明项(explicanda)。其关键是每个系统必须是演绎的,即最低阶命题是在特定条件下,从一般命题演绎得到的逻辑结论。……当最低阶

① 参阅霍曼斯,“把人找回来”,《美国社会学评论》,第二十九期(1964)。除非特别注明,所有参考霍曼斯的页数都是指此文。

> 命题确实是被逻辑地演绎出来了，它就被说明了。因此，一个现象的说明就是该现象的理论。一个理论除非是一个说明，否则一无所有，也不是一个理论。（第811—812页）

虽然这篇文章比默顿或斯梅尔塞的文章来得严厉和强硬，但对于“何谓理论”的内容，在本质上是相同的。[①]当霍曼斯进而加以说明时，其思考的路径和默顿把真正的理论与其他经常被标示为理论的活动加以区分雷同：

> 一个人可能界定某些性质或类别，而仍没有任何理论。一个人可能陈述性质间存在某些关系，而仍没有任何理论。一个人可能陈述某一性质的变化会引起另一性质的特定变化，而仍没有理论。除非具有性质、陈述该性质间关系的命题，以及这些命题形成一个演绎系统，三者皆备才算是一个理论。假若我们被问到是否有任何理论可供论证，那么我们关于理论的大部分论证都会一败涂地。（第812页）

我无意低估霍曼斯与功能论者之间尖锐的歧异。但这些歧异并非有关“何谓理论”，或理想上它应如何。霍曼斯批判的本质乃是“作为一种理论的努力，功能论从未符合过这些条件”（第812页）。

再者，霍曼斯认为“即使功能论者认真尝试”以便符合理论的标准，“他们仍然会失败”（第812页）。霍曼斯的质疑是基于这个信念：功能论者已经被他们用于所谓的科学说明的一般命题或定律式陈述的类型所 23
误导。按霍曼斯之意，社会现象的适当说明只能依靠“心理学学习理论

① 参阅霍曼斯，*The Nature of Social Science*。

的命题”，而不能诉诸“任何特殊的社会学命题”（第812页）。简言之，按霍曼斯之意，社会学的功能论立足于一个错误之上，因为功能论者以为有社会学定律或一般命题以说明社会现象，但没有这样的东西，只有心理学定律。

五

社会科学中缺少说明性的理论

到目前为止，我的主要目标在于显示：尽管主流社会科学家之间存在许多尖锐的歧见，但关于社会科学经验理论的本质，关于在达到或趋近科学说明的历程中，此种理论的重要性，以及假若社会科学要像自然科学那样成熟，发展可验证的说明性理论的重要性等三方面仍有基本的共识存在。赫尔、默顿、帕森斯、斯梅尔塞及霍曼斯不仅同意这是一个真实的可能性，而且认为社会学科**应**朝这个方向进步。虽然我主要关注社会学者的著作，但同样的基本论调却贯穿整个社会科学。这种论调这样推理：一旦我们获得了经验理论，那么关于社会学科的科学地位自然再也没有任何严重的问题了，而且我们将清楚地看到在说明的形式及成功上，和自然科学只有程度上的差别而已，社会科学正在发展成为真正的自然科学。在这个探究历程中，我将会展示这个经验理论的概念，对社会理论家在社会中的角色；对理论与行动、事实与价值的关系，以及对经验理论与规范理论等各方面，都会有理论上和实践上的重大影响。

正是在这一点上，许多真正困难的问题都会浮上台面。迄今从我们的讨论中所浮现出来的，顶多只是社会科学中“何谓理论”的概要而已。以上所讨论的社会科学家只有在有必要去厘清他们实质研究所做的，以及要获取当代社会科学的某种观点时，才会去探讨理论在方法论及认识论上的地位。从事实际研究的社会科学家讨论的终点经常是社会 24

科学哲学家的起点。例如，默顿和斯梅尔塞强调特设性经验概推与理论说明所需的概推类型之间区分的重要性。然则我们能对这个区别提供精确的分析吗？我们能指明必要且充分的条件以筛选出对理论框架重要的那些一般命题或自然法则的陈述吗？

再者，所有讨论过的思想家都强调科学说明的主要特性包含演绎和可推演性。我们可以清楚区分琐细的推演与那些说明性的推演吗？我们也想要知道是否一切科学说明都必须是演绎性的说明？是否有其他正当的科学说明形式？例如，我们要如何分析那些涉及或然率及统计原理的解释？一旦事实或观察与理论之间并无明显差异的说法被认可，我们如何能够区别用以描述事实及观察的概念图式与用来陈述旨在说明现象之理论的概念架构？科学说明与科学预测之间究竟是什么关系？

当代的社会科学哲学——自然科学哲学亦然——早已围绕这些问题展开讨论。[①]毋庸置疑，许多这类作品——在霍曼斯身上能清楚看到——已经深刻地影响了主流社会科学家对其所“崇尚的境界”以及对其领域中理论与科学说明的典律的看法。然而对于这些讨论及所投入的思想精力与慎思却也产生了一些困扰。虽然这些讨论对于我们理解科学有极重大的影响，并且对于认识论的影响更加普遍，但与社会科学家在其研究中所面对的实际问题和实质问题却少有关联。

一个人不管要在社会科学与物理学科之间作何种类推，有一个重要差异实际上没人争辩过。自然科学哲学最近已成为一个非常令人振奋的和具有争议性的领域，在这个领域中很少有什么议题是已经最终解决的。但是对物理科学的一个适当的理解必须对于哥白尼、开普勒、牛顿、爱因斯坦、波尔、狄拉克或其他更多这类的巨人的成就，加以说明
25 并且公平对待。这无论是在从事实际研究的科学家或哲学家之间都毫

① 两种重大尝试去厘清且回答这些相关问题，参阅内格尔，《科学的结构》，以及亨普尔，*Aspects of Scientific Explanation*。

无歧见。对于他们理论贡献的特征及分析或许可以争辩,但他们的成就却是科学探究和理论进步上的典范。但在社会学和政治学中完全没有可与之比拟的著作大全,可以当作强而有力的说明性经验理论的范例。在社会科学中对“何谓理论”的强调似乎与赶上“真正理论”的能力成反比。

当然,即使是对社会学科之科学地位最好斗的保卫者对上述说法也不否认。他们典型的论述就是诉诸这门学科的年轻,他们辩称社会科学已准备好他们的哥白尼或牛顿,现在至少已趋近真正说明性理论的严格标准。但是,当我们严格地检视这些所谓的“趋近”时,它们距离社会科学家自己倡导的那些标准还甚远。不同于那些宣称自己可以证明一门人的科学之不可能性的批评者,我认为这不能用先验概念的论证一举证明。在本书第二章我将会思考诸如温奇(Peter Winch)和洛奇(A. R. Louch)等分析哲学家的论证,他们宣称去证明以自然科学为模型的社会科学理念,涉及无法克服的概念混淆和逻辑谬误。

许多哲学家——特别是波普——已经强调,假设与理论经常被驳斥,而被更好的、可证明其为错误的理论所取代,这并不代表科学探究的一种失败。根据波普的说法,这正是用以区别科学探究与其他形式智识探究的特征。但这种模式——猜想与否证的模式——并不是在社会学科中被发现的。一些一般取向有他们的崛起及没落,被更为丰硕的、更有希望的取向所取代。但是,虽然这种模式和物理科学表面上相似,这些拟议的理论是否为真正的经验理论,是否被进一步的经验探究及实验所否证的理论,在社会科学家中却完全没有理性共识。社会科学中一般取向的更迭和库恩所谓的“学派”的更迭具有更大的相似性。

要总结性地确立关于社会科学缺乏良好经验理论的主张,实超出本探究的范围。然而,有些广泛且日益增多的文献显示了经验理论包括“功能论”、“平衡论”、“系统论”及“社会交换论”,在经验上、方法论上、逻辑上以及意识形态上的不当。关于这些理论其实有多么丰盛,以及在

何种意义上（如果有的话）它们趋近经验理论的理想，虽然还有些激烈
26 争议，但没有任何负责任的社会科学家会断言我们已经达到任何可以和16、17世纪物理科学相提并论的成就。

为了阐明所遭遇的困难的形态，以及为什么我认为即使说到趋近，亦是去模糊及神秘化这些议题，我想要简短地思考由默顿和斯梅尔塞所发展的理论。一个人绝**不**能推论：他们的理论尝试失败显示了在社会科学中不可能获得一个适当的理论。但是从他们的研究工作中可以看到，在发展经验理论的许多尝试之中一再遭遇到的绊脚石的类型。

要看功能论出了什么毛病，我们无需转向它的众多怀有敌意的批评者，只要转向那些替功能论辩护，且拥护社会科学之自然主义观的人即可。默顿本人就是一位功能论一些流行形式的敏锐批评者。他的《社会理论和社会结构》一书的起点就是要清除掉这些关于功能论及功能分析的浮浅说法。他在"显功能与潜功能"一章中同时寻求整理并增进我们对功能分析的理解。在这个过程中，默顿出色地阐明早期表述功能论的尝试出了什么毛病。在这方面，他的分析对于那些功能论的表述而言，扮演了一个批判的角色，而那些表述不过是描绘了一般取向，仍未达到真正的理论。

但是，默顿在整理功能分析上所做的是否比他的一些前辈好，以至于可以让我们看见它如何符合真正理论的判准？部分人士认为默顿的确做到了，他尝试去更深入地分析恰当的功能分析之要件。例如，在一篇受到默顿启发的重要论文中，杰出科学哲学家内格尔提出"功能论的形式化"。内格尔的"主要目标"是"展示默顿所整理的若干个项目为一个融贯的分析模式中紧密关联的特征，进而让社会学功能说明必须满足的要件，比默顿所分析的更为明确"。[1]虽然这只是内格尔的**意图**，但

① 参阅内格尔 "A Formalization of Functionalism"，*Logic Without Metaphysics*，第248页。

他的分析实际上是对默顿的一个有力的批判。内格尔在他的缜密分析中小心地显示了默顿所掩盖的许多问题及区分。内格尔实际上显示出默顿所整理的与“恰当之社会学功能说明必须满足的要件”(在它被认为是成熟的经验理论**之前**)之间的不一致。默顿的整理是一种“趋近”,是以早期希腊宇宙原子结构理论“趋近”当代物理学中的原子理论的意 27
义而言的。

要对两位观点迥异的社会科学哲学家所获致的结论提出异议是相当困难的,他们两位已检视了功能分析与功能论正反两面的论证,这两位哲学家即鲁德纳与瑞安。

鲁德纳强烈地捍卫社会科学的自然主义观,他对功能论有下述的说法:

> 在人类学文献(鲁德纳也包括社会学文献)无数主张中没有一个主张可以未经严格限制加以接受的——不是因为原则上不可能获得功能说明(本章前文旨在于指出功能说明**原则上**如何进行),而是因为太过困难,比主张者所了解的困难多了。这些主张经常被视为最多只包含特定现象的或多或少精确的描述,而非说明,由于用一种修辞而容易被误解为是说明。……至今产生的结果必须被看做只是(就说明而言)某些前科学的征兆,或终究能提出对特定事项的功能说明的虔诚期望。[①]

瑞安不仅同意鲁德纳所提的逻辑及方法论上的不当,还加上了一些他自己的批评。和其他主流社会科学家一样,默顿提出经验理论以增进社会学的科学地位,也避开社会科学的理论乃伪装的意识形态的指控。(默顿明确地想证明功能论在意识形态上是中立的)但是瑞安指出:

---

① 参阅鲁德纳,*Philosophy of Social Science*,第108—109页。

> 在默顿的作品中，“功能”一词完全没作用，除了向那些相信社会学的自主性的人点头致意以及装饰“后果”，即显示默顿注重美国许多社会生活中非意图的后果一词之外。这种“功能”等同于“正面后果”，主导了近年来社会学文献，翻阅一下例如《美国社会学评论》的期刊即可说明：关于诸如“无知的一些社会功能”的文章转变成关于“无知对几乎任何人的某些意想不到的正面效果”。读者若不相信请自己去检验。[①]

斯梅尔塞的个案对于定位某些困难，即社会学者实际去增进实质
28 说明性理论时所遭遇到的困难而言，是更具有教益的。就如同我已指出的，斯梅尔塞已敏锐地觉察到他采借自帕森斯，并且寻求加以改良的“结构功能论”，被批评为空洞的，无法说明经验现象或阐明社会变迁的核心议题。在他的《社会学说明论文集》中，有若干篇文章重新检视了部分他早期的研究工作，并且在1969年发表了一篇对他的学术事业透彻的回顾分析“关于社会学问题之探究的一些个人想法”。

在斯梅尔塞的第一本巨著《工业革命中的社会变迁》，他用“结构分化”（structural-differentiation）的模型作为“逻辑秩序”工具去呈现他对1770到1840年间英国棉花业和棉花业工人阶级家庭结构变迁的历史研究。诚如斯梅尔塞告诉我们的，在撰写这本书时，他深受帕森斯的影响，特别是结构分化模型“潜在的经验性运用”[②]。这个模型意图详细描述一个可运用于各种社会变迁的一般模式。根据斯梅尔塞自己的报告，“我想去评估行动理论在一个具体历史环境中，对于分析社会动态的潜在

---

① 参阅瑞安，*The Philosophy of Social Science*，第190—191页。

② 参阅斯梅尔塞，“关于社会学问题之追求的一些个人想法”，*Sociological Inquiry*，第三十九期（1969），第160页。

可能性”。他对英国棉花业的历史研究要去证明其发展显示了结构分化的阶段。

紧接着,斯梅尔塞逐渐对他的研究的理论基础感到不满。他理解到他的诸多“简化的设定”需要重新检视。他承认:相对于他原本的期望,“严格来说,我在英国工业革命的结构变迁方面的研究成果,并非衍生自(帕森斯的)行动理论架构”。①最后,斯梅尔塞察觉到相当数量的理论障碍:

> 一方面,我已提出了各阶段时间顺序模型;但另一方面,我也承认诸如“略过阶段”“退回早期阶段”“缩短的序列”等等的可能性——若某些特定历史序列无法符合分化模型的序列,所有这些可能被当作理论遁逃。对于把分化模型表述为一个步骤或阶段的序列,在理论上无法令人满意的这点,我感到有一种模糊的不安,但我不知道如何才能更好地表述。②

总之,斯梅尔塞隐约感觉到结构分化模型欠缺一种人们认为是其主要价值的东西,即说明力。它最多构成了一个伪装的经验概推,形式 29
上代表社会变迁的一般模式。但是,除非我们能指出这个时间序列中的若干阶段之间的因果性或定律性的关联——除非我们能够说明为何部分历史序列不同于这个模型,而部分历史序列却又不会——我们也许会有一个一般性的描述,但绝不是历史序列的一个**说明**。这并不是说这样一种模型的运用没有价值。它也许有价值——仅管许多人对此有争议——很大的价值在于揭露诸多不同的现象中潜藏的相似性,但对于增进或趋近经验性说明理论来说,它显然是不够的。

---

① 斯梅尔塞前引文章(参见本书第36页注释②),第162页。

② 同上,第163页。

在他的第二部主要著作《集体行为理论》中，斯梅尔塞认为他能够调整部分他日益发现的一些理论上的困难。在这本书中他用了一个“增值”模型。这个模型的基本想法非常简单：不去假定简单时间序列指定的变量（如同斯梅尔塞的结构分化模型所做的），现在假定有一个“变量组合性累加的逻辑”。[①] 一组变量，它们之中的每一个都不能单独确定，然而当它发生在一个特定组合中时，会造成一个确定的结果。

> 这个增值模型是一种增进说明确定性的努力——每一个都不能单独确定——借由组合若干变量形成若干不同的模式，每一个模式都与一种特殊类型的集体行为有关。最后，增值模型被概念化为一个单纯的分析工具，而不是一个时间序列；这是一个避免结构分化模型的时序阶段概念有关的问题的一个尝试。[②]

但这真是一种进步吗？这样的模型能否成功地增进“说明的确定性”？从一个概念性的观点而言，我们的确没有更接近理论说明。但在斯梅尔塞关于英国棉花工业研究中困扰着他的相同问题，突然以一种更为精致其破坏力却不减的形式出现在这里。增值模型的说明力再次仰赖指明许多有关的变量之间的定律性或因果性的关系而定。除非我们能指明这些关系，否则很困难看出以何种意义（如果有的话）增值模型能科学地说明相关现象。斯梅尔塞如同其他的主流社会科学家，强调一
30 个适当的理论应该让我们能够从我们的理论设定中推演出经验概推。他承认应该能够推演出违反事实的陈述：某些自变量改变时，何事**会**发生的陈述。但他的增值模型无法满足这个要求。当斯梅尔塞写道：“‘如

① 斯梅尔塞前引文章（参见本书第36页注释②），第164页。

② 同上。

果在这个模型中的一个变量不能被在增值系列中“前行于”它的变量所激活，那什么是激活它的条件呢？’这个问题在《集体行为理论》一书中无法圆满回答，从这本书出版之后，我还一直未能圆满回答。”[①]

在社会科学中成功或失败的案例并非完全倚赖默顿或斯梅尔塞的趋近。有些人（如霍曼斯）便声称他们的尝试是注定要失败的，并非在社会科学中寻求理论说明有任何本质上的错误，而是因为与功能论有关的那些人找错了地方。[②]

当诸如默顿和斯梅尔塞如此卓越的社会科学家，通晓社会科学众多研究门径，都无法达到真正相似于或趋近于说明性的科学理论时，至少应该让我们暂时停下来。当我们理解迄今在社会学或政治学中所提出的选项，都没有能够更接近于提供这样的理论时，这种情势便更加恶化。

正是这个悖论，或至少主流社会科学家所认同的经验理论的概念，和无法获致之间的巨大落差，已导致日益增多的思想家质疑设想成为一门自然科学的社会科学的基础。更令人感到不安的——从主流经验理论家告诉我们他们正在做事的视角——是理解到有多少东西在社会科学中被当作理论的，却变成是伪装的意识形态。无论主流社会科学家对促进经验理论的主张是多么野心勃勃或是谦虚，他们坚称他们提出的假设与主张是价值中立的，客观的主张只服从于公开检验、证实和否证的标准。但是如我们将在第二章看到的，这些理论隐藏了价值，并且

---

① 斯梅尔塞的前引文章（参见本书第36页注释②），第166页。关于斯梅尔塞著作更多的批评，参阅我的评论与斯梅尔塞在《社会学说明论文集》中的回应“Review Symposium”与 *Sociological Inquiry*，第三十九期（1969）。

② 在斯梅尔塞、帕森斯与默顿失败之处，霍曼斯并没有成功。关于对霍曼斯的批评，参阅Peter P. Ekeh, *Social Exchange Theory*。

反映了有关什么是对的、好的和公正的等具争议性意识形态的主张。

对于鲁德纳所谓的"忧虑"——即在我们关于何谓理论及科学说明的方法论上的理解，与"遍及所有人类行为科学已经获得确证、陈述清
31 晰的理论的稀缺"之间的差距——有种种辩护或合理化。[①]大部分的辩护围绕着社会科学是年轻的或不成熟的学科的主张——即使有些人承认社会科学其实比自然科学古老。但当一个人听到这些合理化一再重复——如它们在过去百年间——且鲜少展现理论的成就，一个人有权利去怀疑这种论调。或许这种失败的主要来源**不是**缺乏想象力或才能，而是对于适合社会科学的说明及理论的类型有一种根本的误解。这是我对于本研究接下来的三章要去检视的三种取向的主要批评点。但既然在第一章中我的意图是去理解并且呈现社会科学的自然主义观的最强烈的可能性，我想去检视针对"在发展经验性说明理论这条路上有无法克服之障碍"此挑战说法的回应。

---

① 参阅鲁德纳，*Philosophy of Social Science*，第101页。

六

社会科学探究的卫士：内格尔

大多数主流的社会科学家——特别是在美国——都尚未回应那些挑战他们的研究基础的批评者。赫尔、默顿、斯梅尔塞、霍曼斯、帕森斯，以及——在政治科学家之中——伊斯顿、杜鲁门、阿尔蒙德、尤劳及许多其他的社会科学家，他们视当代社会及政治学科之科学地位的争论，类似于物理科学从哲学分离时关于物理科学的古老争议，或类似于19世纪有关科学与宗教的沉闷论争。现在流行的观点是：社会科学的科学地位战争已经胜利了，而现在的核心任务是从事经验研究和理论建构的严肃事业。

有些人尝试以一种负责任的方式去面对下述责难，即在社会科学探究的核心存在无法克服的障碍和概念上的混淆。其中最为杰出的一位就是内格尔。对那些主张当代社会科学的基础不稳固的批评者，社会科学家们共推内格尔为最确定的及最权威的答辩。 32

内格尔的《科学的结构》，是当代一部经典著作。这是一部对科学说明和理论的本质最清楚的、最广博的和最有系统的陈述。而且，内格尔不像许多科学哲学家，他的确对社会科学拥有直接、详尽的知识。内格尔直接挑战那些旨在证明在社会科学探究的路途上，有着无法克服的障碍的论证。他尝试去证明在这些论证之中，没有一个证成了这样的一个结论。虽然在社会探究中会遭遇一些特别的问题，但在适当构想的社会科学与自然科学之间并没有强烈的反差或根本的断裂。

在这里，我并不打算处理内格尔所有的论点，由于下述两个理由，我只想触及他的分析中最显著的论点：第一，它将有助于增进我们对社会科学的自然主义观的理解；其次，它将防止对社会科学研究比较表面的批评。

但是首先，我想内格尔的论证策略很值得注意。虽然内格尔并不认为有任何单一或简单的特征能区分科学与非科学，但他确实论证了对科学的一个适当解说涉及对定律、说明、理论的角色的厘清，以及理论说明被检验、证实及否证的复杂方式。在《科学的结构》一书中，他主要关注厘清和阐明这些结构要素间的相互关系。他不认为去讨论社会探究是不是一门“真正的科学”有何益处：“重要任务当然是对社会科学中的基本方法论议题和说明结构，达到某种厘清，而不是去给或不给荣誉封号。”（第449页）[1]内格尔并不否认有严重的实际障碍，并且经常比许多社会科学家所了解的更难克服，但像这样的实际困难必须小心地与概念上的不可能性加以区分。

内格尔由承认下述看法来开始他的分析——许多主流社会科学家也是如此——即“相较于自然科学中的卓越理论，在说明力的范围或衍生出精确而可靠的预测能力上，在社会探究中还没有任何一个领域建立了一套普遍定律”（第477页）。

> 许多社会科学家都有这个意见，即使理论只是被设计为有系
> 33 统地说明有限范围内的社会现象，这个时机也尚未成熟。确实，像
> 这样有限范围的理论建构已经被尝试了，如在经济学或社会流动

[1] 参阅内格尔，《科学的结构》。除非特别注明，所有参考内格尔的页数都是指此书。

> 研究的较小范围里，它们在经验上的价值仍公认为是一个尚未解决的问题。在相当程度上，现在流行的经验研究中心所调查的问题，公认为是关注普通且经常让人没有什么印象的问题。（第498页）

但即使承认这所有的一切，社会科学现在让人印象不深刻的状态并没有预先排除科学发展的潜在可能性。

内格尔首先寻求去厘清的重大混淆就是有关"控制性实验"与"控制性研究"间的差异。因为控制性实验是获得科学知识的必要条件，特别是建立普遍定律，因此，既然这样的实验对大规模的社会现象而言是不可能的，我们便无法发现并检验涉及到这种现象的普遍定律，这是它经常遭到反对的原因。但内格尔指出仍有发展良好的物理科学，如天文学或天体物理学，严格而言并不是"实验科学"。在科学探究的每一支流中的确都必然有"实验的本质性逻辑功能"（第452页）的程序。举例来说，一定会有对照场合以及分辨那些能被证实或否证的假设的机会。再者，在社会学科中，实验所谓的人工性经常被夸大并被误解。在自然科学中也有人工的实验，这些实验因为排除了许多正常因素，而帮助我们理解"真正的"物理过程。"既然实验室情境是'不真实的'，那么其研究对理解在'真实'生活中的社会行为无益，这是对社会科学中的实验一个误导性的批评。"（第456页）简言之，从这个途径来批评社会科学达不到目的。批评者误解了实验在科学探究中的角色和功能，并且模糊了这样一个核心议题，即是否存在执行控制性研究的程序。

在社会科学中建立普遍定律时经常被引用的第二个困难，是社会现象是"受历史制约的"或"被文化决定的"（第458页）。内格尔承认"关于社会现象的非琐细的、但可靠建立起来的定律总是只有严格限制的普遍性"是可能的（第460页）。虽然能否发现跨越文化的定律是一个开放性的经验问题，内格尔却拒斥证明其为原则上不可能的论证。因为人

34 类现象的复杂性，所以无法去预测一个不确定的未来；或者社会现象的许多面向都是人类无法掌控的这个事实，上述两个理由都不是主张这样的定律是不可能的好理由。在物理现象上我们也会遇到相同的困难。

再者，由于所有的社会现象都是被历史条件所制约的，而主张跨越文化的定律是不可能的人，经常强调这些现象显著的复杂性或多样性。当然如果在我们的理论说明中，使用的概念只是指涉了现在一部分社会中的特征，我们将不能发现一般的跨越文化的定律。但是，如同在物理现象中那样，在社会研究中并不能预先排除比较基本的潜藏的结构或相关性，这些是不能立即显现的。假定有这些潜藏的共同结构——如许多社会科学家已宣称的——他们的发现将使我们能够从理论上来说明表面上文化相对的共同特征。批评者提出的论证并没有排除这一个逻辑的但是未实现的可能性。一个人当然没有保证会把现在的无知与永恒的不可能性混淆起来。

一个被用来证明社会科学的不可能性的流行论证是基于这样的考虑，即关于社会现象的**知识**，不同于物理现象，是一个社会变量。例如，在构成社会科学研究的一个主要部分的访谈技巧中，一个人必须注意到，在典型情况中，当受访者**知道**他们正在受访时，便可能影响他们的回答。已经有许多对访谈技巧以及基于这样的访谈所获得的结论的批评，因为研究者不能将此纳入考虑。在此，内格尔也并未否认这个困难的严竣性，他也未提供一个一般方案来智取。但这个问题的提出就指向了它的解决。在社会科学中如同在物理科学中一样，因为研究技巧改变了研究题材，因而产生了困难。再者，内格尔当然承认在社会科学中这样的改变部分可以归因于个人的知识或信念。但此差异和技巧（而不是情境逻辑）有关，此技巧必须被用来识别及消减有关的偏见。恰恰相反，这个问题对社会科学研究提出了一个实际的挑战，而不是一个理论上的障碍。它需要技巧的发展来把任何因参与者的察觉所造成的扭曲排除或减到最小程度。

另外有两种把知识当作一种社会变量的流行论证是内格尔想去挑战的。这和所谓的“自杀预言”(suicidal predictions)及“自证预言”(self-fulfilling prophecies)有关。“自杀预言”是指那些当它们被预测 35
时,有坚强根据,但被那些预言公布之后所采取的行动所否证的预测。这是发生于当经济专家为经济的未来状况作预测后,而商人——回应这些公开宣布的预言——以某种行动方式而使预测失败。但所有这些证明了什么呢?只有“关于人类事务的信念可以导致行为习惯的重大改变,这些习惯是那些信念的主体”(第469页),并不证明我们不能作预测,甚至也不能表明我们不能考虑预测受到主体察觉而被影响的方式。反对社会科学的论证是立基于“自证预言”——预测的时候是错的,但是因为相信它们而产生的行动却使预测转变为正确的,反对社会科学的论证可以被同样的方式否定。

接下来两种反对意见,内格尔认为在晚近对社会科学的批评中是相当出色的。在接下来的部分,我们将更详细地探讨它们是如何被建立的和如何被阐述的。但看看内格尔如何去表述它们以及如何尝试回答它们是有益处的。

有些人主张“社会现象客观保证的说明,即使不是不可能达到,也是很难达到的,因为这些现象有着一个本质上‘主观的’或‘蕴含价值’的面向”(第473页)。在这里它被反对的理由是:社会现象的说明除非考虑到动机、意向、意图的目标及价值,否则都是不充分的。但人类现象的这些面向是不能诉诸感官知觉的;它们本质上是主观性的。因此,有一类型的研究限制在可公开观察的研究题材上,或者限制在所谓“纯粹行为的”题材上——就像自然科学所作的——不能够适当地描述或说明人类现象。

内格尔聚焦在下述三个主要问题,这些问题是由关于社会科学研究题材的这种(和类似的)论证所提出的:

> 第一，探讨该研究题材所需的区分完全是“主观的”吗？第二，对于社会现象的一种“行为主义”说明是否不适当？以及第三，把“主观”状态归属于人类行为者，处于“客观性”的逻辑规范的范围之外吗？（第475页）

内格尔对这些问题的回答——一旦这些议题被厘清——都是断然的否定！首先，即使社会科学家所研究的行为，毫无争论余地针对某个有意
36 识的目标，社会科学并不需要把它们自己限制在心理状态的研究上。因为我们想要知道自然因素，例如资源的稀少性或可用性，或者是现代土壤化学定律的客观研究，如何影响社会行为。这将是自我否定，并且太过限制在狭窄的社会研究上，所以要排除此种非主观因素的影响。

其次，内格尔认为行为主义的指责已变成是一种智识上扰乱注意的东西，被批评者贴上“行为主义”的标签经常是一幅讽刺漫画。已经有些人倡导将一种哲学版的行为主义当作一种化约的物质主义，他们主张一切行为最终将被化约，并根据纯粹物理运动来加以明确界定。有些科学行为主义者倡导一种“人的科学”，只限于可以根据大众行为来界定的概念。但是内格尔强调后者只是一种科学计划，它的目标“当然没有达到，也许永远达不到”(第480页)。但是行为主义的这种实质的及哲学的版本，应该与行为主义作为一种“方法论取向”的看法小心地加以区分，这个看法坚持“对外显行为的控制性研究是达到关于个人与社会行动可靠知识的唯一健全的程序”(第480页)。从这样一种自由的方法论的行为主义观点来看，一个人可以解释内省性报告不是私人精神状态的陈述，而是包含于研究的客观材料的可观察反应。再者，一个人甚至可以承认私人精神状态的存在，但仍坚持达到可靠科学知识的唯一程序乃是借由外显行为的研究。当行为主义被理解为是这样一种方法论的信条，并与它的讽刺漫画分开，则再也没有任何理由认为社会现象

的行为主义说明是不恰当的了。

在回答上述第三个问题时，内格尔考虑**他**所认为的那些人的反对意见，那些人认为社会科学的目标是去理解社会现象，而这牵涉到我们用来理解行动者“主观”心态的有意义行动的范畴。我强调这是内格尔所理解的反对意见，这是因为当我在本书第三章中思考舒茨的作品时，我们将会看到舒茨批评内格尔及其他人误解了理解法(Verstehen)的性质。内格尔并不否认有些主观心理状态可归属于人类行为者，或者假若我们要去掌握行动者在做什么，我们经常必需去理解他们。但他的主要论点乃是“那些逻辑规范，即用以评估心理状态之归属的客观证据的，37
和其他领域负责任的学者为了类似的目的而使用的准则，本质上没什么不同。虽然它们或许时常被应用得比较不严谨”(第984页)。

在回答有关理解客观现象所需的程序的问题时，内格尔反复申述一个几乎为所有主流社会科学家以及那些捍卫社会科学的自然主义观的哲学家所接受的区分和信条：知识主张的**发现**脉络与**验证**脉络之间的截然区别。

> 总而言之，不像研究没有生命之自然的学者，社会科学家能借由同情的想象，投射其自身到他尝试去理解的现象上，这个事实和他的说明性假设的起源问题有关，而和这些说明性假设的有效性问题无关。在某个社会过程中他进入与人类行动者移情关系的能力，对他**发明**适当假设以说明此过程的努力，或许的确具有启发性。虽然如此，他对那些个人的移情认同本身并不构成**知识**。他达到这样的认同的事实并不能取消对客观证据的需要，此客观证据要根据一切控制性研究共同的逻辑准则来评估，以支持他把主观心态归属于那些人类行动者(第484—485页)。

最后一组反对客观社会科学研究的可能性的论证，内格尔认为和所谓事实/价值问题有关。这在晚近对社会科学的批评及攻击中最为明显。但是称之为“事实/价值”问题是一种用词不当，因为分析显示，这是一个用来指涉几个不同却松散关联的议题。许多在其批判中关注此问题者共同的说法是“自然科学中极为普遍的‘价值中立’……在社会研究中经常被认为是不可能的”（第485页）。

内格尔分解出几个次级议题。有一些是关于问题选择的问题。许多批评家已经提醒对于社会科学家研究问题的选择，一些隐藏性的与非隐藏性的社会影响。这些影响的分布从研究类型——因为有资金的鼓励，不管是来自政府的，或是来自具有特别旨趣的私人基金会——到容易获得资料的类型，例如来自人口调查。内格尔并没声称社会科学研究——或任何科学研究——是发生在一个社会真空状态中的。我并不
38 怀疑他会欢迎科学社会学这个新领域，这个新领域尝试去研究并且分离出影响科学家研究问题的变量。但是，不管发现的影响研究问题选择的要素是如何的重要或有趣——在物理科学和社会科学两者都一样——在对问题选择的社会影响上，“对任何研究领域内的客观控制研究的成功追求，都没有阻碍”（第486—487页）。一个人可以问为什么一个科学家研究某一个题目，但这和评估他的假设及客观主张的有效性，在逻辑上还是有所不同。

再者，社会科学家或隐或显地受到“考虑对错”的影响，这有时候遭到了反对。在过去百年间，许多社会科学研究受强烈的道德及改革的热诚所推动，以及被相反的东西所推动：对激进社会变迁的恐惧或怀疑。“事实上社会科学家经常将他们自己的价值带进他们对社会现象的分析中，这当然是没有什么严重争议的。”（第488页）但这证明了什么呢？根据内格尔的看法，这仅显示了人类容易犯错以及他们关于客观知识的主张容易发生错误。毕竟，“它费了数世纪的时间来发展研究的习惯与技术，而这帮助自然科学中的探究，抗拒不相干的个人因素的侵入”（第488页）。个人偏见污染了社会科学家的结论这一事实，应该不是

一个令人惊讶的原因。重要的逻辑上的及方法论上的议题是:我们是否能在原则上,通过自我改正的探究,找出我们当初没有察觉到的偏见。根据内格尔的看法,当问题提出时已指向它的解决——至少对客观研究而言是一个障碍。因为“唯有在事实判断与价值判断间有一个相对清楚的区分时,并且决定一个既定陈述是否有一个纯粹事实的内容,尽管有时或许很困难,但原则上还是可能如此作的时候,这个问题才是可以理解的”(第488页)。

社会科学不能是价值中立的一个更“精致”的论证,坚称上述假定的事实与价值的区分本身是一个站不住脚的区分。一个伦理上中立的社会科学不仅难以达到而且不可能达到,因为在人类行动的描述与说明中,事实与价值是如此地水乳交融以至于无法区别。

为了要驳斥这个反对意见,内格尔介绍了两种价值判断之间的一个区分,他宣称这两种价值判断经常被混淆。第一种价值判断“对某种道德(或社会)理想或某种行动(或制度)表达**赞成**或**不赞成**,乃因为执 39
着于此一价值”(第492页)。另一种价值判断“表达某种共同承认(且多少清楚界定)的行动、对象或制度形态,具体化在一个既定事例中的程度的**估计值**”(第492页)。

为了说明这些非常不同的类型,内格尔用了一个生物学的贫血症的例子。我们判断某些动物是贫血的,在作这样的判断时,研究者知道被列入考虑的相关因素。虽然“贫血症”这个术语的意义能被弄得十分清楚,却未被界定得完全精确。当一位研究者判断一个特定样本是贫血的,他可以说是在作一个价值判断,因为他必须判断是否有证据能证明这个结论——是否这个特定样本偏离了红血球的常数,足以称之为是贫血的。但这个类型的价值判断——这种判断在生物学及医学中相当盛行——本质上是一个“描述性价值判断”(characterizing value judgment)。如果一个人继续判断这个贫血症是一个坏的或不好的状态,他就是在作一个“评价性价值判断”(appraising value judgment)——表达赞成或反对。重点就是要去了解这两种不同类型的“价值判断”的逻辑独立性。

基于这些区分，内格尔声称他可以消除那些持如下观点的人的混淆，即认为价值判断是如此深深地渗入社会探究之中，以及如此深深地与描述性声称相融合，而不可能发展一门价值中立的社会科学。在社会现象的描述与说明中，我们经常进行而且必需使用描述性价值判断。我们说各种不同的行动是“唯利是图的、残忍的或虚伪的”（第499页），或者可能看起来比较中立的，我们把行动归类为“反功能的”。再者，在描述行动、制度及行动者时，我们经常陈述或暗含我们的不赞成或赞成，去否认这点将是荒谬的。

> 虽然如此——并且这是现在讨论的主要任务——没有好的理由认为去**区别**暗含在许多陈述中的描述性与评价性价值判断先天上是不可能的，不管这些陈述是人类事务的学者或自然科学家所断言的。当然，在社会科学中，要在形式上明确地作这种区分并不总是容易的——部分是因为许多在社会科学中使用的语言非常模糊，部分是因为当可能隐含在某一陈述中的评价性判断，是我们不自觉地执着的，容易被我们所忽略。进行此任务也不经常是有用的
> 40 或方便的。因为许多陈述同时暗含描述性和评价性判断有时是足够清楚的，而无需以此任务所要求的方式来重新表述；而此重新表述对于一个大型的且没有同样准备的学者之间的有效沟通而言，经常是太无力了。但是这些都主要是实际的问题，而不是理论问题。它们所引起的困难，并没有为声称一门伦理中立的社会科学在先天上是不可能的提供必然的理由。（第494—495页）

对于种种声称建立一门和自然科学有相同的逻辑准则和目标的社会科学先天上是不可能的，内格尔的论证结构是什么呢？他的论证代表

着一种有限成功。但重要的是指明以何种意义而言他的立场是“有限度的”,而就何种意义而言“是成功的”。说它是有限度的,因为内格尔虽然击败了他所表述的反对意见，他经常不能体会这些反对意见全部的力量。让我说清楚这一点。我不是说内格尔没有考虑到其他反对意见,或者在他所检查的之外还有不同的反对意见，可以证明社会科学是不可能的。当这个议题是这样提出来的时候,内格尔就赢了。但假若我们不要执着于不可能性论证（impossibility arguments）* 的建立和驳斥——我相信我们应该如此——那么比较精炼的批评者所提的反对意见或许可以从一个非常不同的观点来评估。他们并不是质疑社会科学的逻辑可能性或概念可能性，他们可以被视为质疑现在流行的强调、关注及问题。智识取向——包括内格尔的——引导某种什么是重要议题的感知、成果丰硕的研究路线、提出议题的适当方式。对于任何主流取向最重要及最有趣的挑战乃是迫使我们质疑或隐或显的强调，使我们不仅自觉到包括在前景中的东西，也自觉到被排挤或转移为背景，被当作不重要、不正当或不切实际的东西。

再者，我们不必受内格尔讨论的整个脉络的基本二分法所误导——也就是理论障碍与实际障碍之间的区别。因为内格尔在这个脉络中的“理论的”所指的是逻辑上的不可能性——目的在指出社会科学中逻辑的或概念上的不可能性的论证。所有其他的障碍都总括为实际的障碍。

内格尔对这点相当清楚，虽然许多把他当作权威来引用的人远没有那么清楚。他的成功在于显示他所重新表述及检视的论证,没有一个能否定社会各学科的科学发展的可能性。讽刺的是,无论如何,在他考 41
虑许多反对意见时,实际上显示了在大多数案例中,他们的确有一个观

* 即证明社会科学不可能成立的论证。——译注

点。虽然作为不可能性的论证他们失败了，他们的确显现了所遭遇到的复杂障碍——实际上的困难远较许多主流社会科学家所意识到的可怕。

但是，我们必须谨慎，不要从内格尔的分析中得出错误的结论。这儿有一条打滑的路，许多主流社会科学家很容易滑倒。迄今没有任何好的理由被提出来以证明社会科学的不可能性，因此它是可能的。看起来，从这里到主张既然是可能的，一门真正的社会科学似乎真的或很有可能将会达到——如果我们在建构及检证假设、模型和说明性理论上足够努力及聪明的话，是很小的一步。那么我们似乎无可抗拒地相信人们**应该**采取一种适当的科学态度，去增进社会学科的成熟度。我们并不需要引用休谟，他曾警告从谈到是什么或可能是什么，自然地滑到应该做什么的危险。这是主流社会科学家自己一直在警告我们的危险，虽然他们并不总是察觉到他们屈服于此的倾向。

对于社会学科之科学地位的批评者，内格尔的抨击的紧缩策略最合适的结论乃是："问题不能仅仅通过证明它们并非必然不可解决来解决；社会探究的现状清楚地指出我们一直在考虑的一些困难确实很严重。"（第503页）

七

自然主义观概述

到目前为止，本书探讨在社会科学中的经验理论，拥护把社会学科解释为自然科学的说法中，我已尽量引用一些杰出发言人的想法及说法。我刻意这样做有两个理由：第一，诚如早先所指出的，我想避免呈现一种讽刺漫画的指责。我不认为社会科学的理念可以借由贴上“实证主义”、“行为主义”或“素朴的经验主义”来打发。其次，唯有以最明智及最负责任的方式来陈述这个辩护，我们才能区别浅薄的批评与深入的批 42
评。但现在我们能看到一个概括的图像正在浮现：人们能够公平地对待共享的假定以及架构原则，并适当处理内部有歧见的领域。这是对整个范围的议题有着重要后果的一个图像，包括社会政治理论的历史，社会探究的主要目标，对社会科学家合适的教育类型，理论家的角色，理论与行动的关系以及事实与价值。

自然主义观的核心就是“社会科学的目标与自然科学相同”这个信念。搜集并提炼资料，发现相关性，以及建构可检证的经验概推、假设和模型，所有这些都扮演了重要的角色，但对于培育社会科学成为成熟的科学来说并不充分。必然也有可供检证及经过证实的理论的成长，可借由显示它们如何用非琐细的方式，从理论假定中推演出来，以说明现象。在科学说明的核心必然有定律或通则性陈述的发现以及诉求。

有些人认为我们现在的未知范围是如此广大，最好是坚持提炼搜集数据的技术以及建立关于自变量与因变量的低层级经验性概推。有些人认为这样的努力是盲目的且没有方向的，除非能由一般理论的追寻来加以引导；有些人则推荐一种更中庸的努力，即增进中程理论。关于如定律式陈述的争辩将指出社会现象的说明——举例来说，是否有任何真正的社会学定律，或者关于个人心理学定律是不是唯一适合理论说明的定律。而关于什么理论取向最有希望，也最接近真正理论的逻辑的和方法论的标准，当然是有争议的，但所有这些歧见与争议都在我们孤立起来的一般架构之内；在这个架构内，它们的确是“有意义的”。

这个架构培养对社会科学（尤其是社会与政治理论）的历史的一种独特态度。这个态度在理论的历史与系统理论之间做了一种基本的区别。无论我们认为社会学科是一门古老的学科还是相对新的学科，无论我们是佩服还是轻视过去的伟大思想家，只要我们关注的是系统理论，我们对过去理论的主要兴趣乃是想在这些过去理论里，找寻能帮助我
43 们发展经验理论的线索、洞见及建议。从一个科学的观点来看，衡量过去理论的标准是而且应该是当前状态的系统理论。

这样的态度对社会科学家的教育有着巨大的影响。过去五十年间，课程与态度发生的变化难以低估，特别是在美国大学。无论一门学科的历史以及在这个领域中过去的经典著作可能有什么样的研究价值，这都不被认为是训练社会科学家的主要智识内容。如同在进步的物理科学案例中一样，学生们必须被教导最先进的量化及经验性研究技术；必须向他们引介经验研究前沿的问题；他们必须掌握当前最好的理论，并被鼓励去发展具有创造性的想象力，以便发现新的且更好的理论。

理论家与经验研究者，被认为应该在他们研究社会政治现象时，培养一种超然的态度。正如一个普通公民或专家，当他承担公共责任时，他可能带入有关他的时代中的重要议题之具试验性的知识。但是作为理论家，他必须力求保持客观与中立。既然我们知道让一个人的偏见去扭曲社会现象的描述与说明是一件多么容易的事，那么理论家必须总

是愿意将他的假设性主张付诸公开的讨论与检证，并且应该摒弃科学研究的准则所否证的任何主张。一个理论家的工作是去解释这个世界，而不是去改变它，他借由提供理论说明及测试理论说明来解释这个世界。他知道,或者至少相信,如果一个人真的对“改变这个世界”有兴趣，最好能通过科学知识来完成——特别是有关不同行动进程的可能后果的知识。

因此,他认可在理论与实践或行动之间有一种范畴性的区别。无论怎样的“行动”意义适合去理解科学探究——例如受控实验——它们必须与我们有意识地应用理论知识来解决社会实际问题的活动形式截然分开。

最后，主流社会科学的一位精明的捍卫者能够承认价值和规范与社会科学研究有许多种相关的方式。我们可以用科学的方式去研究价值及规范。我们可以尝试去确定增强某些价值或助长规范崩溃的变量。我们能够承认,甚至研究,在社会研究中价值影响问题选择的方式。我们对评估证据中价值的角色能保持敏感。我们甚至能够承认不采用“描 44
述性”价值判断,社会科学研究便无法持续进行下去,并且我们必须极端谨慎地做这些价值判断。我们能够认知到社会科学家是如何将描述性价值判断与或明或暗地表达赞成及不赞成的判断相混淆。但在上述这些承认中，没有一个对于事实与价值之间有一种范畴上区分的基本意义有任何的削弱或妥协。社会科学家的任务就是尽可能精确地描述和说明社会现象。在这宽泛的意义上，他的任务就是去描述和说明事实。他的任务**不是**对应该是什么作规定性主张,即不是要去倡导一种规范性立场。

最后一点把迄今我们只是点到为止的一个区分突显出来，即经验理论与规范理论间的区别。我已追随主流社会科学家的说法,把经验理论与说明理论大致等同起来,但在修辞学意义上,“经验理论”与“规范理论”截然不同。主流社会科学家之间对于规范理论本质的意见,较之对于真正的经验理论或说明理论的意见,共识是少得多了。但仍有的一点主要共识就是:无论规范理论被描述成什么,或者如何被描述,它都不能与经验理论相混淆。为了完成我们对主流社会科学所描绘的图像,我们需要去面对涉及经验理论与规范理论之间区分的一些显著议题。

八

规范理论的问题

在探究实证主义对主流社会科学的影响中，我们已发觉针对规范理论的一种爱恨交织的态度。一方面,人们坚持在经验理论与规范理论之间有一种范畴性的区分,但另一方面,关于规范理论的可能性有一种广泛的怀疑主义。考虑一下戴维·伊斯顿于1953年的下述主张：

> 在今日社会科学中被普遍采信的这个假定坚信：价值最终能被化约为情绪性反应,受个人总体的生活经验所制约。在这个解释中，虽然实际上没有一个命题需要去表述一种纯粹事实或一种纯
> 粹价值,但事实与价值在逻辑上是异质的。一个命题的事实层面指 45
> 涉到实在的一部分;因此它能参照事实来加以检证。我们以这种方式来核对它的真实性。一项命题的道德面向,无论如何只表达了一个人对一种真实(或假定为真实)状态的情绪性反应。它指出一个人是否期望或在何种程度上期望某一特定状态存在。虽然我们可以说一个命题的这一面向指涉一个事实,可能是真的或假的,但是用这种方式来描述一项命题的价值面向是没有意义的。[①]

① 参阅伊斯顿,《政治系统》,第221页。

如果我们抽出这段话的意蕴,我们可以看到为什么规范理论的基础已被侵蚀:没有也不可能有任何这样的理性学科。命题的事实面向指涉一部分的实在。就是因为这样,它可以是真的也可以是假的。但命题的价值面向并不指涉任何事实。严格来说,没有道德的事实,除非是关于价值的事实的匹克威克式(Pickwickian)意义。我们可能对个人欲求什么感兴趣,或是什么变量影响这些欲求,但这样的问题是事实经验性的问题,不是规范性的问题。在断言"道德命题"时,我们或者是在作伪装的事实主张——这样的主张可以被科学所同化——或者只是对一个真实的或假定的事实状态表达我们的情绪性反应。但如果我们接受所有这些主张及其意蕴,随之而来的是,没有我们可以称之为规范理论的理性学科。

我稍早曾提到:尽管伊斯顿声称在社会科学中这个假定被普遍接受,但大多数主流社会科学家还是不愿意(或者很一贯地)排除掉规范理论的可能性。

与这些有关议题进行了最严肃搏斗的思想家就是韦伯。他的基本立场仍然构成了讨论规范理论的地位以及社会科学能达到什么和不能达到什么等议题的背景。在探究韦伯的影响时,必须谨慎——因为一般引用作为价值中立之社会科学观的权威基础的韦伯,是一种被豢养驯化的韦伯。几乎没有社会科学家认识到在韦伯的反思中的尼采主题,以及他直接和间接一再回到此议题的复杂方式。当他对于社会科学的限制比较清楚时,他越来越关注其道德后果及社会后果,特别是其有关个人抉择的后果。①

① 检视韦伯的观点与主流社会科学家对此的解释之间的差异,参阅Alvin W. Gouldner,"Anti-minotaur: The Myth of Value-Free Sociology",*For Sociology*;以及Denis Wrong于*Max Weber*中的导言,Dennis Wrong 编。韦伯反思价值议题之复杂性的最佳讨论之一,参阅W. G. Runciman,*A Critique of Max Weber's Philosophy of Social Science*。对韦伯的一个犀利批判可在Leo Strauss的著作中发现,参阅他对韦伯的讨论"Natural

韦伯思想的基本轮廓被康德及新康德的主题——特别是“实然”与“应然”之间的康德式区分——形塑成在关于现象的科学话语与立基于实践理性的道德论述之间的二分法。康德强调这绝对的区分是为了替 46
道德判断的自主性、客观性及普遍性辩护。他当然不会对理性地为绝对命令辩护的可能性存疑。但19世纪思想的紧张之一就是对道德判断的自主性和客观性及其所谓的理性基础日益增加的怀疑主义。没有批评者比得上尼采对康德二分法中道德或规范深入、广泛批评的一半。哲学家暨社会科学家韦伯，接受了康德二分法的逻辑绝对性，并且体认到尼采对道德判断之批判的充分力量。韦伯坚持事实与价值的“绝对异质性”，并且认知到科学，也包括社会科学，只能处理二分法的事实面。当他考虑这个问题时，他戏剧性地且尖锐地提出这个议题：科学的意义是什么呢？

> 托尔斯泰给了一个最简单的答案：“科学是无意义的，因为它并没有给我们的问题任何答案，对我们而言，唯一重要的问题是‘我们应该做什么及我们应该如何生存？’。”对此问题科学并没有给予一个答案，这是毫无争辩余地的。剩下的唯一问题是科学“没有给出答案”的意思是什么，对于以正确方式提出问题者，科学是否还有些用处。①

Right and the Distinction Between Fact and Values”, *Natural Right and History*，在其中Strauss写道：“我主张韦伯的论点必然会导致虚无主义，或是导致下述观点，即每一种偏好，无论是怎样的邪恶、卑鄙或疯狂，在理性法庭的面前和任何其他偏好一样都被判定为正当的。”（第42页）

① 参阅韦伯，“Science as a Vocation”，*From Max Weber: Essays in Sociology*，H. H. Gerth 与米尔斯编，第143页。

无论如何，韦伯不是一个实证主义者，他当然不会提倡关于规范话语的一种唯情绪理论。他相信，一旦我们清楚基本的东西，就有可能看到科学跟道德话语是如何相关的，甚至看到基本价值立场的理性讨论是如何可能的。这样的讨论主要限于三种功能：

第一，“从铺陈和阐明终极的、内在‘一致的’价值原理中，不同的态度被推演出来。”[1]这种分析并没有直接使用经验技巧，也没有产生新事实的知识。它之所以重要，乃是让我们知道不同的价值原理，以及一套特定的价值陈述是否一致。

第二，“当事实情境的实际评价系单独基于这些原理时，‘意蕴’（对那些接受某些价值判断者）从某些不可化约的价值原理推演而来。”要做好这个工作需要对价值原理谨慎分析及表述，以及对其逻辑意蕴的一个理解。它也要求“对所有这种经验情境巨细靡遗的分析的经验观
47 察，原则上要付诸实际评价”。[2]

第三，“实现某个实际评价必然有的事实后果的决定（a）由于某些不可或缺的手段之后果，（b）某些不是直接可欲但又不可避免的影响或反应的后果。”[3]

这最后一点是最重要的领域，在此领域中经验性社会研究能和我们的价值发生关联。我们可能发现我们的选择及行动有未预料到的经验性影响，或者发现我们对它们可能的影响或反应毫无所知，或者当我们渐渐察觉所提出的行动路线的某些可能未意料到的结果时，这些发现可能导致对我们实际评价的一个修正。更详细地理解关于不同行动路线的可能出现的结果，可能导致对现有价值原理的放弃或修正，或对

---

① 参阅韦伯，“The Meaning of Ethical Neutrality”，*The Methodology of the Social Sciences*，Edward Shils 与 Henry A. Finch编译，第20页。

② 同上。

③ 同上，第21页。

新价值原理的采纳。举例来说,当我们发现资源回收所需要的能源量大于借由这种方法所制造的能源量时,我们可能停止支持能源的回收。

关于价值原理与价值判断的理性讨论,上述这三个功能没有任何一个减少了事实与价值间的沟距,或是减少了我们肩负的选择,这应该是很明显的。韦伯的意图的确使我们对人类选择后果的知觉变得敏锐。社会科学家可以像老师般对我们说:“如果你采取某某立场,那么根据科学经验,你必需使用某某的**手段**,去实际执行你的信念。现在这些手段或许使你相信你必须去拒绝它们。然后你只能在目的与不可避免的手段间作选择。这目的为这手段‘辩护’吗?或者不能?这个老师可以使你面对这个选择的必然性。他无法做得更多,假若他仍想做一个老师,而不想成为一个群众煽动家的话。”[①]如果我们与韦伯倡导的立场绝对一致,那么即使价值讨论的这三个功能立足于预先接受某些价值,这些价值本身仍不能被理性地辩护。唯有我们接受一致的价值,负责任地意识到此价值系从我们所秉持的价值原理推演出来的,以及我们的抉择基于对它们的可能后果的知悉,这样的分析才能理性地影响我们的抉择。但根据韦伯的看法,绝对没有希望能完全成功地为这样的基本价值辩护,我们只能选择去接受它们。

以他特有的敏锐,韦伯看出他的论证正将他带往何处,但他不曾从它们的结论退缩。他恐惧社会生活日益增加的“理性化”的社会后果,还 48
伴随其不能避免的世界祛魅。几乎就没有什么主流科学家,包括那些自认为追随韦伯的科学家,坚持遵照韦伯的方式去从事研究。大多数人满足于停止在一个不稳固的中点上。他们假定“启蒙”者共享相同的基本价值,假定重要的任务是对可能的行动路线的后果获得一个更充分的经验理解,以及促进那些启蒙者所认可的价值的经验方法。但借由改变这一强调,他们模糊并掩饰了尼采已揭露出来以及韦伯已窥探到的深

① 参阅韦伯,“Science as a Vocation”,第151页。

渊——我们的基本价值不可能有任何终极的理性基础。

当代流行的许多关于规范理论的态度，以及关于经验科学与规范理论的关系的态度,乃是对韦伯一系列的脚注。对那些倡导把社会科学当作是政策科学,也能够有实际后果,或者倡导政策科学是社会科学的一个重要分支的人,韦伯也提供了一个正当理由。我们能在经验上研究不同的计划行动路线的可能后果。政策科学可以“填写”假设命题。它们采用的逻辑形式显示,如果我们的选择、欲求或价值是X,则Y便是当然的或可能的结果。对可能的经验后果我们不能期望变得非常练达,特别是在现代工业社会中的复杂情境下，除非我们尽可能地坚持我们的科学探究。举例来说,要支持充分就业是很天真的,除非我们知道在某些经验环境下,此种充分就业可能导致无法控制的通货膨胀,而这又可能导致严重的失业。任何理性的人一旦比较完整地了解了充分就业可能的经验后果,必定会修正他关于充分就业的价值观。

从付诸技术性运用的社会科学中所获得的信息的假设性质，已成为那些提倡“社会工程”者的基础了。虽然“社会工程学”这个表述为许多人所厌恶,因为这名词唤起了技术官僚刻意操纵的幽灵,不过社会科学研究获得的知识如何应用到实际问题的核心理念，乃为人所广泛分享。对于社会工程学的一个经典的陈述及捍卫是由波普在《历史决定论的贫困》一书所建立的。波普把“渐进式社会工程学”与他声称是误导观念的乌托邦式的或整体主义的社会工程学两相对照。渐进式的社会工程学“是去设计社会制度,并且去重建及运作那些已经存在的制度”(第
49 64页)[①],不像乌托邦式的或整体主义的思想家,渐进式的社会工程师知道他所知道的是如何之少,以及我们从我们的错误中学习。“因此他将一步一步地前进,谨慎比较预期的结果与达成的结果,并且总是注意任

① 参阅波普,《历史决定论的贫困》。除非特别注明,所有参考波普的页数都是指此书。

何改革中不可避免的、不想要的结果;而他避免从事过于复杂、过于庞大的改革工程,以至于不可能分解因和果,也不可能知道他真正在做什么。"(第67页)

对波普来说,科技、工程、科学没有一个其自身足以决定,或保证借由我们社会改革的谨慎步骤,就一定能达到或趋近目标。他承认"公共的或政治的社会工程学可能有最多样的倾向,有极权主义的,也有自由主义的"(第66页)。纳粹对犹太人问题的最终解决的任务,是一个涉及许多技术问题的"工程"任务,即关于把犹太人赶在一起,运送到集中营,加以杀害等的最有效方法。从一个逻辑观点来看,有效执行这些任务(同时指导战争)所需要的技术知识,与在和平时期去设计并控制制度以促进高就业率,属于相同类型的技术知识。渐进式的社会工程学相对于达成的目标来说是中性的。波普确实认为可能存在关于目标的理性批评讨论,但他对这个核心主张的辩护有重大的困难。

在1969年,当社会工程学的想法遭受来自种种观点的激烈抨击的时候,豪泽(P. M. Hauser)重新表述并捍卫这个理想。[①]豪泽似乎认为社会工程探究途径是一个全新的,并且是唯一适合解决当代社会问题的探究途径。他把社会科学家描述为科学家,其主要工作是通过数据的搜集、处理与分析来产生知识。这样的知识可以为社会工程师形成社会政策提供基础,这个社会工程师是对"社会会计学"——"替一个组织或一个计划的管理者的需求服务的信息控制系统"(第15页)——有兴趣。这个新的探究途径"超越传统素朴的自由主义和保守主义"(第14页)。这是可以严肃处理我们当代社会问题的唯一的探究途径。豪泽几乎脱口而出地告诉我们:

---

① 参阅豪泽,"The Chaotic Society: Product of the Social Morphological Revolution",《美国社会学评论》,第三十四期(1969)。除非特别注明,所有参考豪泽的页数都是指此文。

> 只有在社会目标获致共识之后，社会会计学才会成为可能。社
> 会目标的发展既不是一个科学的功能，也不是一个社会工程的功
> 能。这是一个必须由整个社会来执行的功能，通过它的政治领导者
> 50 及其他领导者来行动。在一个民主社会，它或许反映了大多数民众
> 的需求（第15页）。

但豪泽强调在这样的目标形成中社会科学家和社会工程师可以扮演的角色。他们是"必须紧密地与政治领导者或其他领导者一起工作，以协助发展一个宽广的选择范围，尽可能地反映出特定目标的要求与后果"（第15页）的专家。豪泽掩盖了社会工程学核心中真正困难且顽强的议题。社会工程学的可能性有赖于社会目标的确定。只是告诉我们"这必须由社会整体来执行"，至少不是很有启发性，如何执行？谁来执行？我们有什么样的理由来假设有什么目标是社会"整体"所共享的？我们如何——不管是作为公民、行政人员还是社会工程师——去决定什么目标**应该**被实现？豪泽模糊了如果社会工程学要有任何的合理性，而不是被利用去进行社会支配及压迫，我们必须诚实面对的核心的规范议题。

九

结论：日益增长的危机感

随着对规范理论的不同态度的回顾，我已完成了主流社会科学家关于他们学科的概括图像，其中涉及的东西远远超过经验性说明理论的本质与核心的理解。这核心角色派定给此种理论反映了一个**总体**的智识取向。这个取向提示我们一个理想，即关于什么构成了社会政治现象的理论知识，以及我们应如何前进以便去接近这个理想。这个取向影响了我们对这些学科的历史的理解，也影响了这些学科未来可能合理期望的方向。当行动被视为我们从理论学习来的东西的技术性应用时，这个取向便反映了对理论与行动间的范畴差别的独特理解。这个取向对社会科学家的训练和理论家应采取的超然态度二者都有着规范性的后果。我称这个为“主流”立场乃是因为尽管其中有许多的内在歧异，但它已经是并且仍然是专业社会科学家这个主流团体所共享的立场。

还有一个要素可以如拱顶石般加入这个论述。从历史上来看，我们 51
不能低估启蒙运动在形塑社会科学和对社会科学给予原动力上所发挥的作用。这个理想长久以来一直被珍视，即科学的进步和社会政治现象的科学知识的进步，必然带来迈向为有理性的人类所接受的理想及社会目标的进步。我们已知道获得及利用这样的知识比我们的一些启蒙运动的先驱所预期的更为困难，但这个目标——这个规范性的理想——仍为社会科学家所倡导。

的确，许多人或许会好奇是否还有任何合理的不同选择。尽管这个取向表现出了所有的迷人之处、力量及合理性，但在其中仍有严重的问题与冲突。我已经注意到：在坚持什么是理论与实际上并没产生理论之间存在着惊人的不一致。我们可以根据宣称它已成为，或者即将成为一门真正的科学这类说法，来撰写过去百年间许多社会科学的历史。许多对社会学及政治学的原始状态的标准辩护，当衡之于主流社会科学家所倡导的标准时，显得浅薄且不具说服力。

而且，尽管对社会科学状态有一种官方的审慎，却时常是一种危险的傲慢。这可以豪泽为典型代表，他承认“严格来说”社会工程学仰赖对欲达成的目标的详细叙述，但立刻又继续声称“社会科学家与社会工程师站在战略立场去参与目标建构”（第15页），借由与政治领导者及其他领导者紧密合作，以发展一个宽广的选择范围，当豪泽鲁莽地宣称以下判断时，他自己的规范性判断便显而易见：

> 我的判断是：假若这个国家自从1947年以来就有一个社会顾问委员会，与经济顾问委员会一起运作，并且假若此一委员会的建议被行政单位与国会注意到，那么强烈影响我们的“都市危机”将不会达到现有的尖锐状态。（第15页）

我们将在第二章看到，豪泽如此轻易地忽略“评价性的价值判断”的方式，与此同时，还据称是在从事社会科学及社会工程学的客观、中立的分析，其实只代表了冰山之一角。尽管所有的都是对于客观性及价值中
52 立的讨论，但社会科学文献和所谓的经验理论，充斥了或明或暗的价值判断，和具有争议性的规范性主张和意识形态主张。

但在上述的取向中，有更进一步、甚至更深层的令人不安的层面。知识（特别是有关社会政治实际上如何运作的详细经验知识）被认定为替启蒙的行动及社会改革提供了基础。但是，当我们专注于主流社会科

学的认识论基础的辩证逻辑时，我们发觉逐渐削弱此启蒙运动理想的强烈倾向。当被揭穿时，人们不仅对规范理论作为一种理性学科的可能性有很大的怀疑，还会不断暗示在最终的分析中，“价值”只是个人的情绪反应，是主观的以及非理性的。我们一再被告知政策的形成，科学知识的应用以及社会工程的事业，都依赖目标的具体化。但是关于此种目标应如何建立，我们并没有得到或者只得到少许的指导。如果我们没有公正地面对这些议题，控制及操纵的技术显然只会被使用在最邪恶的目的或最不受欢迎的目的上。

再者，伴随着对社会科学家作为超然的观察者的尽力坚持，某些东西已经从古希腊的理论(theoria)传统中消失或者被压抑了，社会科学理论原是从这个传统发展出来的。理论的一个古典功能被认为是它的实践效能——它帮助我们区别表象与实在，区别虚假与真实，以及提供实际活动一个指导方针的能力。预示一个已被哈贝马斯敏锐地建立的论点，过去一度被当作古典意义的理论家(bios theoretikos)的一个主要功能，现在已经被“方法论禁令”(methodological prohibitions)所排除了。[1]

主流社会科学家会否认他们已放弃了理论的这个功能。他们声称只有现在，在历史上的第一次，我们能够区别社会政治的比较明显且表面化的面向与真相，只有现在我们才获取稳固的经验知识，而不是意见和玄想。但是即使这样可疑的主张被认可，累积经验知识的实际后果也不全然清楚。为了创造一个良善且公正的社会的知识与其利用之间的沟距逐渐在增长。我们还没有弥合理论与实践之间的沟距，却创造了一个智识与实践的真空。我们看到的不是社会政治改革者在利用知识，而是知识被任何有权力如此做的人所利用。对所有关注社会政治学科的 53
科学地位的人而言，理论家是社会政治的一个批判者的理念被“方法论

① 参阅哈贝马斯，《知识与人类兴趣》，第304页。参阅我在第四章关于此论点的讨论。

禁令”所回避或排除了。

这种情形，随着它潜在的不良后果，已导致一种日益增长的危机感，导致抗议，以及一种迫切的需要，去重新检视社会政治探究的主流见解的基础。在本书其后几章，我将探讨重新检视及改造社会政治探究
54 的几种最认真的尝试。

第二章

语言、分析及理论

正如黑格尔很优美地显示的那样，思想及文化的历史乃是伟大的解放性观念的一个渐变模式，这些解放性的观念不可避免地转变成为束缚性的紧身夹克，因而新的解放性的，同时又是束缚性的概念促进了其自身的毁灭。理解人的第一步乃是将支配及贯穿他们思想及行动的某种或多种模型提升到意识之中。就像所有企图使人们察觉到他们思考所用的范畴一样，这是一种艰困的，有时是痛苦的活动，可能产生严重不安的后果。第二步工作乃是分析该模型本身，这促使分析者接受、修正或摒弃该模型，而最后一种情况促使分析者提供一个比较适当的模型取而代之。

伯林，1962[①]

---

① 伯林，“政治理论仍然存在吗？”，《哲学、政治与社会》（第二辑），拉斯利特与朗西曼合编，第19页。

一

重估社会科学领域中的理论

上述的文字系引自伯林一篇雄辩滔滔且充满感情的文章“政治理论仍然存在吗？”，载于《哲学、政治与社会》第二辑里。这篇文章系针对拉斯利特所宣称的“现在，无论如何，政治哲学已经死了”的一个回应。拉斯利特在《哲学、政治与社会》第一辑中直截了当的陈述“成为这本书最常被引用的文字”。[①]但是到了1962年，第二辑的编者写道：“假若我们能在此毫无保留地而且热切地宣告政治理论的复活，将是十分惬意的事。我们不能十分肯定，但目前气氛大不相同了，而且比起六年前有利得多。”[②]

伯林是写文章替政治理论辩护的理想人选。他撰写该文时正是牛津大学政治社会理论的奇切利讲座教授。牛津乃是语言运动的中心，而伯林则与此一运动的许多领袖熟识。伯林不像他在牛津的一些同事，由
57 于他对文化史有广泛而精深的理解，且对政治社会问题在人类思想及行动中的重要性有深切体认，因此对当代分析哲学家漠视历史——甚而反历史——的偏见，提供了一个亟需的观点。

我打算用伯林的文章作一个引子，来解释受语言哲学影响的盎格

① “导言”，《哲学、政治与社会》(第二辑)，第vii页。

② 同上。

鲁—撒克逊思想家之中所发生的(而且仍然在发生的)事情,并将由此而得到的洞察,应用到社会政治理论中。对于我将要讨论的课题,伯林虽然不曾明确加以处理,但这些题目都可以和他的文章中的主题及他所开启的探究路线联系得上。伯林的文章指出在政治理论的重估及其与社会科学的关系中正在变动的智识心态。他知道彼时何者正在蕴酿且即将进入讨论的前台。一旦我们辨别出一些夸张的及误导的言论,并切入到表面的争论底下时,我们将会发现在社会政治理论的思考中,一种值得注意的连贯性和力量。由于这个故事有好几段复杂的情节,我将对我所要检视及希望展示的观念,作一个简短的提要。

在展示伯林文章中的一些主题之后,我将转而检讨行动的语言及概念,这已成为当代分析哲学家关注的焦点了。我在另一部著作中已经探讨过这个主题为什么成为主流,以及为什么有关行动的概念以及动机、意向、理由、原因等相关概念的一些互相冲突的主题也成为主流。[1]在此我将探讨与社会政治行动直接有关的一些主题,并探讨我们描述、说明及解释此种行动的方式。

然后我将检视新的"科学形象",这在晚近后经验主义的科学史及科学哲学里正在浮现。晚近这类讨论大部分围绕着自然科学或物理科学,但这些讨论对于社会科学有重要的影响。主流社会科学家对于他们自己学科的理解乃基于逻辑经验论者对于自然科学的概念。但这种自然科学观已经受到严厉批判了。因此,在物理科学与社会科学的领域里,最近关于经验理论究竟是什么的许多基本问题都被提出来了。再者,当我检视库恩的著作被社会科学家所运用及误用时——尤其是对于像范式这样含糊的概念的各种应用——我们将看到库恩的著作如何被用来支持互相冲突甚至互相矛盾的论旨。

---

① 参阅《实践与行动》,第四章,"行动的概念:分析哲学";也可以参阅彼特金在《维特根斯坦与正义》对于行动之概念敏锐的讨论。

主流社会科学长久以来受许多二分法所形塑——诸如事实与价
值、描述与评价、经验理论与规范理论等等二分法，在最后，我想要检视
58 语言分析学者对于这类二分法的一些质疑。受过分析训练的哲学家（以
及其他人）已经证明了在社会科学中所谓的经验理论如何隐藏意识形
态偏见。

分析性的探究虽然对主流社会科学及其认识论基础采取批判的立场，但是这些探究所累积的结果却不仅仅是消极性的。相反的，他们指出在任何恰当的社会政治理论中，对于解释的重要性有一种新的觉醒——这种解释不能为了搜集数据及研究现存的规律性而加以化约或消除。某些语言或概念分析学者宣称已一劳永逸地证明：将社会科学视为自然科学的观念乃是基于概念上的混淆，而且这在逻辑上是不可能的。虽然我不认为他们已经证立了这个很强的戏剧性的论旨，不过他们已指出在达成或趋近此一理想中的一些深刻的概念上的困难——这些困难为主流社会科学家所忽略。更重要的是，他们已经证明了执着于把社会研究转变为自然科学将会模糊、扭曲以及压抑某些对于政治社会生活极为重要的议题的正当性。当我们随着已经在进行中的强调重心转移时，我们将发现会自然而然地过渡到现象学，这个早已关注主体间性的性质以及解释意义的领域上了。

二

伯林对经验理论的批判

伯林的文章一开头就描述了回答问题的两种方法：经验的与形式的，这两种方法对理性讨论及知识正当性而言，都已经成为标准的方法了。他强调对于实证主义思想家以及那些将其学科视为经验科学的主流社会科学家而言，何者才是重要的。伯林宣称黑格尔已证明“伟大的解放性观念……如何不可避免地转变成为束缚性的紧身夹克”，同样的，要强调的是：深信所有“真正的”问题可以借形式的或经验的方法来回答，在历史上乃是具有解放作用的观念。我们可以追溯此实证主义主张至它的启蒙运动根源。科学（尤其是经验性、实验性的科学）已经被视 59
为是区别迷信、偏见、意见与铁一般的事实、经验保障之知识的一块试金石了。一旦形式及经验科学的明确路线获得了保障，人类知识的巨大增长就指日可待了。现代实证主义者更进一步，他们将思想史解释为各种学科说浑话的地方，有待重新表述为科学话语的标准形式。实证主义在最无畏的时期，曾宣称任何陈述若不能如此重新表述过，就会被判定为无意义，或被视为提出伪问题，而不能从事理性的解决。在这个比较教条性的阶段，曾经一度是一个“伟大的解放性观念”，如今却变成了一件“束缚性的紧身夹克”。长久以来，在政治社会生活的理性讨论里，处于核心位置的问题——政治社会生活的命运以及对其批判性的评价——如今却被鄙弃为认知上无意义的讨论。

伯林直接向这个独断观念挑战。他并没有否认经验学科及形式学科的成就,他只是论证还有第三类正当的而且重要的问题,无法用形式的或经验的技术来加以厘清。他称这些为哲学性的问题,并集中于对政治哲学及理论而言很重要的一些问题上。

> 当我们询问为什么个人要服从,我们即被要求以权威、主权、自由之类的理念,来说明何者是合于规范的,并在政治论证中辩护它们的有效性。发号施令、强制执行、宣战、开创新社会、摧毁旧社会通常都是以这些理念的名义来进行的——这些理念在我们今日的生活里,和任何事物一样扮演同样重大的角色。这类问题之所以**表面上**是哲学的,乃是因为其中所牵涉到的一些概念的意义还是意见纷纭,莫衷一是的。在这些领域里,关于何者构成行动的理由;关于相关的命题如何证立,甚至如何证明;关于谁或何者构成公认的权威,来决定这些问题;结果关于公开批评与颠覆或自由与压迫等等之间的界线就没有共识了。(第7页)①

也许有人会认为——尤其是主流社会科学家可能会认为——伯林对于将社会科学视为自然科学,而寻求发现经验理论的观念毫无异议。他们会说,从使用"合于规范的"一词这点,就窥知伯林所倡导的是什么了。伯林的"政治理论"意即"规范性的政治理论"。不论我们赞不赞同此提议,规范理论也有别于经验理论,二者不得混淆。但对伯林的话作这样的表述却曲解了他的意思,而且忽略了他的分析中某些更具争论性的
60 涵义。

伯林强调,"在行为的领域里,人们的信念乃是他们对于作为人之

① 伯林,"政治理论仍然存在吗?",除非特别声明,否则伯林的观念皆参考这篇论文。

自我及他人概念的一部分,而不论他们有没有意识到,此概念又是内在于他们的世界观中的。"(第13页)人乃是**自我解释**的存在,此一事实对于了解社会政治生活非常重要。人类对于自己及他人的信念并不仅仅是他们心中的主观状态;在社会政治生活之中,这些信念乃是行动、实践及制度的构成**要素**(用一个康德式的名词)。伯林告诉我们,人类受一个或多个世界模型(世界到底像什么)所支配,而"此模型或范式决定了信念及行为的内容及形式"(第14页)。因此,"核心模型的任何变异,就等于是感知及解释经验数据之方式的一次改变。此类范畴充斥着评价的程度无疑是依赖于它们与人类的欲望及兴趣有直接关联"(第17页)。我们感兴趣的不仅是各种信念及支配模型,还有它们的根源,它们支配、强化及崩溃的原因——因果议题的确构成社会研究的一个重要部分。但假若我们要了解人,我们也必须探讨这些模型的适当性,探讨它们符不符合人们实际的行为,以及它们的有效性。

> 那么,设想那些时代没有或可以没有政治哲学,就像设想有些时代是信仰的时代一样,而有些时代则是可以完全没有信仰的。但这是一个荒谬的观念;没有人类活动可以没有某种一般性的看法:怀疑主义、犬儒主义、拒绝浸淫于抽象问题或拒绝质疑价值的冷酷无情的机会主义、蔑视理论活动、所有各种虚无主义,当然这些本身都是形而上和伦理上的立场及执着的态度……关于人类行动(相对于诸如动物行为)想要建立一套完全价值中立(Wertfrei)的理论(或模型),乃是基于对于社会研究之客观性或中立性的一种天真的误解上。(第17页)

也许有人又会反对说:没有一位负责任的主流政治社会科学家会认为,在一门适当的社会科学中,我们可以忽视人的信念、态度及解释。他所坚持的乃是:假若我们要以适当的方法来探究这类本质上是主观

的及个人隐私的现象,我们必须将其联系到客观的行为上,包括问卷和
调查所显示的口语行为。但诚如伯林所倡议的，主要的议题乃是范畴
性。主流社会科学以为所有相关的现象都可以整齐划一地分为主观的
61 与客观的、隐私的与公开的。研究主观的及隐私的现象所遭遇的方法论
上的问题,乃是要证明这类现象如何能与客观的及公开的现象相关联。
这些二分法在主流社会科学中已经相当根深蒂固了，而且还有悠久的
哲学传统。但倘若伯林是对的话,那么这些二分法就是误解了人的行动
了。人的行动并非包括两个可以分开且又有外在联系的部分——一个
部分是心理信念,一个部分是形体动作。人的行动——至少与社会政治
生活相关的行动形式——就是我们视之为行动的东西，甚至对行动的
恰当描述，都与解释有着内在的关联，而解释乃是行动内在的构成要
素。人对行动的描述和辨识“充斥着评价”。

假若我们忽视或低估在人的行动中行动者解释的成分，则连我们对于规律性的经验研究都将会误入歧途。发现社会政治生活中的规律性,也许连找寻人类生活不变之特征的起点都谈不上;这些规律性也许只是反映了政治实在之支配模型的建立以及毫无批判的接受。诚如伯林敏锐地指出的那样,在一个一致同意其目标的社会里,一门旨在预测以及将一切问题都化约为经验问题的社会科学最为合适。

> 在一个只有单一目标支配的社会里，才可能只有关于达到此目标之最佳手段的论证——关于手段的论证乃是技术性的，即科学性的及经验性的：它们可以借经验及观察或其他用以发现原因及关系的方法来解决；至少在原则上，它们可以被化约为实证科学。在此一社会里,关于政治目标或价值,不会有严重的问题产生,只有关于如何有效地达到目标的经验性问题。(第8页)

政治理论被一门研究人的自然科学所取代，并非价值中立及客观

性的胜利。这是渗透了价值的，关于“人是什么”的基本问题不再被郑重其事地提出来，取而代之的是对于意识形态偏见毫无批判的接受。政治理论主要关注

> 什么是人所特有的，什么不是，为什么；是否有一些特定的范畴，例如某些目的隶属于某个团体或法律，对于理解“人是什么”不可或缺；因而不可回避地关切某些人类目标的来源、范围及有效性。倘若这是政治理论的任务，那么由于它的兴趣的性质，它不可能回避评价；它不仅完全交付给对善恶、准许与禁止、和谐与不和谐等观念的分析，而且交付给这些观念之有效性的结论。这些观念 62
> 在任何有关自由、正义、权威或政治道德的讨论里，早晚一定会遇到的。（第17页）

伯林的文章是提示性多于定论性。他提出了许多问题，但他都未详加探究，也没有对他的主要论旨提供适当的支持。我们马上会看到伯林触及的许多主题已经被其他的探究者探讨过了。伯林不只是强烈主张恢复规范性的政治理论，以补经验理论之不足；他所描绘的对于政治理论的另类理解，向主流社会科学最基本的而且最珍视的独断教条提出了挑战。他批评的核心乃是对什么是“经验性的”，以及对何者构成政治行动者之“铁一般的事实”之类观念的抨击。人是什么——并不是他们应该是什么——取决于解释的模型，此模型渗透到人类行动者的思想及行动中。因此，倘若我们要了解人是什么，则我们必须了解支配他们思想及行动的模型。任何关于经验的概念若忽略或低估这些模型的力量及普遍性，都是无效的。经验的概念若仅限于公开可以观察的行为，而且将此种模型及解释归诸“仅仅是”主观性的，则误解了人的行动。

三

概念分析与行动的语言：温奇

在伯林的文章发表的前几年，温奇出版了一本很简短但经常被讨论的小书《社会科学的理念》。这本著作的意义主要在于它所扮演的历史性及论战性的角色，而不是在于其中心论旨的清晰性或所获得的结论的适当性。温奇是首先探讨语言分析——尤其是维特根斯坦的探究——对于批判性地评估社会科学以及阐明“社会的概念”二者的涵义的人。再者，温奇也将语言哲学的研究工作与理解法（Verstehen）及“有意义的行为”的概念联结起来，二者*都是韦伯的解释社会学传统的核心
63 概念。这本小书的写作正值主流社会科学的独断见解似乎已经非常稳固，以致很难发觉其他合理出路的时候。温奇抨击实证主义知识观的限制和扭曲，以及此种观念影响主流社会科学的方式。

温奇不只是指出困难而已，他还要证明一门基于自然科学的社会科学观乃是一种错误。这个错误观念肇因于严重的概念混淆，可借新式的语言研究来揭露。依温奇之意，“人类社会的观念牵涉到一套概念架构，此概念架构与自然科学中所给予的说明**在逻辑上是不相容的**”；“对社会的理解**在逻辑上不同于**对自然的理解”以及“我们对于社会生活的

* 即理解法及有意义的行为。——译注

理解(所采用)的核心概念与科学预测的核心概念是**不相容的**。"[①]以上这些都是很强烈的主张。假若温奇的主张是对的,那么模仿自然科学来发展一门成熟社会科学的做法所遭遇的困难，不仅是实际上的障碍而已,并且是"逻辑上的"以及"概念上的"不可能。虽然温奇对于他所提议的出路语焉不详,不过他提示研究社会应效法哲学的"先验方法",而非自然科学的经验方法。

对温奇著作的批评大都集中于这类过分的要求上：他试图提供一种先验的"不可能性"或"超验的"论证,来抨击主流社会科学家所提倡的经验理论。有些批评者已发现温奇的论证有严重的缺失,我同意他们的批评。[②]颇具嘲讽意义的是,温奇的主张基于一些二分法,而这些二分法正和他所抨击的东西一样有问题。例如温奇未曾为他的立场辩护过,即不加批判地宣称:"概念性问题"与"经验性问题"之间,或哲学(采用先验分析方法)与科学(使用经验的及实验的程序)之间有明显区别。在某些场合中,区别概念性问题与经验性问题是很有启发性的,但除非能证立概念性问题与经验性问题之间有一种范畴性的区别（温奇不能做到这一点),否则他的"不相容性"的主张就不能成立。再者,他对于经验科学的描绘几近于讽刺性的漫画。温奇未能正视概念分析在经验科学

① 温奇,《社会科学的理念》,第72,94,119页;黑体系引者所加。除非特别声明,否则温奇的观念皆参考这本小书。

② 对于温奇作品的批判性讨论,可参阅洛奇与温奇之间的讨论:洛奇,"社会科学的理念",《探究》, 第六期(1963);温奇,"洛奇先生的社会科学的理念",《探究》,第七期 (1964);洛奇,"论误解温奇先生",《探究》,第八期 (1965)。也可以参阅洛奇的《说明与人的行动》,以及贾维与温奇之讨论"社会学与社会人类学中了解与说明",《行为科学中的说明》,R. Borger与F. Cioffi合编。威尔逊编《理性》一书中有好几篇文章都有批判性地检讨温奇的主张;特别请参阅麦金太尔"理解宗教与信仰是否相容？"及"社会科学的理念"。其他对温奇观念的批判性讨论的著作有:哈贝马斯,《社会科学的逻辑》;威尔马,《社会批判理论》;彼特金,《维特根斯坦与正义》;赖特,《说明与了解》;霍利斯,"巫术与温奇术",《社会科学的哲学》,第二期 (1972)。

本身里所扮演的重要角色，也未能帮助我们区别适合于科学的概念分析,与哲学特有的概念分析二者的差异。

温奇的“逻辑上不相容性”的主张虽然经不起批判性的检视,但他却提醒人们注意若干复杂的问题，这些问题在任何恰当的社会理论中
64 都必须面对,而如今却为主流社会科学家所轻视或压抑。温奇强调维特根斯坦的“生活形式”的概念以及维特根斯坦关于“遵循规则的行为”的评述。人的行为——即许多语言哲学家称之为“行动”的,以区别于指称形体动作的“行为”——乃是被规则所约束的。

温奇主张的基础乃是他对于维特根斯坦所宣称的“必须接受的、既予的,乃是——所以我们可以这么说——生活形式”。(第40页)温奇宣称哲学的各种流派,诸如科学哲学、艺术哲学及历史哲学,负有“阐明所谓‘科学’、‘艺术’等生活形式之特性的任务,而认识论则试图阐明生活形式之观念本身所涉及的问题”(第41页)。①欲厘清生活形式的观念乃是欲“理解社会现象的性质”。生活形式涉及遵循规则的行为以及受规则所约束的行为。遵循一条规则的观念即预设了主体间性的约定及同意。遵循规则的行为因而本质上是社会行为。

相反的,温奇宣称:**所有**的社会行为本身都涉及接受及遵循规则。“只有在他人原则上能够发现我所遵循之规则的情境里,我才可以合理地说是在遵循一条规则。”(第30页)这并不意味着一个人经常能够把约束他行动的规则表述出来,甚至也不意味着假若他的确表述出规则来,此规则就是他实际上所遵循的。但是,“遵循一条规则的观念与犯了一

① 对于维特根斯坦关于“生活形式”的评论,温奇的解释极为可疑及可议。温奇说“科学”、“艺术”等为生活形式,这种说法在许多宣称受维特根斯坦影响的哲学家之中也甚为流行。但维特根斯坦本人从未作此主张。这点之所以重要乃是因为温奇把社会现象研究与科学两相对比的许多论证力量,预设了把科学理解为一种独一无二的生活形式。这不仅背离维特根斯坦,且违反了他所要求的辨析与厘清。对于“生活形式”观念之复杂性的精细讨论,请参阅彼特金,《维特根斯坦与正义》,第132页及以下。

个错误在逻辑上乃是不可分开的。假若我们能够说某人正遵循一条规则，这意味着我们可以询问他正在做的正确与否”（第32页）。温奇也宣称“生活形式”及“受规则约束的”行为可以厘清韦伯“有意义的行为”的观念。“所有有意义的行为（因而所有人特有的行为）根据事实本身，都是受规则约束的。”（第52页）。借着“生活形式”我们也能厘清其他两个概念——理由及动机，这两个概念必须加以引介，以理解受规则约束的行为相关的问题。

温奇曾举过一个例子，当作某人为了某种理由而从事某个行动的范式。“假定我们说某甲在上一次大选中投票给劳工党，因为他认为劳工党的政府最可能维护产业安宁。这是何种说明？最清楚的情况乃是某甲在投票之前，就已讨论过赞成或反对投票给劳工党的意见了，且显然已得到结论‘我将投给劳工党，因为那是维护产业安宁最佳的途径’。”（第 65
45—46页）温奇并未宣称这个例子乃是各种类型之有意义的行为或受规则约束的行为的一个范式，但此例的确显示所有此类行为的一个特征。上述的说明若要当作某甲行为的一个说明，则某甲必须“具有某种观念，诸如何谓‘维护产业安宁’以及此与工党政府之间的关联”（第46页）。

由此点加以推论，温奇告诉我们“此一说明妥当与否依赖于某甲对其中所包含的概念是否了解”（第46页）。另一点也是很明显的，即除非我们所论及的社会有某种特定的政治制度，否则像投票这样一种活动将没有任何意义。对这些制度的参照对于了解投票活动乃是不可或缺的，例如在特定社会里如何算是一票，投票须遵循何种程序。投票行为并不能转换或简化为一组形体动作的活动。某些形体上的动作，诸如拉一次手杆或画记一张选票，在适当情况下也许都可算是一票。但这些“适当情况”涉及相关的规则。

我们开始能够看出描述、说明及理解人类特有的行动所需要的是什么了。某些制度使我们能够辨别出问题中的行动，我们必须掌握行动的那些制度的性质，而这意味着掌握生活形式与其中所涉及的受规则约束的行为。只有参照隐含于这些生活形式里的规则,我们才能说明一个人的理由和动机,这对于“动机”和“理由”都同样适用。当然动机和理由也是不同的:“例如说某甲由于妒嫉而谋杀他太太，绝不是说他行动合理。”(第82页)虽然如此,“学习什么是动机乃是属于学习社会中约束生活的标准；而后者又属于学习作为一个社会存在而生活的过程”(第82页)。假若“理由”和“动机”之类的概念——另外还有“意图”、“目的”、“目标”及“欲求”——如温奇所说的,与一个社会中约束生活的标准的关系如此密切，那么若认为这类概念可以等同于生理或心理的状态或事件,就的确是一种概念上的混淆了。一种语言若仅限于纯粹生理或心理的层面,就会遗漏使这类概念能为人们所理解的重要东西——“社会中约束生活的标准”。

温奇强调生活形式作为理解社会现象的锁钥，还有另外一个更为
66 重要的后果。在以上所举的行动例子里,温奇强调对某甲行动之说明妥当与否,依赖于他对所涉及之概念的理解。温奇也坚称,“人与人间的社会关系和人的行动所体现的观念,二者其实是同样的东西,只是从不同的观点来看”(第121页)。“人与人之间的社会关系只有通过他们的观念并在他们的观念之中才会存在。”(第123页)“语言”、“观念”及“概念”不能和社会关系分开,这些东西乃是**构成**社会关系的一部分。结果——在此温奇的分析可补伯林之不足——人们所使用的概念、观念及语言发生了基本的变化,**必然**导致他们的社会关系的基本变迁。

从以上对温奇见解的简述中,我们可以掌握他的一般取向。哲学家的任务乃是阐明生活形式的概念,此概念涉及遵循规则的行为,并显示生活形式的概念对于理解“社会的概念”是如何重要。研究社会的学者必须阐明各种生活形式，这些生活形式表征了我们自己的社会以及其

他的社会。他尝试去理解“行为或语言的要点或意义”。[①]当我们阐明这各种各样的生活形式时，若认定我们自己的生活形式是判断别的生活形式的标准，则是一种错误。温奇认为这类错误太普遍了，一种标准的观念本身就依存于某种生活形式。温奇并未确切地告诉我们如何去理解各种不同生活形式的特色，他也宣称要提供一种方法论。当他提议要理解一种异己的社会，我们甚至必须准备理解不同于我们自己的“理性形式”时，他对于各种不同生活形式和不同标准的强调，最有趣，也最具争议性。或许根据我们的标准，有的行动似乎是非理性的，若将这些行动联系到异己的理性形式上，这些行动也许是可以理解的和理性的。[②]

---

① 温奇有时未分辨哲学家的工作与社会学者的工作——不够清晰已经引起许多误解。温奇有时候的写法就好像我们在研究社会时有两种选择——哲学或科学。因为他辩称人类社会的概念涉及“一套概念架构与自然科学在逻辑上不相容”，他又辩称许多关于社会科学比较重要的理论议题，属于哲学而非科学，他似乎说对社会的专门研究属于哲学的范畴。这就是洛奇对温奇的了解[参阅“社会科学的理念”，《探究》，第六期(1963)]。但此种解释是错误的，虽然温奇对此也要负部分的责任。

温奇的确主张探究“社会的概念”属于哲学的范畴，以及哲学在阐明生活形式的概念时，即阐明社会现象的特征。但这并不意味哲学家僭夺了社会研究者的角色；而是他帮助厘清社会研究者的适当功能。一旦我们理解了生活形式的观念涉及些什么，我们就可以转而注意研究我们自己的社会以及别的社会的特定生活形式了。社会研究者描述和解释这些不同的生活形式，只能借探究他们的结构来做，“正如同数学上的要求限制了自然科学理论可以为人所接受的形式，哲学上的要求也限制了**社会科学理论可以为人接受的形式**。”[“洛奇先生的社会科学的理念”，《探究》，第七期(1964)，第205页，黑体系引者所加。]

但此种厘清却导致另一歧义。温奇在此提到“社会科学理论可以为人所接受的形式”，但他原来那本书(《社会科学的理念》)暗示他根本就怀疑对社会从事科学研究的观念，以及社会科学理论的可能性。

② 温奇关于不同“理性标准”的主张，已衍生广泛的哲学争论。许多处理此争论的文章都已集结在《理性》一书中，威尔逊主编。

温奇所说的虽然模糊，但至少可以说是健全的和有道理的。那么为什么温奇宣称“一个人类社会的观念涉及一套概念架构，而此概念架构与自然科学所提供的说明型态，在逻辑上并不相容”呢？温奇对这个强烈主张的主要论证如下：

> 假若社会学探究者（广义而言）的立场，就其主要的逻辑轮廓来说，可视为与自然科学家的立场相似，那么必然导致下述的情况。社会学家判断在两种情境下，发生了同样的事情，或采取了同样的行动，他们所根据的概念与标准必须**联系到约束社会学探究**
> 67 **的规则**上来了解。但在此我们遇到了一个困难，因为在自然科学家的情况下，我们只要处理一套规则即可，亦即约束科学家之探究本身的规则；而在此，**社会学者正在研究的**和他所作的研究一样，乃是一种人类活动，因而是根据规则来进行的。正是这些规则，而非那些约束社会学者探究的规则，规定在那种活动中如何才算是“做了同样的事情”。（第86—87页）

他进一步发挥了他的论点：

> 两个事物只有根据一套标准才可说是“相同的”或“不同的”，这套标准规定何者可视为相关的差异。若该“事物”纯粹是物理性的，则其诉诸的标准当然就是观察者的了。但若处理的是智识性的（或任何种类的社会性的）“事物”，则非如此。不管它们**是**智识性的或社会性的（相对于物理性的），其性质完全仰赖于它们以某种方式属于某一观念系统或生活方式。只有参照约束该观念系统或生活方式的标准，它们才能成为智识性的或社会性的事件。由此可知社会学探究者若要将它们**当作**社会事件（**无疑**他必定会如此做），他就必须正视他所研究的生活方式里用来区别“不同的”行动类型

> 及用来辨识“同样”行动的标准。他不得任意把他自己的标准从外部加诸其研究对象之上。如果他这么做的话，他所研究的事件会完全丧失其作为**社会**事件的性质。（第108页）

这并不意味着我们必须停留在参与者对于他们行动的那种未经反省的理解之上，“而是任何的反思性理解都必须预设参与者未经反省的理解，如果这种理解算是真正的理解的话”（第89页）。

但此论证究竟证明了什么？假设我们回到温奇前面所举的例子上。如果我们不理解投票的概念，我们不能探究为何某甲如此投票。为了理解此一概念，我们必须理解某一特定社会的制度及投票规则。当然，有效的规则也许（的确）在不同的社会中有所不同，我们不能从外部将其他的标准随意加诸其上。我们也可以同意温奇的意见，若我们仅限于观察完全形体上的动作，或仅限于描述此种动作所需的概念，则我们无法理解作为一种独特人类活动的投票活动。

但这种对投票的理解并非事情的结束，我们很难理解为什么这种理解与经验研究或科学探究不相容。恰好相反，为了对投票行为提出明 68
智的经验问题及科学问题，正需要这种理解。我们也许想要知道参与者所给予的理由，是否正是说明他们行动的理由。但除非我们系统地探究种种可能影响此行为的经验因素，否则实在难以看出我们如何回答这个问题。或者我们也许想要知道投票行为模式是否能和其他变量诸如社会经济地位、种族、宗教等相关联，在这些基础上，我们对于这种或任何其他形式的有意义的行为，或许可以进行预测，并建立假设和适度的理论。正如麦金太尔已经指出的那样，“温奇提出当作社会科学全部任务的，其实是它们真正的起点。除非我们开始以一个社会自己的语言来描述该社会，否则我们将无法辨识需要加以说明的现象。关注意图、动机及理由必须先于关注原因……”[1]麦金太尔下面一段话也说得对：

> 我们可以在特定社会里发现各种有系统的规律性。有些是行动者宣称他们遵循的规则系统；有些是他们实际所遵循的规则系统；有些是社会地位与行为的形式，以及一种行为形式与另一种行为形式之相关所显示的因果规律性，这类规律性丝毫未受规则约束；有一些规律性本身既非因果性的，也未受规则所约束，虽然它们的存在也许仰赖上述两种规律性，例如某些社会所显现的循环发展模式；此外还有其他的相互关系。温奇关注其中的一些关系，而忽略了其他的关系。[2]

再者，温奇坚称生活形式并非静态的、不可改变的：它们会发展、变迁，并且有时会消逝。他丝毫未排除经验问题的正当性，即关于何种因素影响了社会的生活形式。任何严谨的研究都会试图分辨哪些因素在因果上有效，哪些无效。

温奇也许会反对，认为这项批评基于一种概念上的混淆，因为它预设了因果范畴可以应用到社会现象的研究上，然则他论证的主要负担就是要证明因果词汇及因果说明乃属于不同的概念图式或“语言层次”。[3]假若一个人相信因果概念只能应用到形体动作或不连续之心理事件的相关性上，则此一见解是有某些根据的。但在此，我们必须提出
69 抗议，我们在考虑行动的概念时，温奇及其他人所要求的缜密的概念分

① 麦金太尔“社会科学的理念”，*Against the Self-Image of the Age*，第223页。

② 同上，第221页。

③ 参阅F. Waismann，“语言阶层”，《我如何看待哲学》。

析，在他谈论因果及因果说明时完全付之阙如。[1]假若照温奇自己的说法，科学本身就是一种生活形式，或者科学包含不同的生活形式，那么我们所需要的是小心区辨这些生活形式，以及理解研究社会现象与研究自然现象之间的相似性及差异，包括我们正当地谈论以及探讨社会现象之原因的方式。然而似乎如此嘲讽及矛盾的，是温奇的假定，甚至在自然科学之中，“因果的谈论”**必然**意指同一件事情。似乎一个人在谈论因果的概念——其复杂性及变化不下于行动的概念——时，所有维特根斯坦的告诫都被压抑或遗忘了。

温奇的论证似乎有某些错误。他所说的关于某一类型或层面之社会现象的特点，有许多我们虽然可以同意，但是他对社会现象的阐释却不能当作一种非兼容性的论证。彼特金也有类似的论点：

> 行动的语言……是被行动者在行动进程中的使用所特别形塑的；但那并不是它唯一的用途，也不是对它的文法的唯一影响。有时我们的确（所谓）客观地描述一个行动；有时我们的确（所谓）预测一个行动；有时我们的确（所谓）提出行动的一个因果说明。所以社会科学的问题并不是预测和因果关系不能应用到行动上，也不是客观性是不可能的，而是这些概念以特殊的方式应用到行动上，当我们试图将这些方式加以概推时，就产生了概念上的困难。[2]

假若我将温奇的作品读作——如他所意欲的——一种证明用于研究社会现象的概念与用于科学及经验研究的概念互不相容的尝试，则

① 把因果概念应用到人的行为研究所涉及的复杂问题，请参阅戴维森“行动、理由及原因”，《哲学学刊》，第六十期（1963）；泰勒《行为的说明》；彼特金《维特根斯坦与正义》；及赖特《说明与了解》。

② 彼特金，《维特根斯坦与正义》，第267—268页。

我们必须判定他的论证失败。但若停留在此一层面上，将会看不到在他的探究中最有价值的成分。我们不必理会他在提出——未能加以辩护的——不可能性之论证的脉络中所说的，我们可以（听从彼特金的建议）将他的主张解释为试图厘清原来应用在研究自然现象上的概念，当应用到社会现象上时在重点及意义上历经细微转变的情形。再者，我们可以看到温奇所强调的一些重要的概念问题，在对于社会现象作系统研究时，一定会遇到的。容我指出三个领域中，温奇在这三个领域，只是标定了重要的概念问题，但对它们的解决却鲜少提供指引。

70 温奇强调理解及解释社会实践及制度是对的。在处理像投票这类活动时，此种理解也许不会有重大障碍，但是当我们转到宗教、巫术等问题上时，要决定什么算是该现象的一个适当的解释，在原则上及事实上，都有困难的概念问题。温奇把韦伯的理解（Verstehen）当作实现社会学解释的一个历程时，他强烈反对下述的主张，即我们要诉诸“基于观察发生之事件的统计规律”，来验证一项拟议之解释的有效性。“相对于此看法，我想要坚持一点，即假若一项提供的解释是错误的，虽然统计学或许显示该项解释确是如此，但统计学对于社会学解释的有效性而言，并不是决定性的及最后的申诉法庭，如韦伯所提议的。我们需要的是一项更好的解释，而不是某些不同种类的东西。”（第113页）

然而，温奇未曾告诉我们在诸种冲突的解释中，如何决定哪一个解释才是最好的。他可能回答道，这只有当我们检查诸种不同的解释时，在特定的情况里才能决定，而且有各种各样的决定方式。但温奇这个意见只是把问题往后推了一步而已。站在温奇自己的认识论立场上，社会现象的解释本身是一种受规则约束的活动，必然牵涉到正确和不正确的标准。但温奇未曾提出过这类标准。正是怀疑在评估互相竞争的社会学解释中没有此种标准，才使得如此多的主流社会科学家怀疑社会研究中诸如“解释”及“理解”之类的概念。

其次，温奇强调在对**某些**社会现象进行系统研究时，我们必须密切注意约束参与者之活动的规则，以及**他们**算作“做同样事情”的标准，这项主张是对的。虽然温奇坚称一种“更具反思性的理解必然预设——假若这要算是真正的理解的话——参与者未经反省的理解”（第89页）。可是他从未将社会学探究者所使用之概念及范畴，与那些被研究之参与者所使用之概念及范畴，二者之间的**逻辑**关系加以确定。当然这将随着不同的情境而有所不同，温奇自己告诉我们，一位心理分析者“可能根据病人不知道的因素以及病人不能理解的概念，来说明他的精神病的行为”（第89页）。我们若相信参与者对他们所参与的生活形式有一种
“错误的意识”或“意识形态的误解”，也许这个情况也会产生。但假若我 71
们承认参与者的“未经反省的理解”可能会犯错误，以及他们的活动可以根据他们所不知道的甚至不能理解的因素来加以说明，则要对社会学探究者加诸何种限制则丝毫不清楚。有时温奇似乎主张在我们能够提供任何社会现象的解释之前，从一个外在的观点来看，我们首先确定我们理解那些参与者所理解的情境。假若这个主张不只是琐细的主张，在任何研究中——在自然科学和社会科学中都一样——我们必须说明我们所要说明的，则需要对我们更具反思性的理解方式的有效限制作某些规定。

第三，温奇告诉我们“人与人之间的社会关系与人的行动所体现的观念，其实是同样的东西，只是从不同的观点来看而已”（第121页）。以及“我们的语言与我们的社会关系只是一个钱币的两面而已”（第123页）。因此“假若人与人之间的社会关系只存在于他们的观念中，且只有通过他们的观念才得以存在，则由于观念与观念之间的关系是内在的关系，所以社会关系必然也是一种内在的关系”（第123页）。

再一次我们得说，温奇**想要**说的有些是正确的而且重要的，但他实际主张的有些东西却是错误的，而且是使人误入歧途的。除非我们理解所涉及之参与者的信仰和概念，否则我们甚至无法开始理解社会关系。甚至为了理解爱情、友谊、敌对、憎恶等种种非话语的社会关系，我们也

必须理解参与者如何解释和设想彼此。有一种看法认为我们能够忽略或不顾参与者的“意向性描述”，对此温奇作了有力的驳斥。

然而，宣称社会关系是一种内在关系，很容易滑向宣称要了解社会关系，去了解它们内在关联的方式就足够了。温奇忽视或至少低估了社会关系受非语言性的**外在**因素影响的各种方式——这些因素也许是当事者或参与者不知道或无从得知的。我们已经看到温奇承认在心理分析里，治疗者可以根据病人不知道的因素合理地说明一个人的行为及其社会关系。但温奇不能评估此情况的逻辑如何加以概括。经常在我们试图了解一种社会关系时，正是需要这种经验信息。不论一个人对弗洛伊德与马克思作何批评，他们教导我们：隐性因素对于人们的思想和社
72 会关系，可能有一种强烈的影响。正如在他的许多论证里，温奇似乎以一种似是而非的二分法在思考一样：我们思考社会关系，或者以语言模式或者以物理力量的互动为模型，二者必择其一。将正当而重要的经验问题——哪些非语言性因素影响了我们的社会关系——视为概念上的混淆而加以排除，其基础正是这个二分法。

温奇的论证策略是错误的，因为这正是他所反对的主张的翻版。温奇攻击的真正对象乃是一种科学主义，拒绝承认我们的社会生活，以及描述、说明社会生活所需的概念有任何特殊性。他找出一种先天的偏见——宣称有关“理解”、“解释”、“生活形式”“和“受规则约束的行为”的讨论在一种硬心肠的社会科学探究中是没有地位的。[①]但是温奇论证

① R. Harré与P. F. Secord在《社会行为之说明》中，试图证明把一个人理解为遵循规则的行动者，可以作为社会行为之科学研究的基础。在该书的序言里他们写道：“一个人在其社会行为中，必须被视为一个遵循规则的行动者，这种观念已成为许多当代对社会科学之批评的基础了，而且的确已经被温奇等作家所应用……来抨击社会行为之科学研究的观念。我们相信此结论是错误的，是从对科学性质的一个错误观念推演出来的，这个错误观念是实证哲学学派发展的。”（第v页）

的后果——尽管他偶尔会抗议说这不是他的意思——乃是将社会生活及其有关的概念,与其余的自然和经验探究隔离开来。假若我们真的要接受温奇的许多主张,那么探讨影响我们社会生活的外在因素,就是一种概念上的混淆了。这本身便成为只是一种没有根据的先天偏见而已。更严重的是,温奇所主张的对于社会现象的那种理解和解释,经常需要我们去找寻特定之生活形式的因果决定因素。

我们在温奇的许多言论里看到同样的“描述主义”的翻版。他告诉我们:

> 不像哲学,科学用它自己的方式来理解事物,从而排除所有其他的方式。或者更确切地说,科学无自我意识地应用它的标准;因为对这类事情要有自我意识,就成为哲学的了。这种非哲学性的不自觉,在探究自然上大抵是正确的而且适当的(爱因斯坦建构相对论之前的关键性时刻是例外);但是在人类社会的探究上则会造成重大灾害,社会研究的性质就在于各种不同的、互相竞争的生活方式,每一种生活方式都对事物的可理解性提供不同的阐释。对这类互相竞争的概念采取一种不介入的观点,尤其是哲学的任务;哲学的工作不是颁奖给科学、宗教或其他,也不提倡任何一种世界观(Weltanschauung)……以维特根斯坦的话来说就是“哲学让万物各如其所是”。(第102—103页)

虽然温奇强调采取此种不介入的观点是且特别是哲学的任务,但
显然他也为“社会科学理论可接受的形式”而提供此观点。社会探究者
不得将他自己的理性标准或可理解性的标准强加于研究对象之上,而 73
是必须发掘他所探究之生活形式中的标准。此种主张似乎很合理,即它
们乃是对各种生活形式开放的一种请求,以及对渲染和扭曲探究对象
之偏误的一种警告。但这种主张也是一种双面刃。殊不知温奇视为哲学

之特征的“自我意识”，牵涉到一种批判性的距离及观点。古希腊理论（theoria）传统的主要目标——不仅是在哲学中也是在社会政治理论中——一直是区辨真的与假的、表象与本质。哲学的工作不是去“颁奖”，而是为批判性地评估各种生活形式提供基础，的确是哲学和真正理论的工作。温奇告诉我们“从研究其他文化而学到的概念与**智慧**的概念密切关联。我们所遇到的不仅是不同的技术，而且是关于善恶的新的可能性，有善恶观念人们方可应付生活”。[①]但是除非此一“智慧”也能对评估这些“关于善恶的新的可能性”提供某种批判性的基础，否则就会流于空洞。当然我们可以承认有些生活形式是使人丧失人性的、异化的，我们想要确切理解它们何以如此；坚持哲学及社会理论应该是中性的而且不介入的便侵蚀了这种社会批判的任何一种理性基础。

① 温奇，“理解一个原始社会”，《伦理学与行动》，第42页。

四

作为一种道德性概念的人类行动：洛奇

证明语言探究对于理解“社会的概念”以及对于把社会知识理解为自然科学知识的批评两方面的相关性上，温奇乃是最早的哲学家之一。另一个更为激进且更具怀疑精神的论调，为洛奇所提出。洛奇和温奇一样，相信分析哲学——尤其是维特根斯坦、赖尔及奥斯汀的探究——可以阐明人的行动及社会现象。但洛奇的一个主要抨击对象乃是温奇，他指责温奇犯了最粗疏的概念混淆。[①]温奇主张“哲学的要求订下了社会科学理论可接受形式的极限”[②]，洛奇则宣称，“我主要的目的是要证明甚至连一门关于人或社会之科学的观念都不能成立”（第viii页）。[③] 洛奇在他的《说明与人的行动》（1969）一书中极富论战性的立场，乃是基于他的一个信念，即对人类社会寻求一种科学性的理解，有危险的及有害 74
的后果。这种做法强化了一种“科学的或工程的态度”——主要关注各种有效的操纵技术。

若要用极权主义来描述完美的科学社会，是一个太弱的字眼，

① 有关洛奇对温奇的评论，参阅相关（本书第81页注释②）参考文献。

② “洛奇先生的社会科学的理念”，《探究》，第七期（1964），第205页。

③ 洛奇，《说明与人的行动》。除非特别声明，否则洛奇的观念皆参考这本书。

> 而且是一种太没效率的工具。因为在已知的极权政体中，一个人仍然意识到强制，因而也意识到其他的选择，不管其他的选择对于个人而言是多么不幸。在工程师的社会里（或许是被一些有志于成为科学家的心理学家及社会学家无心地推动的）我们必定会放弃开放社会或公民社会的理念。这个理念虽然不充分，但也可以有助于一个基于尊重人、把人当人或自主行动者来看待的社会秩序。一项有此种最终后果的计划会迫切地自我否定。（第239页）

洛奇用种种策略来抨击人与社会之科学的观念，他显示许多社会科学知识陈腐而空洞，或以专门术语来装饰，而其实只是表达常识性的判断。他寻求证明一心追求概括性及概括定律已将许多社会科学家导入歧途。“我们其实有相当丰富的关于人性的知识，此种知识只有求诸造作而笨拙的假设，才能被纳入概括的说明模式中，而我们对于这类假设，没有普遍原理所要保证的特定案例来得那么确定。”（第3—4页）洛奇认为主流社会科学家对于如何才算是社会现象的一项适当说明的看法中，含有认识论的偏见，他就是想要挖掘出并暴露这个偏见。有些主流社会科学家认为，针对特定现象或问题而建构的特设性说明是不适当、有缺陷或不完整的，洛奇却不以为然。他辩称：解释人类行为的正是这类型的说明。他甚至抨击对于因果说明论调的一种共同解释，“关于我们可以被认为观察到什么，即因果说明依赖时间上连续的重复观察，这种看法的根据主要衍生自一种原子论的观点。我希望证明的上述观点，无法以可理解的方式来加以陈述”（第4页）。洛奇不仅要揭露社会科学虚矫的主张，破坏其所仰赖的认识论基础，而且还要厘清我们实际描述及说明人类行动的方式。那么，对于人类行动的描述及说明有什么特色以支持“人的或社会的科学无法成立”的主张？

洛奇简洁地陈述了他的看法：

> 依照一种流行的正统说法，观察是一回事，而评价则是另一回事。因此，评价或评估的活动并没有给予我们关于这个世界的新信息。我反对这种看法，我坚持对人类行动的观察、描述及说明只有 75
> 借着道德性的范畴才有可能。我希望证明行动概念本身，广义而言乃是道德性的概念。（第vii页）

由于道德范畴不是科学概念，不能被化约为科学概念，也不能被科学概念所取代，因而关于人类行动的科学是不可能的。但行动的观察、描述及说明只有根据**道德**范畴才有可能，这到底是什么意思？洛奇用“道德的”一词描述道德的程序观。

> 在程序观里，一个人的行动受他的评价所引导，他对自己及他人行动的理解系基于在行动者的情境中，他所发现的那些行动的理由，这种理解系从道德观点来看行动。只要他描述自己及他人的行动为好或坏、有效或笨拙、适当或错误，他就是一位道德的行动者及观察者。他的诊断结果也许发现行动的理由或动机震撼或触犯了各种道德感；但这是比较不重要的。重要的是，他是根据理由来思考的。他并不是以寻求时间上的先行条件或功能上的依赖关系来行动或描述行动的，而是以决定使一个人有所行动的情境来行动或描述行动的。（第51页）

洛奇十分清楚他正在向当代哲学及社会科学的主要学说之一挑战。

> 行为科学家之中有一个趋势，即认为价值观念是对（客观描述）人类行动的一种微妙的、危险的障碍。所以这些科学家觉得假若他们把他们的价值放在一边，一开头就说清楚，并把它们孤立起

> 来，那就没有问题了。但是价值进入对人事的描述不至于产生不良影响；**价值反而使我们得以根据行动来描述人类行为。若检视人类行为的单位是行动的话，除非借评估及评价的范畴，否则它们不能被观察、识别或孤立。**这其中并没有两个阶段，识别自然中的属性及质量，然后加以评估，可以成为不同专家的工作。这里面其实只有一个阶段，根据价值的词语来描述事件。（第56页，黑体为作者附加）

洛奇又说，“人或情境并不是先观察然后加以评价，也不是先评价然后使观察受到扭曲；这是从道德的观点来观察的。价值与事实融合在一起。”（第54页）在此，他是以最强烈的形式提出其论旨的。

我们究竟要如何来解释洛奇的主张呢？一种是最低限度的解释，根据这种解释洛奇的主张似乎是合理的，而且是重要的；另一种比较强烈的解释——对洛奇的论证是必要的——根据此种解释，洛奇的主张似
76 乎不合理，而且是错误的。有一些人认为“观察”和“描述”只有一个意思，即只是在报导感官数据或形体对象，其他的意见都不对；相对于这些人的想法，洛奇的主张有其威力。在一些脉络和范式里，我们的确描述我们自己及他人的“行为为做得好或坏、有效或笨拙、适当或错误”。若有人主张这不是“真正的”描述，那么这只是告诉我们这个人对于描述所抱持的认识论上的偏见，而不是告诉我们描述的基本规则。这是维特根斯坦在他的《哲学研究》一书中，阐明偏见的一个经典例子——吾人往往被必然如此的“图式”所蒙蔽，这种偏见让我们无法“看出”实际使用概念的种种方式。但承认这个道理比洛奇所主张的要温和得多了。洛奇辩称，“若检视人类行为的单位是行动的话，除非借评估及评价的范畴，否则它们不能被观察、识别或孤立。”但是这无疑是一个错误。我们能够而且也实际在描述某个行动为投票、签约或自杀。当然，除非我

们理解我们所使用的概念,否则不能描述此类行动。我们也许——虽然不必须如此——继续**描述**这些活动为“做得好或坏、有效或笨拙”等等。在某些可疑的情况中,我们将被号召去评价要求采取某一行动的基础。但在描述任何物理现象时似乎也是如此。

再者,假若我们在谈论时诉诸典型的方式——如洛奇之所为——则许多他所说的可应用到描述人的行动上,也可应用到描述非人的行动上。我们可以将一匹马的动作描述为优雅的,或将一只猩猩解决一个问题的方式描述为聪明的,或将狮子的行为描述为懦弱的。有人甚至会声称他的讨论可以应用到某些我们对无生命对象的描述上。我们有时这样说显示人类行动并没有什么特别。

洛奇很奇怪,似乎成为他自己的概括性论旨的牺牲者,他从观察我们有时在描述行动时使用的“道德性”范畴,转移到一般性的、错误的主张上,声称我们若不采用道德性范畴,就不能观察、识别或描述人的行动。实际上,他的论点的重要性在于标定一组我们必须面对的困难议题,而不是在于证明个人与社会的科学研究不可能成立。在价值自由(中立)此种社会科学的教条运作之下,许多主流社会科学家未能察 77
觉他们的研究有多少牵涉到评价及评估的范畴。这不但在他们谈到“民主的”、“偏差的”、“反功能的”、“正常的”或“病态的”行为时如此,当他们使用“角色”、“地位”、“均衡”、“体系”之类概念时,虽然比较不明显,但也是如此。[①]

即使是内格尔区分了两类“价值判断”,在此也不是很有用,因为他忽略了二者划分上的许多困难,而且不能察觉到从相对没有争议的概

① 我们不应低估在描述人的行为表现上的概念困难。近来有关什么是“偏差的”行为,以及什么可算是“自杀”的争论,参阅Jack D. Douglas,*The Social Meanings of Suicide*,和Jack D. Douglas (ed.),*Deviance & Respectability: The Social Construction of Moral Meanings*。

念如“贫血症”,到诸如“智能”和“心理健康”等有问题的概念,必须加以划分,因为后一类的概念连应用的标准都有争论。当有人指出,在描述人类行动中,“道德性”范畴的普遍存在时,内格尔和主流社会科学家有一个标准答案。他们可以说,假若“民主”“智能”和“心理卫生”等概念因其道德含义而会遭人非议,可以用较为中性的概念来加以取代,而在逻辑上不至于改变描述的真假、正确或不正确。例如,一个人或许会反对称呼美国当代政治社群为一种“民主”,因为此一概念隐含评价;随便你叫它什么,剩下的工作就是提供一个关于这个政治体制如何运作的适当描述。但上述回答亦有简单真实的成分存在,它降低“描述兼评价的”概念遍及和形塑我们日常言论及社会科学文献(尤其是“经验理论”)的程度。

简言之,我不认为洛奇有关“人的行动是一个道德概念”的论调,证明了关于一门人或社会之科学“不可能性”的论旨。但是他的论调的确指出要以一种“纯描述”的语言,重新撰写社会科学文献,需要些什么条件。虽然“纯描述”的概念是什么意思并不清楚,或者一种要描述人类行动但又没有任何评价成分的语言究竟是什么样子,也不清楚。不过有一点却是清楚的:在尝试有系统地实施此项计划时,我们会发现我们所拥有的是一种人工炮制的,而且没有什么用的词汇,与我们——和社会科学家——谈论人类行动的方式没有什么关联。

到目前为止,我的讨论主要集中在洛奇试图证明人类行动的观察、描述及识别,涉及评价和评估的范畴——他称之为道德性范畴。但我们需要再看看他所说的人类行动的说明,以充分理解一门人的科学为什么
78 么不能成立。他要证明适合于人类行动的说明乃是“道德说明”,而不是科学说明,并进一步证明道德说明乃是因对象而异,且依脉络而定的。他的论辩系针对他所谓的“科学心态”的偏见——相信这种特设性说明必有某些不当和不足之处。

> 说明的性质依所探究之事物的种类以及我们带到(通常是无意识地带到)我们的探究中的范例而定。在维特根斯坦的用语里,说明乃是一类案例,仅是借某一共同目标而集合起来,使某些事情清楚明白。这暗示一项对于说明的融贯解说不能不注意到说明的对象或听众,或者需要说明的疑惑的来源。有许多听众、许多疑惑以及各种极清楚的案例,从这些案例对照来看,产生了对其他案例的疑惑。说明的方式因而十分不同。(第233页)

洛奇将这段文字当作一个结论,但在他讨论诸如喜欢、欲望、需要、情绪、动机、意向、目的等概念的整个过程中,他一直试图**证明**:在理解人类行为时所遇到的疑惑上,以及使某些事情清楚明了的方式上,都有许多不同的种类。因为洛奇认为一门人及社会的科学预设了相信一种"单一的说明理论,依照这个说法,所有的说明都是将一个案例涵盖在一条定律之下"(第233页),他遂怀疑此种科学的可能性。

在主流社会科学家之中,的确有一种普遍信念,即认为说明只有或应该只有一个意思,以及一种恰当的科学说明将采取从基本定律推演出来的形式。在我们探讨默顿、斯梅尔塞及内格尔时,已看到此偏见的不同形式。再者,此偏见已使许多人无视我们在日常生活中说明人类行动的各种方式。此外还有一种信念,谓"真正的"科学说明要比种种特设性说明更为基本、明显。特设性说明乃是平常我们给予我们行动的说明。因此社会科学家倾向于将各种不同类型的说明解释过去,而不是给予它们一个适当的考虑。假若洛奇所主张的就是这些,那么我们会欢迎他的分析,把它当作一个健全的矫正意见。

但是洛奇还有更强烈的主张,却很可疑。他告诉我们,"相对主义因而意味着行动只能在脉络中判断,而恰巧没有普遍的脉络。人类行动的说明乃受制于脉络……重要的是多样性、细节,而不是给定律陈述提供 79

基础的一般特征”(第207页)。洛奇从坚持人类行动及对此行动之说明的异质性及多样性中,获得了一些非常实质性的及争论性的道德结论。

> 所以唯一的道德建议,唯一对于人的经验研究的建议,达到同样的结论——一下移动到这儿,一下移动到那儿,曲曲折折地,模仿亚里士多德关于中庸之道的建议,任何事情都是暂定的,不断变迁的。伦理学中过分的概推以及行为科学里一般理论的矫饰,正是我们最害怕的生活上的一种负担,而正是这些促成了极权政体。我们可以说事情通常是不好的,或至少不如我们所想象的那么好;但是大规模的变革,不论是柏拉图的伦理学、马克思的历史主义或斯金纳的制约定律所支持的,都只可能使事情更糟。人及情境品类繁多,且具有变动不居的多样性,这使得一般定律的应用琐细或易犯错误,而普遍道德原理则为一种绝对的罪恶。(第208页)

这段文字提出了关于洛奇的论证及辩论的一项极为基本的二分法,十分令人怀疑。依照他所写的似乎我们遇到了一个非此即彼的选择:我们或者完全关注人类行动之特定情境的多样性、复杂性及细节,以及关注有关这些因对象而异的描述与说明;或者我们就堕入了对于普遍性的徒然追求之中,结果形成了空洞、陈腐和可疑的主张,以及堕入绝对是罪恶的普遍主义教条中。

我们身处的各式各样的情境,似乎只有被摒为不正当的,才是真正需要获得某种观点,以便理解及说明它们。在他专注于——几乎是一种偏执——抨击各种形式的“一般性论旨”时,洛奇将他的论证的好几股线索缠绞在一起了,需要仔细加以区分。他的论证有的是宣称在日常生活里,我们经常使用道德性范畴来描述及说明人的行为,并进而宣称我们所提供的说明是特设性的。认定此种说明是错误的或不完全的,是一种没有根据的偏见,应予揭露。他还有重要的主张,谓社会科学中有许多描述说明涉及评价与评估的范畴，许多社会科学家对于他们所作的道德性描述和说明，缺乏批判性的自觉。这造成了忽略高度可疑的和具有争议性的评估，似乎它们只是基于对价值中立之事实的一个描述。洛奇也一直抨击一个观念，谓人类行动的真正说明必须采取将案例涵盖于一般理论及定律之下的标准形式。 80

但是我们一旦把洛奇的抨击中种种不同因素分开，则我们必须区别寻求普遍性的各种不同的**意思**。他的论证并不能为在说明人类行动中一切形式之普遍性的综合谴责辩护。有时候洛奇自己似乎觉察到此点，不过当他强调人的脉络的多样性及细节，以及适合于它们的说明类型时，他却压制了这一点。在讨论经济理论时，他写道：

> 除了对商业循环以及信用、货币、货品之数量及速率进行单纯的统计研究之外，经济学作为一种理论乃是一种道德理论。这并没有破坏它的威信。我们需要对经济体制的目标有清晰的陈述，以便对经济情境的物质可能性进行中肯的探讨，使我们能确定改变某一条件将如何影响其他的条件。在经济的研究渗入道德考虑之后，只有当需求这样的一个概念跑出来，成为一个纯真的及可发现的事实时，困难才产生出来。这种事实使我们特别感兴趣，似乎它们反映了不可避免的自然定律似的。（第76页）

他又说：

> 例如，当下常听到的一种见解，认为人天生是一种追求利润的动物。将这个见解当作人性的一条定律，可以用来说明人的一切行动。这是从亚当·斯密那里衍生而得的，但假若对它的角色仔细加以检视的话，它的争议本质将会显现。追求利润对于亚当·斯密主张经济自主是很重要的。他的假定乃是：人如果让他们自己去决

> 定、去行动，事实上将会追求最大的利润，因而对整个社群的共同利益（财富）有所贡献。……首先，显然这并不适用于一切社会或一切时空。这属于一种约定俗成（习俗），为特定的人在特定的文化中所赞同。就某种意义而言，亚当·斯密主要是在表述一种道德观，这种道德观使追求利润成为人类活动的要素。要点在于，我们知道何人将谋利，以及我们可以期待一个人若处于交易的地位，就会尽可能便宜地购买并昂贵地贩卖，因为这些都是他在市场中营运的习俗。我们并未臆测那些我们必须承认的有关人性的，以往隐藏起来的真理，只是注意到某些制度及行为共同的约定俗成，这是我们可以改变而且也实际去改变的。（第76—77页）

假若我们仔细分析上述文字，我们可以看出洛奇并不是批评追求普遍性，而是批评适合于社会探究之普遍性类型的一个错误观念。他论及的经济理论类型凌驾于特殊脉络之上，而寻求发现在此种脉络中所
81 显现的一般模式及规律性。而洛奇自己注意到：指出一个经济理论是一种道德理论，并不是要驳斥它。更确切地说，它厘清了其中所涉及的问题，让我们看到从主张存在“某些制度及行为约定俗成的东西”，进而到错误的结论谓这显示“关于人性的隐藏的真理”或反映“不可避免的自然定律”的不当。

和洛奇的意图恰恰相反，关于人类行动的某些说明或明或暗地涉及评价及评估的范畴，他的洞见帮助阐明社会理论的一种特殊功能。因为我们不仅要理解“某些制度和行为约定俗成的东西”所涉及的结构与动态，而且也要批判性地评估这些制度和行为的地位与后果。统计学、经验观察以及适度假设的表述、模型及理论，在此种努力中都可以有（也的确有）一个角色。它们让我们发觉此种制度和行为中的结构与动态的相互关系。我看不出洛奇提供给我们任何理由，（让我们）认为此种努力不能成立或者不重要。我们在寻求给予这些制度及行为正确描

述，以及试图避免曲解时，是可以价值中立的。但假若我们以为我们所描述和说明的是一些价值中立的“无感情的事实”[1]——假若我们不了解蕴涵在所分析的制度和行为里的乃是价值投入——则我们正处在误解此活动的边缘。有充分证据显示这些正是主流社会科学家易犯的过失。

洛奇——如其他许多人一样坚持描述和说明应仰赖脉络而定的——从未坦率地面对下述的问题：我们所说的适当的脉络是什么，要如何解释，到底有多广泛。也许没有“普遍脉络”，但这并不排除一般的脉络，从此种脉络中，我们对于在人类行动中使用的描述和说明的类型，可以获得更清晰的理解。

洛奇很反对科学主义的态度，他对科学主义态度的道德后果非常敏感，且极力批判。洛奇虽然对科学主义的危险如此警惕，但是他对于他所提倡的观点的道德后果以及此观点与他所遣责的极权趋势何其相容，似乎缺少某种批判性的自觉。他告诉我们，“唯一的道德建议，对于有关人的经验研究的唯一建议，逐渐变成了一件事——一下移动到这儿，一下移动到那儿，曲曲折折……任何事情都是暂定的，不断变迁。” 82
假若一个人预设这发生在洛奇所珍视的开放社会中，则上引这段话是很有意义的。但在一个封闭社会中，或在一个有巨大力量引导到封闭社会里——这在20世纪不仅仅是抽象的可能性——则洛奇的建议就等于是道德的失败主义。那些被此种社会牺牲的人们，若被告以“我们可以说事情通常是不美好的，或者至少没有我们所想象的那么美好”，几无安慰可言。尽管他对于哲学中的先验主义有所怀疑，但洛奇自己的主张的后果乃是先验地排除对社会制度及行为作明智的一般性批判的可能性——他告诉我们这种一般性的评估或批判在道德上无法辩解，而在

① 有关社会科学的“无感情的事实”或“无感情的数据”，参阅泰勒，“Interpretation and the Sciences of Man”, *Review of Metaphysics*，第二十五期（1971），第8页及以下。

知识上没有保证。我们也许可以用洛奇自己的话来反击他:"有这种最终后果的计划,将自我否定。"

对于温奇和洛奇二人著作的贡献与限制,若要作一个平衡的评估,必须顾及他们的论证发展所在的辩证脉络。我们不能低估自然主义对于社会科学之方向及其自我理解的影响。主流社会科学家认为社会科学终将被摆在一个稳固的科学基础之上,我们现在就可以期待知识的逐渐累积发展,就像自然科学那样。温奇与洛奇反对这种看法,而各自提出了强烈的反对主张,前者宣称描述和理解社会生活所需的概念,与自然科学的概念不相容;后者则连人之科学或社会之科学的概念本身都加以质疑。虽然他们的探究使我们对于主流社会科学家所忽略的社会政治现象和人类行动的面向比较敏感,但我在前面已论证过,二者并没有真正证明这些反对主张。他们各自以不同的方式,证明人类行动有多少是由人们对他们自己及他人之行动意向的描述和理解的方式所构成的。找寻"无感情色彩的数据"被批评为是一种虚幻的和在概念上混淆的理想,而无法察觉评价和评估如何牵涉到对人类行动的说明,这一事实已被证明会产生空洞的普遍性。

温奇与洛奇二人都借语言探究去证明对人类行动的说明涉及些什么,他们的作品可以看作是"补充"伯林所提出的一些主张。这种新的语言取向帮助我们理解"在行动领域里,人的信念乃是人们对于自己的和
83 他人的概念的一部分;而此概念(不论有没有意识到)又内在于他们的世界图式"。再者,他们和伯林一样,在批判那些迫使人类行动的说明转化为科学话语和理论形式的人的盲点上,探讨了上述观念的衍生后果。

即使如此说,某些伯林看得清楚的东西,在温奇与洛奇的著作里却被模糊掉了。伯林强调理论家的任务,不仅要去理解和分析形塑人类行动的模型与范式,而且要批判性地评价这些模型。在温奇及洛奇的智识立场中,有一深层之反讽现象存在——这显示出困扰着许多(虽然不是

全部)对人类行动的概念探究的一种紧张。从一方面而言,温奇及洛奇的探究带有一种道德观点。他们对于极端的科学主义和实证主义的抗议,并不限于认识论上的考虑。或更确切而言,他们为认识论与一种道德观点之间的内在关联而辩护。但就另一方面而言,两人都是一种隐性描述主义的牺牲品,这种隐性描述主义侵蚀了对既存社会政治现象的理性批判。他们严格地要求理论家,要对人们实际描述和说明人类行为的许多方式,作适当且清晰的解说。但是他们并没有指出我们如何能够对社会政治生活的质量,获得一种理性批判的观点。这似乎留给个人以其自己独特的方式去行动的空间。在这一方面,尽管他们偶尔也会向对立面抗议,但他们侵蚀了政治社会研究中理论的一个主要功能——批判的、否定的功能。

曾与社会科学的性质及限制英勇搏斗的韦伯总结道,科学不能回答"唯一对我们重要的问题":"我们将要做什么以及我们要如何生活?"但即使是韦伯,也保留了哲学可能帮助回答这个问题的可能性。他只是隐约感觉到他关于科学所说的话,不久将适用于哲学本身了,并宣告了时代的新智慧。

五

库恩的歧义的概念:范式

温奇与洛奇对于社会科学的批评，乃基于他们对于人类行动的语
84 言探究。尽管他们偶尔探讨科学哲学,不过他们主要还是接受逻辑经验主义者所倡导的,且为许多社会科学家所赞同的科学观。他们言论的说服力全赖于此。事实上他们辩称:就这个何谓科学及科学说明的观念而言,我们可以证明对人类行动的描述及说明是何其不同。但是最近另一种对主流社会科学的抨击已经出现了，这是针对科学和理论的概念本身,而此概念或明或暗地包含在社会科学之自然主义观里。

这种新颖讨论非常倚重库恩的著作。他称之为一篇论文的小书——《科学革命的结构》(1962)——已成为十五年来最具刺激性的著作之一,至少就它所受到的批判性关注的数量而言是如此。虽然库恩几乎完全只关注自然科学，他对社会科学的评论只限于偶然的观察,而社会科学家却“发现了”库恩,并宣称他的著作对于理解社会科学和理论,提供了新颖的阐释。我们马上会看到这些问题变得何等纠缠不清。因为库恩的学说已被应用(更常是被误用)来支持最有歧义且互相矛盾的主张。库恩自己最近论及《科学革命的结构》,以一种恰如其分的自我嘲讽写道:“我很遗憾地下结论,它之所以成功,部分理由乃是它对于所

有人可以是几乎所有的东西。"[1]在对库恩的立场作一般性的解说，并把它的某些主要歧义标定之后，我将探讨他的学说被应用的一些方式。一旦我们处理过这些争论，我们将会发觉一些强调及洞察，支持并补充从行动概念的语言分析中产生的见解。

正如瑞安所说，"库恩的学说抗拒任何的摘要，其中一个原因是很难产生一个不需要分析诸多歧义的摘要"。[2]在最为抽象的层次上，它的内容如下。

如果我们检视任何已经确立的自然科学史，我们发现在某一时期中，研究受到互相竞争的学派及小派系支配，对于该现象或对于恰当的研究程序，无法产生一个普遍接受的观点。虽然各学派对科学研究可以而且也已经作出贡献，但是当一个范式出现时，在一门科学的历史上，会产生一种显著的性质上的差异。库恩首次介绍范式的概念时，他告诉我们范式乃是"普遍承认的科学成就，在某一时期里，提供模范性的问 85
题和解决方法给某一学科的研究共同体"（第viii页）。[3]范式的重要性在于产生库恩所谓的常态科学："研究乃是基于一项或多项过去的成就。某个特定的科学共同体，在某一时期，承认此成就为其进一步研究的基础。"（第10页）可以当作范式的成就包括"定律、理论、应用及工具等的总体"（第10页）。范式在指导未来的研究上，履行一种规约的功能。科学家所作的大部分是致力于常态科学，而照库恩的说法，这主要是一种解谜。接受一个范式的初始阶段，在解决特定问题上仍然大有成功的希望。常态科学以扩展该范式所发现的事实知识，以增进那些事实与范式

---

① Frederick Suppe (ed.), "Second Thoughts on Paradigms", *The Structure of Scientific Theories*, p. 459.

② 瑞安，"'Normal' Science or Political Ideology?"，《哲学、政治与社会》（第四辑），拉斯利特、朗西曼与斯金纳合编，第89页。

③ 库恩，《科学革命的结构》（第二版）。除非特别声明，否则库恩的观念皆参考此版本。

之间的配合度,并以进一步表述该范式来实现那些希望。

科学共同体用各种方式来灌输一个范式:科学教育,教科书的传统,把不接受该范式者逐出该行业。库恩强调:常态科学及研究很少以产生重大新发现为目标。它们的主要目标乃是整理、补充范式所拟议的。常态科学作为一种解谜活动乃是一种累积性的事业,在扩展科学知识上极为成功。关于**所有**科学像是什么的图式,的确经常是基于所有科学都是常态科学的错误推测。但在常态科学中,新的事实及理论出现了。"发现始于对'反常异例'的察觉,亦即始于承认自然以某种方式违反了从范式推衍出来而支配常态科学的期望。"(第52—53页)察觉反常异例最初的反应,乃是试图用各种方式把它们纳入既存的范式;或不管它们或压抑它们。科学发现本质上是一个可以延伸到一段长时期的过程。反常异例的察觉开始了一段时期,在此时期内概念范畴逐渐寻求适应,一直到这最初的反常异例已变成可以预期的事例为止。科学发现虽然对于范式的转变有所贡献,但还有更为剧烈的转变,以导致新理论的发明。

反常异例能够拒绝被整合到某一个已被接受的范式里,由此而引起该范式所指导之常态中解决难题活动上的明显失败。种种因素都对此范式的崩溃有所影响,此崩溃导致了一种危机,使得一个范式所提供的工具不再能够解决它所界定的问题了。库恩并未坚持持续的及为人
86 所承认的反常异例**总是**导致危机,因为一个范式与自然之间从来不是完全配合的:经常都有未解决的问题。但是当一个反常异例"变成似乎不止是常态科学的另一难题时,则过渡到危机阶段,并且非常态科学就开始了"(第82页)。越来越多的注意力致力于尝试说明反常异例。在这个阶段,非常态科学及研究发展出来了,以应付危机。而且在此阶段科学家自身转到哲学分析及玄想性的假设上。"各种互相竞争之阐释的增加、尝试任何事情的意愿、明显不满的表达、求助于哲学以及争辩基本的问题,所有这些都是从常态研究过渡到非常态研究的症状。"(第91页)

此时,科学革命就发生了——这种革命涉及新范式的倡议、表述问题的新方式。“范式的选择和政治革命有一点是类似的——没有比相关共同体的同意更高的标准了。”(第94页)范式选择“不能单单以逻辑和实验来确切解决”(第94页)。一个范式与其后继者的关系,并不是说前者为一个更普遍理论的一个特例,而为更普遍的理论所取代。恰恰相反,“产生自科学革命的常态科学传统,与其先前范式之间,不仅互不相容,而且经常不可通约”(第103页)。新范式经常要求对该科学重新界定,以作为新问题、新方法及新的解决标准的来源。库恩认为范式不仅为科学的构成部分,也是自然的构成部分。因此,在科学革命里,以某种意义而言,我们当作自然的东西其本身必定会改变。再者,“决定摒弃一个范式,通常同时会决定接受另一范式”(第77页)。

但假若互相竞争的范式间的差异,真的如库恩所说的那么根本,假若没有任何一套标准能证明一个范式优于另一范式,那么我们如何说明此种变迁的范式,以及对范式忠诚的转移呢?库恩把此种转变比拟为信仰的转变。为了理解此一信仰的转变如何获致或遭受抗拒,我们不能求诸证明的逻辑和实验证据,而要求诸“说服技巧”。库恩坚称像新范式这样的事情从来不能决定性地“证明”;各种不同的论证方式——新范式对于解决因危机而创造之问题的希望、审美上的考虑等等——全都被用来当作说服的技巧。“不是单一团体的信仰转变,而是专业性忠诚之分布的逐渐转移”(第158页),最终导致一个新范式伴随着新的问题、标准及程序的胜利。

我们不难看出,库恩的著作为何引起那么多的争论。库恩批判某些 87
人认为所有的科学都像常态科学一样,其研究都是稳定的、累积的发展。一位经验主义或行为主义的社会科学家有时会强调必须从事实开始,并以累积的方式来建立起关系和假设。但库恩认为这种科学观幼稚且错误。他也同样批判另外一些人,特别是科学哲学家——认为科学家是或应该是经常提出激进假设者——(库恩认为)此种观点低估了常态科学在替真正的革命铺路上所扮演的重要角色。

再者，库恩跨越了许多人认为是固定的、神圣的界线，而使用了种种心理学的、社会学的、历史学的及逻辑的论证来支持他的主张。他较倾向于把科学共同体看作是一个政治共同体，权威被强制施加，新发现和偏差现象被压制，而不是一个对于追求真理有一种无私之兴趣的共同体。正如政治共同体的情况，科学共同体的权威也可能崩溃，而导致一段危机时期。在危机时期，新范式被提出来，旧秩序的维护者与新秩序的拥护者经常为了各种目的而争辩。但在一次成功的科学革命中，一个新范式出现，为常态科学订立新方向。库恩虽然有时从世界本身在一次科学革命之后有所不同的主张上退却，不过他的确说过在一次革命之后，“科学家对于一个世界有不同的反应”(第135页)，因为我们所谓的世界受我们用以理解它的范式所形塑。

库恩著作几乎每一个层面都被严厉批评过，这种批评经常来自互相冲突的观点。批评者论证范式的核心观念充满歧义而且混淆不清；库恩误解了科学史；他对他所谓的常态科学的描述并不准确；常态科学与革命性科学之间的区分并没有他所倡议的那么明显；他对于范式转换的分析使得科学成为一种非理性的、主观的及相对主义的学科，而无法说明科学事实上是如何进步的；他不仅混淆了科学史与科学的逻辑，而且还暗自中止了关于科学应该是什么的规范性主张，而根据他的描述

① 评论库恩的文献在今日已很多，下述文献本章提到的批评包含在里面：Imre Lakatos, Alan Musgrave (eds.), *Criticism and the Growth of Knowledge;* Israel Scheffler, *Science and Subjectivity*; Carl R. Kordig, *The Justification of Scientific Change*; Dudley Shapere, “The Structure of Scientific Revolutions”, *Philosophical Review*, 73 (1964);R. Colodny (eds.), “Meaning and Scientific Change”, *Mind and Cosmos*; Stephen Toulmin, *Human Understanding*; Gerd Buchdahl, “A Revolution in Historiography of Science”, *History of Science*, 4 (1965)。

并不能保证这种规范。[1]我将不评价上述充满分歧且互相冲突的批评；但为了证明库恩的论旨与社会科学的相关性，我将指出一些重要的问题领域，以及库恩尝试对其批评者的意见的答辩方式。88

第一个问题是核心的且难以捉摸的范式的概念。库恩所说的许多都依赖范式的概念：范式的出现或许区别科学与前范式的学派现象；参照某一范式，才可以描述常态科学；一个范式的崩溃导致危机以及一个新范式的胜利。但仔细阅读《科学革命的结构》便显示此概念是如何的含糊，有一位评论者曾列举此概念在该书中被使用过至少有二十二种意思。[1]库恩已承认他的歧义与混淆，承认"'范式'一词指出了我的书的核心哲学层面，但我处理得极为含混"。[2]

在《科学革命的结构》1969年的后记中，库恩已试图厘清此一麻烦的概念——或者更确切地说，指出他关于范式的想法改变的情形。他现在论证必须"把范式的概念和科学共同体的观念分开"（第174页），并宣称有些经验技巧可研究科学共同体的特征。他也承认在原书中"范式一词用于两种不同的意思：一方面，它代表信念、价值、技巧等为某一特定共同体的成员所共享之事物的整体。另一方面，它指谓该整体之中的一种要素——具体的解谜，这当作模型或范例，可以取代明文的规则，而成为常态科学解决剩下之难题的一个基础"（第175页）。他认为在一门特定科学里，过渡到成熟阶段并不是和获致一个范式连结在一起的。[3]

---

① Margaret Mastermann, "The Nature of a Paradigm", *Criticism and the Growth of Knowledge*, Imre Lakatos, Alan Musgrave (eds.).

② "Reflections on My Critics", *Criticism and the Growth of Knowledge*, p. 234.

③ 在他的文章"再论范式"的一个脚注中，库恩写道："无论范式为何，它们都被任一科学共同体所拥有，包括所谓'前范式时期'的学派。我没有明确观察到这点，使得一个范式看起来像是一个准神秘实体或属性，像领袖魅力（charisma）一样，改变了那些受它影响的人。转变并不是因为获得一个范式所引起的。"（第461页）

“随着过渡到成熟阶段而改变的，并不是一个范式的出现，而是它的性质。只有在改变之后，常态性的解谜研究才有可能。”（第179页）

但假若我们能以库恩所指示的一些经验技巧，来描述一个科学家共同体[①]，我们或许要问它的成员所分享的哪些东西，可以说明他们专业沟通的相对充分性，以及他们专业判断的相对一致性。库恩建议与其参照一个范式或一组范例，勿宁用“学科基质”一词：“‘学科’因为它指涉某一特定学科的从业人员所共同拥有的东西；‘基质’因为它是由各种有秩序的元素所组成，每一种都需要进一步厘清。”（第182页）此一修
89 正寻求厘清原来总括在“范式”一词下的元素，诸如符号概括，对于特定模型、价值、范例的信仰。库恩宣称共享的范例乃是“我目前认为这本书最新颖、最少被理解的层面的核心元素”（第187页）。这些范例提供给常态科学家作为解谜的模型。

虽然这些修正有助于开启原来称之为“范式”的复杂构造，但我不认为库恩在厘清一个更为基本的歧义上，已获得重大进展。经常被人忘记或忽略的是：他的书的一个主要目标乃是帮助我们理解科学有何**独特之处**，而不仅仅是科学与其他形式的智识努力或艺术努力的共通性。范式的观念正是引用来作此区别的。这就是为什么库恩对于范式的最初描述——一套“普遍承认的**科学**成就，在一段时期提供一个研究共同体一些模范性的问题及解决方式”（黑体是作者所加）——似乎是循环的（假定要求诸范式使我们能区别一项成就为科学的），但同时却对他整个计划是如此的重要。他有关范式、它们的接受、它们被强制推行的方式、它们的崩溃以及新范式的出现等等的言论，对于学派互相竞争的历史也是真切的。库恩对于科学的意见对许多学科如哲学——库恩将

---

① 库恩指称这种经验技巧，却未加以阐述它们究竟是什么（参阅《科学革命的结构》，第176页）。但如果有人检视库恩所提的如何对科学共同体特征加以经验研究的例子，则这些技巧无法区别科学共同体与其他紧密联系的知识共同体。

其与科学分开——同样可以适用。[1]库恩自己温和地责备他的书的一些狂热读者，谓他们没有理解他的意图乃是要把焦点摆在科学的特性上。

库恩并不认为有任何单一的标准，可据以区别科学与其他学科。但是即使当他试图分类整理共同体生活结构、学科基质及范例时，麻烦的是所有这些要素在非科学性的学科里也都有类似之物。我们可以尖锐地提出这个议题而问范式如何帮助区别科学与其他学科；或者——假若我们以较宽广的意义来使用“范式”——关于科学范式如何将它们与他种范式加以区别。正如我在下文中将证明的，由于社会科学家没有区别“范式”的各种不同的意义，以及没有提出艰深的问题，关于科学中的范式特色是什么（如果有的话），遂导致许多的含混及冲突的主张。

第二个问题领域是关注：当一个新范式被提出来，以及最终取代了旧范式，此时所发生之争辩的类型。库恩宣称由于他被如此多的批评者所误解而感到震惊，他的批评者认为他在倡导某种暴民统治或者认为 90
他的主张所涉及的是一种非理性的、主观的决定。对于此种推论库恩难辞其咎，因为他谈到信仰的改变，坚称所涉及的**不是**证明，以及诸如下引的陈述：“范式的选择如同政治革命——没有比相关共同体的同意更高的标准了”（第94页）；“像互相竞争的政治制度之间的选择一样，互相

① 即使把范式的意义孤立为范例，也无法真正有助于区分科学与其他知识探究类型。例如在分析哲学中——库恩并不认为这是科学探究的一个领域——范例的角色。罗素的特定描述分析，赖尔的心理概念分析，以及维特根斯坦的私人语言讨论，都提供了强而有力的范例，引导哲学家在立基于原初范例上去发展解谜。像库恩讨论的范例，它们为分析提供具体模型，而不是用以解决问题的成熟理论或一套规则。当然这些范例并非普遍地为人所接受，库恩自己也强调，即使是在科学领域，范例也只是被小范围人群所接受。此外，如哲学领域（或其他人文学科）开始逐渐专业化，我们发现“无形的学院”、技术性期刊、出版前文章的交流，以及明确地参考关键文章与权威。完全没有贬低范例在科学中的重要性。然而我坚持，范例在任何紧密联系的知识努力中所扮演的角色是一样重要的。

竞争的范式之间也是互不相容之共同体生活方式的一种选择”(第94页)。但是库恩否认新范式最终通过某种“神秘的审美观”(第158页)而获得胜利,并坚持论证在倡导新范式上的重要。“因为科学家是理性的人,论证终究将说服许多科学家。但没有单一的论证能够或应该说服所有科学家。不是一个单一的团体经验,实际发生的乃是专业性忠诚之分布的逐渐转移。”(第158页)

由于库恩在这一点上一直受到抨击,他在对批评者的各种答辩中,已试图厘清他的意思。他的1969年的后记中告诉我们:他否认关于理论选择(或范式选择)的争辩是证明的问题,只是企图确立一个简单的论点。[①]“证明”一词他意指逻辑证明或数学证明。“在后者中,前提与推论规则一开始就规定下来。假若对于结论有异议,争辩双方可以一步一步追溯,检查每一步之前的规定。在此过程的最后,其中一方必定会承认他犯了一个错误,这个错误破坏先前所接受的一条规则。”(第199页)但在科学革命里,并不是争辩从双方同意的前提推衍而得的结论,而是争辩前提本身。假若在库恩否认理论选择是一个证明的问题时,这就是他所谓的证明的意思,则他的论点不仅是简单而已,且有过分简化之嫌。我们感到不解的是他到底在反对谁,因为谁会宣称关于理论选择的争辩,会涉及评估演绎论证的有效性呢?

关于理论选择或范式选择的争辩涉及说服,但是库恩看出理性说服与非理性说服之间有一个重要差别。

---

① 有时,库恩会由“范式”选择谈论到“理论”选择。但是库恩并没有将理论等同于范式。一个理论或许可作为范式,但其他元素也同样可以。他的新术语“范例”更清楚表达一个范式不必然等于一个理论。库恩对“理论”此术语有进一步的不安,因为在许多科学哲学的文献中,理论被理解为构造良好的假设演绎系统。库恩坚持——相对于逻辑经验主义者的主张——比起科学哲学家所理解的,这种假设演绎系统在实际科学探究中是比较不重要的。

> 关于该项相当熟悉的论旨(即理论选择不是一个证明的问题,如上所述)要么暗示没有好的理由足以说服人,要么暗示那些理由对于团体而言,不是最终决定因素。这甚至也不意味着选择的理由不同于科学哲学家通常所列举的那些:精确、简单、成果丰硕等等。它所暗示的乃是此种理由是作为价值而发生作用的,因而它们可以为尊崇它们的人们以不同的方式——个别地和集体地——所应用。例如,两个人假若对于他们的理论的相对丰硕性有异议,或者 91
> 假若对该问题意见一致,但是对于丰硕性与选择范围二者的相对重要性有异议,在这种情况下,双方都不能被判定为错误的或是不科学的。对于理论选择,没有中性的解决方法,没有系统性的决定程序,好像只要恰当应用这套程序或方法,就必定使团体中的每一个人都作出相同的决定。(第199—200页)[①]

假若我们想要理解关于理论选择的争辩中所涉及的理性的类型,则我们必须理解"某一组共享的价值与某一专家共同体所共享的特定

① 在相似的纠结中库恩说道:"我所否定的既不是良好理由的存在,也不是那些通常被描述的理由。我坚持的是,这些理由乃构成从事选择的价值,而非选择规则。共享这些理由的科学家们或许仍会在同样的具体情境下作出不同选择。这涉及两个因素,首先,在许多具体情境中,不同的价值——尽管所有都构成好的理由——支配了不同的结果、不同的选择。在这种价值冲突(例如一个理论较为简单,而另一个较为精确)的案例中,不同的个人赋予不同价值的相对重要性在个人选择中扮演着决定性的角色。更重要的是,虽然科学家们共享这些价值——且必须继续这么做,如果他们还想生存下去的话——他们不会以同样方式应用这些价值。简单、范围、丰硕甚至精确性都可能由不同的人作不同的判断(这并不意味它们或许会被任意判断)。再者,在未破坏任何公认的规则下,他们的结论或许仍是不同的。"("Reflections on My Critics", *Criticism and the Growth of Knowledge*, 第262页。)

经验，二者交互作用的方式，以保证该共同体大多数成员最终将发现某一组论证（而非另外一组）是决定性的”（第200页）。这些考虑也帮助我们来修正和厘清库恩的主张——互相竞争之诸范式间的选择乃是互不相容的共同体生活方式之间的一种选择。库恩现在坚称——并宣称他向来都是这个意思——此种互不相容不会导致完全的互不理解。沟通会中断，但中断只是“局部的”：在此种争辩中，会寻求共同的基础，不同范式的倡导者在此基础上可以互相争论。

但库恩仍然坚持范式转变问题的核心乃是信仰转变。

> 我将之比拟为一种格式塔转换的信仰转变经验，因而这是革命过程的核心。良好的选择理由提供动机给信仰转变，并提供一种使信仰转变更可能发生的气氛。此外，翻译可能替神经系统的重组提供入口，而这不管在当时是如何不可思议，都必定成为信仰转变的基础。但是好的理由与翻译都不构成信仰转变，而正是这种过程我必须加以阐明，以便理解一种主要的科学变革。（第204页）[1]

这些修正虽然有助于厘清库恩的意图——或者如一些批评者所说的，显示他如何改变了他的想法——但他都是在开启一大堆纠结的问题，而不是提供一种解决方法。即使我们接受库恩的主张，即“理由构成选择时所用的价值，而不是选择的规则”[2]，我们仍然必须问：作为理论选择之基础的“共享价值”与其他类型共同体的“共享价值”有何异同？说“好的理由”而不说“证明”，对厘清问题并没有什么帮助，除非一个人能指出区别较好的理由与较坏的理由的标准。除非一个人在指出并回

---

① 关于说明库恩所意指的“翻译”，参阅《科学革命的结构》，第202页及以下，以及“Reflections on My Critics”，*Criticism and the Growth of Knowledge*，第268页及以下。

② “Reflections on My Critics”，*Criticism and the Growth of Knowledge*，第262页。

答这些问题上能有所进展，否则库恩分析科学革命恐遭遇失败。响应苏 92
格拉底询问游叙弗伦关于虔敬的问题，我们想要知道科学共同体的“共享价值”，因为这些是为人所接受的价值，所以当作理性的标准；还是因为它们是理性的标准或因为它们应该是理性的标准，所以这些价值为人所接受。有时库恩似乎知道他正在开启的是潘多拉的问题盒子。对于他的看法最为同情的表述方式乃是：虽然他确实认为理论选择或范式转换的过程是理性的，但是关于何者构成了理性，我们的标准理论不适于阐明此复杂的过程。

库恩（以一种奇怪的方式）掉入他所抨击的实证主义的陷阱里，掉得比他自己所意识到的更深。当他总结道“严格的证明”（逻辑演绎）或简单的检证或否证，都不足以说明理论或范式的选择时，他似乎就只剩下“说服”了——正和实证主义者尝试要表述道德争论时一样。库恩虽然经常想要区别理性说服与非理性说服，但在厘清此重要区别上他并没有成功。我想甚至他会同意我们所需要的是对于理性的一个更宽广、更细致的理解，以便掌握裁定互相竞争的诸范式所涉及的复杂辩论过程。但他并没有深入探究这些问题。我不拟暗示对于上述问题有任何简单或容易的解决方法。波普、蒯因、戴维森、塞拉斯、费耶阿本德、拉卡托斯、图尔明及其他人所开创的独立探究路线，都将焦点摆在厘清理论转变及概念转变涉及的过程，以及如何说这是一个理性的过程。在此所涉及的问题当然远超过对于科学的理解，因为它们几乎影响到当代哲学的每一层面。[①]

---

① 关于此议题的一个挑战性的概观，涉及谈到另类概念架构以及它们之中的“选择”，参阅Richard Rorty，“The World Well Lost”，《哲学学报》，第六十九期（1972）。

六

库恩学说的应用与误用：杜鲁门、阿尔蒙德和沃林

对于库恩之“科学形象”中一些深刻的、未解决的问题，有了这样（上述）的理解，我就可以转而讨论社会科学家吸收他的观念的情形
93 了。我要证明对于库恩所分析的问题的麻木，以及把他的看法不加批判地应用，已导致混淆和矛盾。但应该注意的是：库恩自己很少论及社会科学，部分原因乃是他相信在社会科学的名目之下，有许多东西都显示自然科学之前范式阶段的一些特征。即使这样说也是误导的，因为这种说法暗示着社会科学终将历经和自然科学同样类型的转变。库恩告诉我们：

> “科学”一词大致保留给有显著进步的领域。这在反复争辩某一门社会科学是不是真的是一门科学中看得最为清楚。在今日毫不迟疑地称之为科学的领域，其前范式时期有过类似的争辩。（第160页）

他又写道：

> 有许多领域——我将称之为原始科学（proto-sciences）——其实践的确产生可以验证的结论，不过它们的发展模式却像哲学及艺术，而不像已确立的科学。例如18世纪中叶以前的化学和电学、19世纪中叶以前的遗传和无形事物发展史发生的研究。或今日许多的社会科学……它们的进步并不比哲学和艺术更为显著。
>
> 简言之，我的结论是原始科学类似艺术和哲学，缺少某些在成熟科学里让它们突飞猛进的要素，……我没有办法帮助一门原始科学转变为科学，我也不认为未来会有这类事情发生。假若……有些社会科学家从我这里获得下述看法，即他们可以首先在基本问题上获取协议，然后转向解谜活动，以改善他们学科的地位，那么他们就严重地误解我的观点了。①

我已指出由于社会科学家对他们所以为的库恩的洞见过度热心，遂导致以相互冲突和矛盾的方式来应用他的核心概念：事实上，他们已使用库恩的观念来证明和批判主流社会科学。让我们首先来检讨政治科学家杜鲁门与阿尔蒙德引用库恩观念的方式。②《科学革命的结构》出版之后不久，二人就先后在美国社会学会主席的就职演说中引用库恩的观念。由于他们对政治科学的状况进行了概括和评估，因此这两次演讲都是20世纪60年代中叶主流政治科学家自我理解的良好指南。

---

① "Reflections on My Critics", *Criticism and the Growth of Knowledge*，第244—245页。

② 为了不让我的讨论延伸到难以处理的地步，我会关注一些政治科学家和理论家对库恩的使用和滥用。然而库恩的讨论几乎在每一门社会科学，包含社会学、人类学、心理学与经济学中，都扮演了一个基本的角色。相关文献可参阅Robert W. Friedrichs, *A Sociology of Sociology*; "Special Issue of Radical Paradigms in Economics", *Review of Radical Political Economics*, 3 (1971); Mary Henle, Julian Jaynes, John J. Sullivan (eds.), *Historical Conception of Psychology*; Dell Hymes (ed.), *Reinventing Anthropology*。

杜鲁门在他1965年的讲演中告诉我们：库恩的范式观念在思考当
94 代政治科学的发展，特别具有启发性，不过他宣称“在美国政治科学的形成时期，本世纪(20世纪)之交的前后几十年，这个领域并没有一个范式，迄今也还没有”(第866页)。[①]从上下文来看，在杜鲁门心目中，“范式”的意思是一个范例或模型，引导常态科学的发展，制订精确的标准，“当某些事情出错时(即与所期望的相反)，要让探究者知道，并看出范式转变的需要”(第866页)。

假若我们按照字面的意思来接受杜鲁门的判断，我们会期待探讨政治科学与库恩所理解的科学之间的基本差异。因为无论如何，库恩的信念从未动摇过，即真正科学与其他学科的区别乃是一套范式为一个科学共同体所接受，以及范式在指导常态研究中所扮演的角色。但这并不是杜鲁门所采取的探究路线。他写道：

> 虽然如此，我想确切说来，至少从1880年间至1930年间的半个世纪，美国政治科学中一直有某种类似范式的东西存在。为了不扭曲库恩那深具启发性的概念，这应该被设想成是对于在此领域中要做什么以及如何去推进的一种不明显的、相当普遍的共识。因为大家达成共识的事情模糊，并且可应用到它们上面的词语既宽松又不精确，它们遂允许一种在质量和意向上不同的产品。(第866页)

但此“某种类似范式的东西”却和库恩所谓的范式——即使是在他使用此词的二十二种意思当中——南辕北辙。或许有人会感到纳闷，此

① 杜鲁门，“Disillusion and Regeneration: The Quest for a Discipline”, *American Political Science Review*，第五十九期(1965)。除非特别声明，否则杜鲁门的观念皆参考此文。

种谈论范式的方式被模糊的是否多于它所阐明的。诚如库恩自己也注意到的，人类努力的大多数领域，都存在一种“关于要做什么以及如何去推进的相当普遍的共识”；这是“科学”的特征，也正是“诸学派”的特征。库恩所关注的是科学共同体所特有的共识的类型。杜鲁门无法处理此问题，因而抹煞了一个重要问题，即政治科学中已经获得的或可以获得的共识，与自然科学在各个阶段中所获得的是否类似。

在杜鲁门应用库恩的观念中，我认为最重要的倒不是他们找出的相似性，而是从他自己的分析里所产生的差异性。这在他探讨导致美国政治科学现行之共识崩溃的发展时，变得很清楚。例如，他找出第二次世界大战以来导致该共识瓦解的两个发展。“其一是波茨坦宣言之后急 95
剧改变的世界政治。”（第868页）另一个为“殖民体制的崩解、新兴国家或国家实体的出现，以及古老国家的觉醒，显示一种学科形态的不当，其不当之处有三：一是本质上褊狭的；二是把政治系统的性质视为理所当然；三是缺少一种政治变迁的明确观点”。（第868页）

假若我们寻求与库恩所理解的科学发展宽松的类比，我们可以说：引起共识崩解的乃是逐渐觉察到反常异例。但是假若我们分析杜鲁门所指出的反常异例的类型，我们可以看出与库恩所检讨的各种反常异例大异其趣。杜鲁门所指出的发展并不是科学发现，或者承认“自然已违反了常态科学中范式所推演出来的期望”，而是政治世界本身的一种改变、政治现实的一种改变。但是这暗示杜鲁门拿来跟范式相比拟的专业性共识的类型，与其所要描述和说明的政治实在二者之间有一种迥异的关系。这种见解几乎等于暗示：一种专业上的共识只能是某种流行之社会政治秩序的意识形态的反映，而不是一种能对此秩序的性质和地位提供批判性洞见的观点。而当杜鲁门描述和判断存在于美国政治科学的专业性共识时——当他告诉我们它代表一种“本质上褊狭的”学科形态时——他自己显露了此范式的意识形态的和非科学的性格。

我们有理由认为政治科学能克服此褊狭主义——库恩认为科学要

结束学派竞争的局面，进而取得常态科学的地位，必须经历一种突破。政治科学能实现这种突破吗？杜鲁门颇为乐观，但是最明显的却是他对于其他可能性的直言不讳。杜鲁门对于1965年政治科学状况的理解——但1976年的状况也大致相同——乃是“对于提出中肯的问题以及使用适当方法，有一大堆互相竞争和充满分歧的看法，即使不是互不相容的”（第869页）。他告诉我们，结果政治科学也许“与其环境是如此的密切，以至于有待一种广阔的智识和社会运动，赋予它隐含的连贯性”（第869页）。

但假若这是一种真正的可能性，则杜鲁门没有理解有个问题达到何种程度了，即他否认或至少是质疑政治科学能否克服其意识形态偏误。这不仅仅是一个语言上的问题，即我们是否愿意将荣誉的称号“科
96 学”界以政治实在的研究；而是涉及政治科学家之间已经获得及可以获得之共识的类型，与他们所关注的“实在”，二者之间的关系。杜鲁门未厘清这个问题，反而抹煞了它。

1966年阿尔蒙德继杜鲁门之后，成为美国政治学协会的主席，并热切地应用库恩的论旨到政治科学的历史和现状上。他围绕着三项主张组织他的就职演讲：

> 第一，在18世纪和19世纪的美国政治理论中，有一项一贯的理论表述。
>
> 第二，从20世纪初到1950年间，美国专业政治科学的发展，大体上是根据范式（用库恩的概念）来进行的，这几十年间最重要和最特殊的理论思辨及研究，产生了反常异例的发现，逐渐累积遂动摇了它的有效性。
>
> 第三，在最近的一二十年里，一个新的、更确定的科学范式的元素，似乎快速显现了。这个新的探究途径的核心概念就是政治系

统。(第369页)[①]

阿尔蒙德表述他的主张的方式应该使我们能警觉到他应用库恩的观念有某些错误之处,诱惑者再次为含糊的概念“范式”。阿尔蒙德显然认为只有到现在——过去十年左右——政治科学终于成为一门真正的科学了。假若真是如此,则此状态之前应该是一个前范式时期了。甚具讽刺意味的,阿尔蒙德竟然赞同库恩所抨击的科学发展的概念。库恩评论科学史时告诉我们:

> 他们越仔细研究诸如亚里士多德动力学、燃素化学或热空气推动的热力学,他们越觉得那些曾一度流行的自然观,比之于今日所流行的,就整体而言,既不会比较缺少科学性,也不会有更多个人癖性的成分。假若这些古代的信念被称为神话,则神话能够以今日产生科学知识同样的方法和理性来制造。就另一方面而言,假若它们被称为科学信念,则科学包括了与我们今日所持的十分不相容的一些信念。就这两者而言,史学家必是选择了后者。(第2页)

一位批评者所指称的阿尔蒙德“对于库恩的《科学革命的结构》私心自用的误解”[②],在下引阿尔蒙德的话中尤其明显,“从政治科学专业的规模、结构、年龄分配及智识环境来推论,我们即将成为一门科学”(第869页)。其后就是各式各样的统计,意图阐明在一个“科学革命” 97
的时代,美国政治科学的专业成长得多么迅速。但我们很难看出这真正

① 阿尔蒙德,“Political Theory and Political Science”,*American Political Science Review*,第六十期(1966)。除非特别声明,否则阿尔蒙德的观念皆参考此文。

② J. Peter Euben, “Political Science and Political Silence”, *Power and Community: Dissenting Essays in Political Science*, Philip H. Green, Sanford Levinson (eds.), p. 8.

证明了什么，因为阿尔蒙德所说的是**专业性**的成长，而不是**科学**的成长。

他所说的关于政治科学中专业性的成长，有许多同样可适用于几乎一切学术专业，包括哲学和艺术史。一个人可能会认为专业性为科学存在的一个必要条件——虽然对于科学史的理解让我们怀疑这种主张——但它绝不是科学的一个充分条件，也没提供任何基础，让一个人推论“我们即将成为一门科学”。

因为阿尔蒙德相信现在政治科学“主要是一门美国式的学科”，他遂对“在美国正处于发展成为一门专门学科前夕的政治理论”（第870页）的历史背景，给予简短描述——从希腊时代一直到20世纪50年代的美国，一个快速导览。阿尔蒙德总结道：“至此我们已描述了一个序列，很像库恩在他的科学革命论中所提出的。”（第875页）[①]甚至阿尔蒙德似乎也知道有什么不对的地方，因为他补充道“假若它不十分符合他（库恩）的模型，则我们必须记住：社会科学也许有一种多少不同于物理和生物科学的辩证历程”（第875页）。但我们很难看出从库恩得来的观念，到底保留了多少——除了名词之外。[②]再者，最重要的是阿尔蒙德说明政治理论发展中的变迁方式，它们并不是由于察觉到常态科学的实践所

---

① 这种主张不仅是错误的，阿尔蒙德也没有理解到他的简短历史概述显示了库恩所严厉批判的学科的历史特征。阿尔蒙德的概述是从我们现今“科学的”突破观来撰写的，在那里我们参照当前“科学的”标准来评估前人的贡献。尽管此术语是库恩的，不过阿尔蒙德的政治理论史观的实质内容比较接近孔德的精神。对许多社会科学家探究他们自己学科史的方式的批判，参阅默顿《科学社会学》。

② 有关批判阿尔蒙德之著作及其底层的认识论和方法论假定，参阅麦金太尔，“一门比较政治的科学是否可能？”，*Against the Self-Images of the Age*；泰勒，“Neutrality in Political Science”，《哲学、政治与社会》（第三辑），拉斯利特与朗西曼合编；泰勒，“Interpretation and the Sciences of Man”，*Review of Metaphysics*，第二十五期（1971）；瑞安，“Normal Science' or Political Ideology?”，《哲学、政治与社会》（第四辑），拉斯利特、朗西曼与斯金纳合编；以及瑞安，*The Philosophy of the Social Sciences*，第154页及以下。

揭示的反常异例而作出的一种反应,而是对政治本身的变迁的一种反应。

这是杜鲁门及阿尔蒙德从未正视的一个更为基本的问题。和许多主流社会学家一样,他们相信社会科学将(甚至即将)走向一个科学性成熟的阶段。但是他们不知道“范式”和“前范式阶段”的语言可以是多么误导人。问题不仅在于政治科学是或不是在一个“前范式的”或“范式的”阶段,而在于这种说法是否适当和清楚。一旦我们采用范式的语言,我们即无形中假定一门学科的成就或成熟度,要以它所获得之自然科学所特有的范式阶段的程度来测量。但正是此一问题——即这是否为评估和判断政治科学(尤其是其理论抱负)的标准——需要诚实以对, 98
而不能视之为当然。假若一个人认为政治科学处在一个前范式的阶段,这暗示一个科学的范式阶段必会来临,只要我们有耐心且朝此努力。但根据库恩之学说或任何其他人的学说而作的这种推论,并无保障。奇怪的是,在杜鲁门及阿尔蒙德二人的手里,新的范式说法让人想起旧的实证主义——而这正是库恩公然抨击的对象。杜鲁门及阿尔蒙德尽管使用库恩的词汇,但二人实共享——虽然是以一种比较精致的形式——古老的19世纪实证主义的信念,即智识学科如政治科学通过黑暗时代,只有当实证科学的方法获得胜利时,才臻于“成熟”。

沃林(Sheldon Wolin)在阐述政治理论时,对库恩的观念作了非常不同的应用。杜鲁门和阿尔蒙德引用库恩来替政治科学中的行为革命辩解,并显示政治科学最后如何成为一门科学,[①]而沃林的主要意图则要批判该行为革命的自我理解,及其关于政治理论的扭曲的概念。稍早

① 政治科学中之行为革命的意义与自我理解,参阅杜鲁门 “The Implications of Political Behavior Research”, *Items*, 5 (1951), Social Science Research Council; Robert A. Dahl, “The Behavioral Approach in Political Science: Epitaph for a Monument to a Successful Protest”, *American Political Science Review*, 55 (1961)。

我曾指出有些社会科学家在库恩的学说中，发现了批判主流社会科学的武器，沃林就是其中一位。

沃林宣称许多政治科学家都已接受某种形式的科学进步的渐进观。他征引尤劳的一段话：

> 名符其实的政治科学必须从基底建造起，问一些在原则上可以回答的简单问题，它不能从顶端建造下来，问一些根本无法回答的问题，至少是不能用科学方法回答的问题。经验科学的构建乃是缓慢的、适度的及一点一滴累积相关的理论和数据的。（第127页）[①]

大体而言，政治科学家“关于科学及其方法和其历史的概念，除了他们相信的某种权威看法之外，没有其他的基础。他们所想要的只不过是能够从事经验探究的工作，所以他们并不急于介入关于支持和辩护他们工作之理论基础的争论”（第131页）。沃林觉得库恩的著作深具挑战性，因为库恩的著作使我们不再满意被如此多的政治科学家所接受的科学及其发展的过度简化的看法。

但库恩的探究也提供了一个崭新的观点，以理解政治理论本身的
99 历史。沃林的目的“不是要把政治理论当成科学理论中的一种，而是要论证政治理论最好是当作范式来理解，以及政治的科学研究乃是范式所启发之研究的一种特殊形式”（第139页）。沃林显然是以一种极为广泛的意义来使用范式概念的。

> 库恩的范式观“普遍承认的科学成就，曾一度提供模范性的问题和解决方法给一个科学研究共同体”，若应用到政治理论的历史

① 这段话引自沃林，“Paradigms and Political Theories”，*Politics and Experience*，Preston King与B. C. Parekh合编。除非特别声明，否则沃林的观念皆参考此文。

> 上，则可以将政治理论中的柏拉图、亚里士多德、马基雅维里、霍布斯、洛克及马克思，当作是对应于伽利略、哈维、牛顿、拉普拉斯、法拉第及爱因斯坦的人物。第一组的每一位著作家都启发了一种对于政治世界的新看法；他们每一位的理论，对于理解该世界何者是重要的，都提出了一项新的界说；每一位都指出独特的探究方法；以及每一位的理论对于何者才算是对某些基本问题的回答，都包含了某种或明或暗的陈述。（第140页）

假若我们如此笼统地使用范式的概念，则真不知库恩的核心问题，即区别自然科学与其他学科的发展，会变成怎么样了。一套范式沃林意指一个一般性取向，一种“对事物的新看法”，而不是一个特定的科学范例或模型，为人所“普遍承认”。①假若我们用库恩对于自然科学发展的理解，对政治理论的历史加以模拟的话，则二者的相似性不如重要的差异性来得明显。

我们被告知：伟大的政治哲学家的理论应理解为主导范式。但在政

① 在描述库恩的“科学形象”与政治理论史之间的类似性，沃林忽略了库恩不断重申的两个警告。第一个是要提防库恩论旨琐细化的警告。库恩经常告诉我们，在研究大多数学科的历史时，我们可以孤立出被快速变迁时期（接着产生新传统）所打断的传统时期。他强调，但此一般论点无法阐明有关科学发展的任何独特事物。例如，在评论艺术与科学的比较时，库恩写道：“历史学者在此二者中可以发现实践与传统相一致的时期。……在此二者中他能够独立出相对快速变迁的时期。……然而，或许同样的道理也可以适用于任何人类事业的发展”。［库恩，“评论”，“The New Reality in Art and Science”论丛，*Comparative Studies in Society and History*，第十一期（1969），第409页。］

第二个警告关于错误地认为范式可以等同于主要理论，因为这忽略了库恩为何采用范式语言的理由。在上述引用的“评论”中，库恩写道他“从未试图去限制范式和革命的观念‘到大理论’”，这些概念的特殊重要性在于“他们允许事件之独特且非累积特征（就像氧气、X光或天王星等的发现）的较充分理解”（第412页）。有关进一步评论范式与理论之间的差异，参阅他《科学革命的结构》的后记，第182页及以下。

治理论史上，有任何可以和“常态科学”相比拟的东西吗？沃林提议在每一种情况下，“次要的著作家”“以一种可以和‘常态科学’相比拟的方式”开发这些主导范式(第141页)。对这些“‘范式工作者’，沃林并不把他们看作是令人厌倦的和学舌的追随者”(第142页)，而是将他们视为试图应用主导范式到“未能逆料之谜题”上的劳动者。他进一步宣称自然科学中范式高度有效的执行，与政治理论中的范式的执行有若干雷同。但是他实际所显示的却是在此种执行意图上的基本差异:“科学家借着他的理论，希望转变科学共同体之成员的看法，并获致该共同体的支持和权力，而把他的理论应用到自然的探究上。许多政治理论家的目标一直是要改变社会本身，即不仅仅要改变人们看世界的方式，而且要
100 改变世界。”(第144页)依沃林之意，这种动机乃是柏拉图、马基雅维里、霍布斯、卢梭、边沁、圣西门及马克思等人所特有的。

沃林也发现政治科学家得以执行范式的其他可能性。“今日现代美国大学提供了一个甚至更诱人的远景，因为它除了自然的影响力可供其利用之外，还有基金会的力量。二者合起来提供了一种强而有力的机制，以强制执行范式并资助研究。一直到最近为止，政治科学系都缺少一个要素——范式本身”(第164页)——但此情况已急剧改变了。“社会科学的成长和成功的行为革命已提供缺少的要素了，一套范式、一种强制的机制和执行范式指导之研究的丰富资源，三者似乎有汇合的趋势。”(第146页)

沃林对于社会科学最近发展的了解，与阿尔蒙德和杜鲁门的看法不谋而合，这颇具讽刺意味。他基本上同意他们的意思，谓行为(科学)运动“满足库恩对于成功范式的大部分规定”。“它将在本世纪主导许多政治科学系的课程；新一代的学生正被教导调查分析、数据处理和量度等的新方法；行为取向的教科书显著增加；有若干迹象显示过去正在被重新诠释，以证明行为革命仅仅是政治科学过去几十年之‘趋势’的高峰而已。”(第147页)

但在这点上，沃林的意图和他实际所说的之间的紧张变得很尖锐。假若我们对库恩分析科学发展有信心，且接受行为运动“满足库恩对于一套成功之范式的大部分规定”的判断，则此种发展应该受到欢迎，而不是悲叹。范式的接受对常态科学而言是不可或缺的：只有通过范式来从事研究工作，才能解谜；只有范式更为精确，反常异例才能发现。而常态科学对于一门学科的科学发展是绝对有必要的。

再者，库恩虽然强调研究科学史的重要性，以期获得一种适当的“科学形象”，但此种（科学史）研究对于一位实际从事研究的常态科学家并不重要，甚至会使他的解谜的工作分心。沃林殊不知勉强把政治理论的发展与库恩对于自然科学的理解加以类推的后果，并不是去证成政治理论史的严肃研究，而是侵蚀这种研究。对于实际从事研究的常态科学家而言——甚至对于非常态科学家而言——没有必要去研究他的 101
学科的历史。常态科学家的历史意识不必延伸到他工作的范式之外去。[①]即使是非常态科学家，也是主要关注能解释既存反常异例的一个新范式的发展。在科学危机时期，当有一种“尝试任何事情的意愿”时，对于该学科的历史作一种新颖的观照，或许对革命的科学家有所帮助，但对于达到一套新范式既非必要条件，也非充分条件。

再者，当沃林详细描述伟大的政治理论家对危机有所反应的那些危机类型时，他也强调这类危机与产生非常态之自然科学的危机之间的差异。

> 过去许多伟大理论的崛起系对于世界上某个危机的反应，而不是对于理论家共同体的危机的反应。促使柏拉图致力于成为理

① 库恩相当强调这点。“没有任何地方能更清楚地对照艺术与科学。科学教科书以旧英雄的名字和偶尔出现的肖像来点缀，但是只有历史学者阅读以前的科学著作。科学的新突破使得忽然过时的书籍与期刊在科学图书馆的活跃位置被移到一般不用的贮藏室去。……不同于艺术，科学摧毁了它的过去。”（参阅第129页注释①所列之“评论”）

> 论家(bios theoretikos)以及产生西方政治思想史第一大模型的,不是一次方法论上的崩溃,而是雅典城邦(polis)的崩溃。再者,并不是想以亚里士多德方法取代神学方法的一个简单愿望,而是教会与国家之关系上的持续危机,产生了和平捍卫者。在此不需要再举很多例子了;马基雅维里、博丹、哈林顿、霍布斯、洛克、托克维尔及马克思等的范式,乃是一个深刻的信念——即世界已经动起来了——所产生的。(第147—148页)

沃林虽然注意到这个重要差异,却没有探索它的后果。

我认为在沃林的论证理路中有一个隐藏的逻辑,此逻辑如果从字面上来看,会侵蚀他所要证明的东西。假若行为主义代表一套新的普遍承认的科学范式,则可得到一项阿尔蒙德和杜鲁门已获得的教训:当前的任务乃是从事经验性的解谜活动,以及详细阐述范式——这是一门科学能够发展为了发现反常异例所需的精确性的唯一途径。然则似乎出了什么差错。如果只说到这里,将是对于沃林所要说的话一种拙劣的模仿,但我想重要的是要看勉强把政治理论与库恩对自然科学发展的理解加以类推的后果。①

---

① 对于沃林所宣称的一种拙劣模仿,从另一篇文章的评论来看很清楚。他写道:行为革命"在转变政治科学上已经成功了",但是此转变所影响的是一种方法论,而非理论。"无论它是什么,按照库恩的判准,没有一个初步理论的革命不能算是革命。"(沃林,"Political Theory as a Vocation",*Machiavelli and the Nature of Political Thought*,Martin Fleisher编,第26页。)

但是在此,沃林对库恩的着迷也模糊了他所要说的。沃林说根据库恩的观点,科学革命需要初始的理论(参阅第129页注释①),根本是错误的。再者,尽管我认为沃林在坚持政治理论应该"对公共生活的质量、方向或命运提供重要选择或批判性分析"是对的,然而对于区别"真正的"政治理论与"假政治"理论,或是坚持政治理论必须是批判性的(以沃林意指的意义而言),在库恩的科学分析中都没有基础。

在他的分析里，正是在这一点上——几乎在他的文章的结尾——沃林“修正了”库恩范式的概念。但是当我们充分体认到此一修正的衍生结果时，我们将看到它彻底转变了我们对于社会政治科学中“范式”的理解，并显示与自然科学的范式有显著差异。我们也将看到第二章所探讨过的好多论证路线都将汇合于此。 102

七

作为道德范式的政治社会

沃林提议我们不仅要把古典政治理论家的宏大理论当作范式，而且“要把**政治社会**本身设想为一套运作的范式”（黑体系作者所加）。

> 从这个观点来看，社会可以设想为一个一贯的整体，以其习惯性的政治实践、制度、法律、权威和公民权的结构以及运作的信仰等都加以组织和联贯。一个由政治所组织的社会包含明确的制度安排，关于政治权力之定位及运用，某些广泛分享的理解，关于权威应如何对待社会成员，及关于有组织的社会对其成员能作的正当要求等的某些期望。……这个实践及信仰的**整体**可以说构成一套范式，因为社会试图依照它们来进行其政治生活。再者，一个政治社会在它的执行机构里，以及在它的规范系统中，拥有一些基本的工具，如同出现在库恩的科学共同体里的那些东西，并且以类似的方式在使用它们。社会也强迫某些类型的行为，而阻止其他类型的行为；社会也界定那些种类的实验——以个人或团体行动的形式——将受到鼓励、容忍或压制；社会也通过立法、政党及舆论媒体，以其复杂的政治组织，来决定在未来的决策中应考虑些什么。（第149页）

假若我们继续使用“范式”的语言——此名词用得如此宽松、分歧且矛盾，以致暗示我们最好避免使用——则必须强调这个“范式”的概念与任何库恩所讨论的东西是何等不同。①沃林说政治社会本身为一套范式，他不是说政治理论家的理论活动，而是他所研究的政治实在。在强调实践与制度、期望与信仰时，他注意到此政治实在的一些特征。沃林的论点类似温奇的论点，他说：“在自然科学家的情况中，我们只处理一组的规则，即约束科学家之探究本身的规则，在此，社会学家所研究的，如同其研究活动本身，都是一种人的活动，因而也是按照规则来进行的。”②这在洛奇试图说明如经济学之类的学科，以何种意义可以被解 103
释为道德性的学科时，也有类似的论点。洛奇甚至使用“范式”的语言。

> 我们预期一个人在经济情境里，会以某种方式来行动，并不是因为他必然会如此做，而是因为如果他不这么做，我们会认为他是一个差劲的商人或一个精神异常的人。追求利润不是一项因果律，而是在专业化情境里的一套活动的范式。进入此种情境的人，假若他们力所能及的话，便被期待符合此范式，因为那是应该做的事。即使大部分时间我们发现经济行为并不十分符合范式，也并未瓦解范式的地位。(如果)将其当作一项因果律，追求利润让我们可以推论经济行为者的未来行为；假若矛盾出现，此律则不能成立。但如果当作一项行为规则，我们就能有一种道德期待；当矛盾出现时，则这位商人将会失败。③

---

① 显示“范式”一词曾被使用过的许多不同方式，会让人厌倦，即使那些使用者认为他们使用此词的方式如同库恩一样。波考克是另一位政治学者(一位政治历史学者)，对他而言范式概念是核心。他赋予范式的意义以及使用的方法，和阿尔蒙德、杜鲁门、沃林及库恩等相当不同。参阅J. G. A. Pocock，*Politics, Language and Time*。

② 温奇，《社会科学的理念》，第87页。

③ 洛奇，《说明与人的行动》，第77页。

瑞安也注意到在人文科学里，范式所扮演的角色是如何之不同。他帮助显示了一个进一步的后果，此后果在沃林的理论中隐而不彰，而在洛奇的理论里则显现出来了，即此种政治社会的范式乃是道德的范式，说它们乃道德范式的意思是：它们包含关于什么是对的、适当的或"理性的"行为的信念和期望。"在此不得混淆的是，它们并不会使我们介入任何特定的道德或政治的评价。但是它们以自然科学范式的姿态，又的确界定了可能之道德论证的范围；并界定哪**种**难题为一种特定的道德难题。"①

就这种意义而言，我们在人文科学所关注的实在，本身就是由价值所构成的，而不是一种冷漠的价值中立的残酷实在。而正是此一洞见，厘清了沃林批评行为研究的基础。因为事情并不是如许多行为科学家所宣称的，谓他们正寻求将经验主张与一个本身是"客观的"和"价值中立的"政治实在加以配对或验证；而是，如沃林所说的，"在有关投票、共同体权力、政治参与及决策的许多研究当中，最显著的特征乃是它们接受现行的政治范式，当作参考架构和研究问题的来源"（第151页）。政治社会的主导范式虽然不会指令要用什么探究方法来研究它，"但是它的确限制了被认为是有用之探究的范围"（第152页）。②

沃林把行为"理论"与传统理论之间的差异，比拟为常态科学与非

---

① 瑞安，"'Normal Science' or Political Ideology?"，《哲学、政治与社会》（第四辑），第93页。

② 政治社会的主导范式影响了被认为是有用的探究，并且限制了用于探究问题的语言与概念，参阅沙尔的阐述，"Legitimacy in the Modern State"，*Power and Community: Dissenting Essays in Political Science*，Philip Green 与 Sanford Levinson 合编；泰勒，"Interpretation and the Sciences of Man"，*Review of Metaphysics*，第二十五期（1971）；麦金太尔，"一门比较政治的科学是否可能？"，*Against the Self-Images of the Age*；以及斯金纳，"The Empirical Theorists of Democracy and Their Critics: A Plague on Both Their Houses"，*Political Theory*，第一期（1973）。

常态科学间的差异——虽然在这里此类推与库恩的意图也是南辕北辙。沃林强调行为研究与现存的主导政治范式的结合，而“传统理论则 104
是关注可能的世界，而不是实际存在的世界，结果，它危害而非修补了现行的范式”（第152页）。沃林对于行为理论或行为范式批评的重心乃是它安于拥抱和反映一个扰攘不安的世界。“与一个病态世界相符合的理论本身就是一种病态。”（第148页）①

让我们退一步，并追问：社会科学家和理论家迷恋库恩的著作，给我们什么样的教训。库恩的“科学形象”能帮助社会政治研究获致一种更清晰的理解吗？最初的答案必然是否定的，库恩本人也不认为是如此。有两个理由说明为什么社会科学家用库恩的观念无补于事。第一，库恩的论旨正是在人们最需要阐明的地方，最为分歧且令人不满。库恩并未帮助我们区别科学的范式与意识形态的范式——那些急于找寻库恩观念与社会政治研究之相关性者，忽视了此一基本论点。第二，当社会科学家静下心来展示库恩观念的相关性时，实际上所展示的却是自然科学与社会政治研究之间的重大差异。这在杜鲁门和阿尔蒙德是如此，在沃林也是如此。这三位学者都指出：导致这些研究转变的反常异例，乃是由于政治世界的变动所造成的，而不是由于实际上或理论上发现自然违反了我们在常态研究里的期望。因此对于自然科学的发展极为重要的——常态科学的传统——在政治社会研究里，也许会造成灾

① 我们很难去确定沃林对行为主义的态度。在“范式和政治理论”中，他把“行为理论”与“传统理论”互相对照（第152页），但是在“政治理论作为一种职业”中，他否认行为主义是一种**政治**理论（第26，30页）。他引用行为主义与常态科学间的模拟，但宣称政治学者的主导范式是一种“意识形态的范式”。沃林的矛盾态度也表现在他所认为的行为发现的重要颠覆性角色上。“行为发现其中一项最有趣和最困扰的特征是他们的颠覆性。许多有关民主选民之性质的共同想法已经动摇了。有关政治、美国社会中的决策以及当选官员的代表性等民主特征的流行信仰，也同样可以这么说。”（“范式和政治理论”，第152页）

祸。一套范式在说明和预测人的行为上的成功，也许是由于人们接受僵硬的规范束缚——关于何者是理性的和可接受的行为。[①]

库恩的著作，连同其他有关科学之性质的后经验主义学说，的确有助于推翻过分简化的科学图式，此科学图式已经被许多具有经验心态的社会科学家所接受了。这些探究教导了我们：理论的角色对于任何一门科学都是非常重要的。而且他们也已经证明：即使是逻辑经验主义者把科学理论当作由假设—演绎系统所组成的观念，来说明理论在科学中的种种角色，也嫌太狭隘和误导。在这方面，试图把社会科学与库恩的自然科学形象，勉强加以类推，就会有矛盾的但又极为重要的后果，使我们更警觉到二者间重要的差异。

105 以上我所说的绝无意图攻击政治社会研究的科学地位。恰恰相反，我们现在正在一个位置上，来看看有关这些学科的各种互相竞争的主张，如何能够加以调和。伯林、洛奇、温奇、瑞安及沃林的学说中一个共同的主题乃是：社会政治实在构成了一套复杂连锁的制度、行为、规则及生活形式。这就是沃林倡议政治本身可以设想为一套"运作的范式"

① 参阅瑞安有关此点的讨论，他论证——掮客式的古典经济模型的实际可应用性需要"行动者应接受什么是理性的与可接受的法律上的标准"("'Normal Science' or Political Ideology?"，第96—97页)。瑞安不仅发展了伯林于其早期论文中所提出的一项论题（当他论证人类接受的模型与范式塑造他们的信仰与行为时），他也支持洛奇的论点——古典经济学是一种道德理论。参阅泰勒在"Interpretation and the Sciences of Man"中为了解释政治社会实在，对谈判与掮客式模型所作之深入而重要的分析。

洛奇、瑞安与泰勒的分析也受挑战主流经济理论与研究的激进经济学家所支持并被他们探索。这些经济学家也受到库恩的影响，并且以含糊不清与相互矛盾的方式来使用范式的概念。但是在他们的著作中引人瞩目的是，库恩对自然科学的理解与社会科学之间的差异，特别是经济实在本身能被理解为道德范式的方式。参阅*Review of Radical Political Economics*，第三期（1971）。也可参阅Edward J. Nell，"The Revival of Political Economy"，*Social Research*，第三十九期（1972）。

的意思。这也是瑞安所强调的,他告诉我们此种范式为"道德范式",涉及政治行动者所接受的行为和行动的规范;但是这生活形式和行为确实显现规律性和系统的相互关联。在研究这些规律性中,我们可以使用在自然科学中已经运用成功的各种经验技巧和量化技巧。经验社会科学家的基本信念,即这就是现在所做的工作,增强了他们的信仰即"我们即将成为一门科学"。

但现在我们应该看看基本议题须如何在概念上重新定位。此议题不是可不可能采用经验技巧和量化技巧,而是如何解释它的结果。在主流社会科学中,一直有一种朝向物化(reification)的压倒性趋势,即把历史性的社会政治模式误认为是一种不可改变的残酷实在,就是"摆在那儿"而为人们所遭遇的。由于迫切希望建立一门新的研究人的自然科学,一直有一种要从现行道德范式的规律性加以概推的趋势,并且宣称我们发现了约束人类的普遍律则。在此种努力里,最严重的缺陷不仅仅是不当的概推,而且是隐藏着的意识形态的基础。主流社会科学家一直缺少批判性的自觉,他们的告诫——要"现实主义的",研究事物实际上是怎么样的——与其说是一种科学要求,勿宁说是一种可疑的道德律令,具有限制人的想象力和政治社会的可能性的不良后果。科学主义在社会政治研究里,已成为一种有力的却是伪装的意识形态了。①

① 在行为革命早期,阿伦特敏锐地指出行为主义中的趋势:"有关行为主义及其定律之有效性的不幸真理是,有越多的人,他们就越有可能表现行为,也就越不可能容忍不同行为。统计上,这会平息波动。实际上,行动越来越少有机会掀起行为的浪潮,而事件也将会越来越丧失它们的意义;也就是,它们阐明历史时间的能力。统计的齐一性绝不是一种无害的科学理想;它不再是一个社会的神秘政治理想,完全淹没在日常生活的例行事件中,并且与其内在的科学展望和平共处。"(*The Human Condition*,第40页)

八

意识形态与客观性

在第一章的开头，我曾从瑞安的著作引过一段话，其中他强调："两种主要的强烈焦虑"，在政治科学所谓的行为革命中，扮演重要的角色，
106 即害怕"极端事实主义"，以及害怕政治科学家可能会当政治意识形态者。治这两者的处方乃是创造一套经验性的说明理论。瑞安的论点可加以推广，因为它可以应用到所有的社会科学。但是现在我们可以坦率地问：这剂处方到底有没有效？有任何坚实的证据可以证明：建立经验性说明理论克服了这些强烈焦虑吗？基于两个基本理由，此问题的答案绝对是否定的。第一，尽管主流社会科学家之间，对于经验性说明理论在认识论和方法论上的要求，有一致的意见，但迄今并无任何此种理论存在。尽管所有有关此种理论的谈论甚嚣尘上，假若我们遵照经验社会科学家告诫我们的，在评估他们探究的结果要硬起心肠来，则我们会发现还没有理论满足**他们**所要求的严格标准。

第二，这一点在本章比较清楚地浮现出来——关于社会科学家所谓的经验理论是否能避免意识形态的偏见，有一些严重问题。由于"意识形态"一词用得如此宽松，因此必须对"'经验理论'是意识形态性的"主张加以限制。首先，必须强调提倡此理论者的明显意图，乃是要对"事实"给予一种客观的和价值中立的说明，而不是以他们的价值判断冒充事实描述。再者，社会科学家由于相信他们只是在从事好的经验科学研

究，因而他们不仅仅是给予经验性的和科学性的主张一种虚假的正当性。把经验理论当作意识形态来加以批判，就是在寻求揭示这些隐藏的和可疑的价值偏见。

在使用“意识形态”和“意识形态的神秘化”两个概念时，我是依赖上下文来传达我的意思。我现在可以对于我的意识形态及意识形态批判的意见加以限制了。我对这些概念的理解是基于马克思和黑格尔的学说，但是因为对于马克思和黑格尔的意思有各种不同且互相冲突的解释，所以让我指出我认为意识形态的批判和概念的一些基本特征。

第一，我用“意识形态”一词并不意指此词的通俗意义中经常所指谓的。一套意识形态并不是任何一套道德的、社会的或政治的信仰和态度，此套信仰和态度灌输并塑造一个人（或一个阶级）对于世界及其行为的解释。我摒弃这种过分自由主义的意识形态观，因为它隐含相对主义和虚无主义。它暗示——许多人认为这是伴随着意识形态的概念而来的——一切“信仰系统”最终都有同样的认识论地位，都同样不能证
明。根据这个看法，当我们批判某一特定意识形态时，我们正预设另一 107
种我们不加质疑的意识形态的立场。意识形态概念的这种纵容的用法，抹煞了下述的事实，即意识形态是基于信仰和解释，而此信仰和解释声称其为真的或有效的。这些信仰和解释遂隶属于理性批评之下了。

其次，一套意识形态不是一种附属现象的“反映”，即某一物质基础的变动而机械地产生的反应。我摒弃这种意识形态观乃是因为：第一，它忽略了一套意识形态的形式与内容受种种历史因素形塑的复杂方式（意识形态从来不是仅仅对于某一物质基础的一种机械性的反应）；第二，它忽略了意识形态在形塑人们解释世界与理解自己和他人的行动方式的效能；第三，它有使意识形态免于批评的后果。假若我们把意识形态理解为只是对于某一物质基础的反映，则说某一套意识形态为错误就没有意义了。有时人们认为意识形态的这种“反映”理论是马克思的看法。但是我们难以想象对马克思的意识形态观还有什么比这更

可怕的曲解了。依马克思之意，意识形态像密码必须加以解读，必须作批判性的理解。这意味着我们必须理解它如何“反映”和“扭曲”社会生活的物质条件，并理解是何种因素影响和维系对一套意识形态的认同。

再者，意识形态的**力量**与它们用来辩护和正当化行动的方式有关联。接受某一套意识形态的人，并不认为它是随意的或不当的。恰恰相反，他们宣称他们的意识形态性的解释是有效的。他们认为该套意识形态是“不证自明的”、“任何理性的人都将同意”、“切合实际的”、“基于人性”，或——更近期的看法认为——是“科学所告诉我们的”。在每一种情况中，一套意识形态被用来决定何者算是“切合实际的”行动，并界定“理性”选择的限制。

意识形态批判有若干相关的作用：第一，它必须精确描述意识形态，避免扭曲。第二，它寻求对意识形态作一种深层的解释，以显露意识形态如何反映并扭曲某一底层的社会政治实在。第三，它寻求发现增强和维系意识形态的物质因素和心理因素。第四，它寻求把意识形态的基础信仰和解释孤立出来，加以批判以便揭露其错误。第五，它借着克服意识形态之维护者的抗拒，而寻求瓦解意识形态的正当化力量。

108 意识形态或“错误意识”概念，与一种非意识形态性的理解或一种“正确意识”的概念是互相关联的。我不认为有任何确定的标准，让我们可以一劳永逸地区别“错误意识”与“正确意识”。**获致**“正确意识”乃是意识形态批判的一个规范性的理想，“错误意识”与“正确意识”之间的关系不是对称的。这并不意味着我们必须维持智识上的不可知论，或我们永远不能评价或判断一套意识形态为有系统地扭曲的以及反映僵化之支配权力的种种方式。恰恰相反，因为任何意识形态都是基于声称其为有效的信仰和解释之上，我们可以检讨这些有效性声称，而证明它们的错误。我们可以证明某一套意识形态的错误，而不必声称我们对于社会政治的实在,已获致一种最后的、绝对的、“真正”的理解。[①]

伯林、洛奇、温奇、沃林及瑞安诸人的探究,对于揭露意识形态偏见都有所贡献。但此议题已经受到更为直接的抨击了。所谓客观的和价值中立的研究通过种种途径沦为意识形态,揭示这些途径的批评文献极多,其中最为简要、尖锐的分析乃是泰勒的“政治科学里的中立性”。价值偏见和事实描述相混淆不是偶然的,泰勒的批判显示这些理论的“事实基础与评价之间的关联乃是内在于概念结构之中的”。[②]当然,主流社会科学家承认社会科学家可能犯错,经常将事实描述与价值判断搞混,但是他们相信——和内格尔一样——这些评估性的价值判断等到社会科学比较成熟时,将会被消除。但是当我们实际检视政治科学和社会学里经验理论的杰出候选者时,我们会发现我们不能采纳这个理论架构,而截然孤立它所蕴含的价值判断。因为“采取一项说明架构,伴随而来的是采取其所蕴含的‘价值偏见’”。[③]

泰勒阐明了李普塞特、阿尔蒙德及拉斯韦尔著作中的这种价值偏见。

> 我们可以说一项特定的说明架构隐含着一个善的观念以及一套评价,这是无法丢弃的——不过可以忽视不管——除非我们丢弃该架构。当然,因为此价值可以被忽视不顾,我们只能说此架构倾向于支持它们,而不是确立它们的有效性。但是这已经足以证明

---

① 有关意识形态概念的一项历史检证,参阅George Lichtheim, “The Concept of Ideology”, *The Concept of Ideology and Other Essays*。也可参阅麦金太尔对意识形态的讨论, *Against the Self-Images of the Age*; John Plamenatz, *Ideology*。

② 泰勒,“政治科学里的中立性”,《哲学、政治与社会》(第三辑),拉斯利特与朗西曼合编,第42页。

③ 同上。

> 109 政治科学之发现的中立性，并不如一般人所想的。因为建立一个特定架构，限制了价值立场的范围，便可以为采取此价值立场辩护。因为根据此架构，某些善可以如其然地加以接受，不必进一步论证，然而其他对立的善，若不引用更重要的考虑，则一个人不可能采取。架构可能是以某种方式分配证明的义务或论证，因而不是中性的。
>
> 从事政治科学要避免这个困难唯一的途径就是只从事狭小范围的发现，因为这类发现本身与多数政治架构兼容，可浸淫于一种价值中立的气氛中。“底特律的天主教徒倾向于支持民主党候选人”，这类发现几乎与任何人的概念架构一致，也因此几乎与任何一套政治价值一致。但由于政治科学不能避免理论，不能避免寻求一个架构，因此政治科学不能停止发展规范性理论。①

泰勒关于理论在政治科学中的角色的结论，麦金太尔在他的文章“一门比较政治的科学是否可能？”里也表示了支持。麦金太尔在展示比较政治学之经验理论的虚矫和扭曲之后，把这种工作与《理想国》中有关正义的论证加以比较。他总结道“李普塞特及比尔斯泰特因此在一个古老的哲学论证中有所偏袒：对统治者重要的是合于正义，或只是被人们认为是合于正义？李普塞特及比尔斯泰特在界定正当性所作的，和色拉叙马霍斯在界定正义所作的，以及格劳孔与阿得曼托斯在发展色拉叙马霍斯的意旨所作的，都是类似的。*我们现在可以回忆一下，色拉叙马霍斯也主张只报导世界是如何进行的，主张做一位中立及价值自由

① 《哲学、政治与社会》(第三辑)，第56—57页。

* 以上三个人名色拉叙马霍斯、格劳孔和阿得曼托斯是柏拉图《理想国》里的对话者。——译注

的观察者。”①

斯金纳评论了关于经验性的民主理论的争议，并指责它的一些批评者，不过仍然总结道：甚至达尔精致的民主理论也是意识形态性的。“民主一词应用到达尔所描述的政治系统的类型，即构成了一个政治保守主义的行动：它用来赞赏（推荐）像美国这样的一个政治系统最近所盛行的价值与行为，而且它构成了一种论证，来对抗寻求质问民主之价值和实践的人。”②泰勒、麦金太尔和斯金纳等人抨击主流社会科学的意识形态偏见——尤其是政治科学中所谓的经验性说明理论——的方式的特征，乃是每一位都试图证明这些偏见如何根植于所运用的语言和概念之中。在此，我们也看到上述论点，证实了伯林的文章“政治理论仍然存在吗？”中的一个中心论点。在该文中伯林认为正因为我们的语言 110
行为和概念如此深植于我们思考和行动的方式之中，所以对于它们的强烈影响我们经常不能察觉。理论家的一项重要工作就是要使这些盛行的概念和模型显现出来；他必须获得一种自觉，此种自觉不仅厘清这些概念和语言行为，而且将它们诉诸批判性的评价。

主流社会科学家有时会认为：向价值中立挑战的论证乃是对于客观性理想的一种抨击，而此客观性理想对于负责任的智识探讨是不可或缺的。但这并不是争论之所在。关于离婚率、出生率、某次选举的投票人数等问题虽然是对错分明，但有的看起来似乎是直截了当的经验主

① 麦金太尔，“一门比较政治的科学是否可能？”，*Against the Self-Images of the Age*，第278页。参阅彼特金对苏格拉底与色拉叙马霍斯之间争论的讨论，及其与政治科学中现代争论之关系的讨论。彼特金，《维特根斯坦与正义》，第8章。有关当代合法性定义的意识形态偏见的进一步确认，参阅John H.Schaar，“Legitimacy in the Modern State”，*Power and Community: Dissenting Essays in Political Science*，Philip Green, Sanford Levinson（eds.）。

② 斯金纳，“The Empirical Theorists of Democracy and Their Critics: A Plague on Both Their Houses”，*Political Theory*，第一期（1973），第303—304页。

张——甚至像犯罪和自杀这样的“铁一般的”事实——可能证明是有疑问的,因为它们涉及(概念上的决定)关于何者才算是研究之现象的一个案例。“客观性”与“客观主义”之间作一清楚的划分是很重要的。“客观性”意指在任何的探究领域——不论是物理现象、一个现存之政治系统甚至一项作品的诠释——都有主体间性的理性标准或探究规范,借此我们试图将个人偏见、迷信、错误信念与客观主张加以区别。如果是这种意义的客观性,则恪守这种客观性的理想支配了任何有系统的探究。

然而,这并不意味着有一种简单的或直接的方式来陈述适当的研究规范,或关于这些规范及其应用不可能有重大的异议,或甚至在某一探究领域算是客观的,在另一领域也同样可以如此。试图确立一套单一的标准,当作区别何者为真正客观的,何者不是的一个基础,这是笛卡尔以降之现代思想家一个最执着和最无益的偏见了。但是我们并不因此被迫——如一般经常所主张的——退却到怀疑主义、自我否定的相对主义或非理性的主观主义。相反,我们所获得的教训是:表述与不同探究领域相关的客观标准,以及这些标准本身付诸批评的方式是多么的困难和复杂。再者——这或许是最重要的一点——客观性和理性的标准本身有赖于探究者共同体的存在,这些探究者能够、愿意而且承诺献身于辩论。

但“客观主义”为一种实质取向,相信分析到最后有一个基本的、连
111 续的、铁一般的事实领域,作为所有经验知识的基础。诉诸这些“事实”
或许可将关于世界的经验主张加以正当化。“客观主义”——这种学说
以其原始的或精致的形式而为许多主流社会科学家所拥护——结果与
“所与神话”(myth of the given)吻合,而后者一直被当代哲学家猛烈批

评。[①]“客观主义”在社会政治生活的研究中,并不是一种无害的错误学说。它倾向于扭曲和物化被历史所制约的“事实”——而“事实”只是显露人的行动采取的许多不同的可能性的其中一种而已,就此而言,客观主义具有危险的后果。[②]

① 参阅塞拉斯,“Empiricism and the Philosophy of Mind”,*Science, Perception and Reality*,第173页。也可参阅我在《实践与行动》第四部分中对“所与神话”的讨论。

② 关于在政策科学中客观性的理想与客观主义如何被混淆,一项细致的检证可参阅Laurence H. Tribe,“Policy Science: Analysis of Ideology”,*Philosophy & Public Affairs*,第二期(1972)。

九

结论:批判主流社会科学的汇合

在本章中，我试图证明盎格鲁—撒克逊思想家对于主流社会科学表面上似乎分歧的批判当中,有其力量和一贯性存在。最初这似乎是逻辑经验主义和分析哲学中之日常语言革命的一个后果，这些思想运动逐渐侵蚀实质政治社会理论的可能性。观察者原来以为哲学分析最多也许只能帮助厘清概念上的混淆,但观察者逐渐发觉:分析哲学(尤其是维特根斯坦和奥斯汀所从事的探究）对于阐明人类行动的概念以及我们描述和说明此行动的方式有极大的潜力。有人的确采取了一种辩证式的极端立场,他们辩称哲学中的“语言学转向”可以用来证明一种模仿自然科学的社会科学,在概念上或逻辑上是不可能的。专注于——或固执于——提倡和驳斥“不可能性”的论证,已经抹煞了语言分析的真正贡献了。较晚近所出现的(如泰勒、麦金太尔、彼特金、瑞安及许多其他人的著作所阐述的)乃是一种比较温和但比较具有洞察力的取向。他们之中没有任何人试图“证明”社会科学中经验研究是不可能的或不值得的。但他们全都帮助我们看出,主流社会科学的架构设定是如何的狭隘。他们的研究工作,及其所代表的崭新的智识取向,不仅仅只有消极的意义而已。

112 这些思想家在创造一个新的话语界域上都有所贡献，在此一话语界域里,我们更深切地觉察到语言实践、概念及制度形塑政治社会现实的复杂方式。正在浮现的新的活动界域和感知性,使我们逐渐察觉人是自我解释的动物,而这些解释构成了我们之所以为人的一部分。他们批判的核心乃是抨击主流社会科学的范畴基础,以及它所投射的行动者的图式。

泰勒的作品阐述这种新的感知性,他写道:"并不只是说在我们社会中的人们,全部或大部分都有一套既定的观念在他们的头脑中,以及赞同某一套既定的目标。隐含在这些实践中的意义和规范不仅是在行动者心中,而且是在实践本身,实践不能被看作是一组个人行动,而本质上是社会关系和交互行动的模式。"[①]泰勒和其他许多我们检讨过的思想家一样,抨击主流社会科学根深蒂固的范畴区分:现象必须被划归客观的——"摆在那儿"的,因此属于可观察的范畴——或者像信仰、态度及意见混在一起,这些"只是"主观性的和隐私性的。恰恰相反,

> 我们在此的情况乃是某一既定社会层面的词汇是基于此层面社会实践的型态;即此范围的实践若未盛行,则此词汇就没有什么意义了,不能有意义地运用。而如果这种或一些相关的词汇未流行,则此范围的实践也不能存在。在此这并非简单的片面依赖关系。假若我们喜欢的话,我们可以说是相互的依赖关系,但这真正强调的乃是社会实在与描述该实在的语言之间的区分的人为性。此语言乃是构成此实在的一部分,此语言对这类的实在是绝对必要的。[②]

我们足足转了一圈后回来了。泰勒以新的语言学模式,讲述了我们这一章所开始的伯林文章的中心论点。许多理路的发展在此汇合。从语

---

① 泰勒,"Interpretation and the Sciences of Man",*Review of Metaphysics*,第二十五期(1971),第27页。

② 同上,第24页。

言哲学我们得知:语言是如何深植于实践当中,且被主体间的构成规则和区分所形塑。从行动理论中我们得知:对于人类行动的恰当分析涉及参照那些社会实践和生活形式,在这其中行动才能加以描述和说明。从分析社会政治实在,我们已经看到此实在本身系由实践和制度所组成的,而此实践和制度有赖于接受关于什么是合理的且可接受的行为之
113 类的规范。从后经验主义的科学哲学和科学史中,我们得知经验主义的科学理论是如何之误导人且过度简化;即使在硬邦邦的自然科学里,解释与理解也是如何之重要。

一旦主流社会科学狭隘的观点受到了挑战,以及它底层的偏见被揭露出来,新的问题就出现了。这些问题都是有关政治社会实在的解释和理解的。我们怎样去从事这类活动?规律性和相关性的经验研究和解释历程有什么关联?在背景中隐约浮现的乃是核心的问题:一个人在各种竞争的和冲突的解释之中,怎样才能够理性裁决。我们已到达这些问题的门坎了。关于这些问题如何进一步详述并回答,有许多明显的暗示和提议。但我们尚未在盎格鲁—撒克逊思想家的著作中发现探索这些问题的系统尝试,以及在重构社会政治理论上有进一步的发展。无论如何,在盎格鲁—撒克逊智识传统训练出来的思想家之中,对解释学和现象学的兴趣一直不断增长并不奇怪。我们在本书第三章将会看到,对主体间性的分析,以及把理论理解为一个解释的历程,一直是社会政治实
114 在的现象学探究的核心。

第三章

现象学路径

为了要对社会和政治学科有一种批判性的理解，我们不仅必须面对认识论的问题，而且必须正视形而上学的争辩。这种情形在今天看来更为明显了。自然主义对社会政治学科的诠释，现象学曾经有过严厉批判。但在检讨这个批判之前，我要反思我们所面临的若干概括性的哲学问题。具体而言，我要大略描述互相对立的“在世之人”(man-in-the-world)的两个图像。这两个图像在我们对人的看法中，一直占很基本的地位。我们探讨这两个图像的冲突之后，将检讨两个大相径庭的调和方案——尝试让此辩证的对立面所隐含的真理都能得到公平对待（不致曲解任何一方），而获致一个真正综合的或概括的看法。这两个综合分别为两位哲学家所提出：一位是美国人塞拉斯，一位是德国人胡塞尔。我们将要详细检视舒茨对社会实在的基础所作的现象学探讨，上述二者的综合看法可以当作一个基础。

我承认要把塞拉斯与胡塞尔二人的看法对立起来看，多少有些人为造作。他们生在不同时代，因此从未直接相遇或互相辩难过。但塞拉斯是目前最具雄心的分析哲学者之一，他曾寻求统合各路的分析思想——及哲学史——以发展一个“在世之人”的概括看法。他曾有系统地建构一套精致的科学实在论——这是自然主义的一种，试图回应其批评者的反对意见。虽然主流社会科学家很少关切基本的哲学争议，但对居于当代科学观核心的自然主义而言，塞拉斯的概括看法却是一种强而有力，且极具说服力的论述。

另一方面，胡塞尔在逻辑实证主义与分析哲学兴起之前的论述，改造了当代的思想。而他对现代自然主义的基础和方向亦有深刻的认识。他关切此基础，并予以彻底批判。因此胡塞尔与塞拉斯的比较，可以帮 117
助我们厘清两种“在世之人”的看法。这两种看法已经塑造了当代的思想，并反映在适当地研究人的两种对立概念上。

一

人的科学形象还是日常形象

在现代科学传统里，隐含着一个理想，此理想的理论基础是把人视为复杂的物理系统，与自然界其他部分只有程度之差，而无种类之别。因此，我们若要真正理解人类，主要的工作就是说明此一复杂系统如何运作。这种看法虽不必然地和落伍、素朴的机械唯物论有所关联，但它主张任何最终描述、说明物理世界的概念与范畴，也可以用来描述、说明人类。自然界并无沟距或断裂。科学(而且只有科学)才能告诉我们真相。

替这种观念辩护者经常承认，我们可能处于一个比我们所理解的更为原始的科学发展阶段，获得广博科学知识的障碍比我们想象的大得多了。但身为严谨的探究者，我们的主要工作是对此一理想的广博科学理论作出贡献。接受而且倡导这种理想的，不只是一些自然科学家、社会科学家，还有哲学家，包括在当代以更精致的方式重新肯定这种理想的哲学家。①

任何现代哲学和科学的历史，应同时检讨对此概念的反对和批评。

---

① J. J. C. Smart, *Philosophy and Scientific Realism*; David M. Armstrong, *A Materialist Theory of Mind*; David M. Rosenthal (ed.), *Materialism and the Mind-Body Problem.*

一旦这种科学唯物论或化约论推到极致，就必然会招来辩证的对立主张。反对者宣称，这种概念大大地曲解了对于人类处境及其基本要件的理解。在我们这个时代里，此一辩证对于早期逻辑实证主义和逻辑原子论所主张的化约论和物理主义已经发动革命了。[①]后期维特根斯坦、奥斯汀、赖尔、斯特劳森以及其他人，都试图证明把人视为一个复杂的物理系统是一种颠倒错乱的看法，是由于科学主义附身所致。斯特劳森针对这个科学形象而提出了另类看法： 118

> 人类思维有一个巨大的核心，它是没有历史的——或者在思想史中没有记载；有一些范畴和概念，就其最基本的性格而言，一点也没有改变。……这些概念和范畴乃是未加精炼的思维的日常用语，但也是最精密的概念思考所不可或缺的核心。就是这类概念与范畴、它们的关系、它们所形成的结构，是一门描述性的形而上学的主要关切。[②]

从斯特劳森的观点来看，若说要以科学对于人的“更恰当”的说明，来取代这个“核心”，是毫无意义的。因为科学——正如任何一种“人的概念配备”一样——也预设了这个核心。

这些对立观点之间相互的解说方式也颇为重要。我们可以借用塞拉斯的名词，他称两个“理念型”为：“在世之人”的科学形象，以及“在世之人”的日常形象（manifest image）。[③]我们来看看科学形象如何评论日常形象：他们有时辩称日常形象只是一些“表象”和“意见”，我们若要了

---

① 参阅我在《实践与行动》中，第四部分的讨论。

② 斯特劳森，*Individuals: An Essay in Descriptive Metaphysics*，第10页。

③ 塞拉斯，“Philosophy and the Scientific Image of Man”，*Science, Perception and Reality*。

解人，只有科学能提供解答。他们或者可能辩称日常形象需要更基本的科学原理来说明。但不管他们选择哪一种说法，基本信念都是一样的，即只有科学才是衡量实在的尺度，也才是衡量关于人是什么的正当知识的标准。

从日常形象——或精确地说，赞成日常形象者——的观点而言，对于人的科学形象也有若干评论，最常见的就是一种工具论。但无论他们给予科学的评论是什么，同意日常形象者坚信：对人的科学理解可能威胁到日常形象的观点，是一种荒谬的想法，或者是“在概念上不可能”。为什么？因为追根究底，科学作为一种概念活动，预设了一些范畴与概念，这是任何概念思考不可或缺的核心。

塞拉斯指出日常形象之所以重要，因为“它界定了一个端点，哲学思考自此衍生出来”。[1]不只是上古或中古哲学的大体系环绕着日常形象而建立，在我们这个时代，详细分析和描述此形象，已经成为盎格
119 鲁—撒克逊的概念分析学者与欧陆现象学者的重点了。梅洛—庞蒂的用语和主要关切都和斯特劳森大相径庭，但他也大力倡导所谓的科学的衍生地位。

> 整个科学领域都是建立在直接经验的世界之上的。如果我们要严格检视科学，精确评估其意义和范围，我们就必须再唤起对世界的基本经验。相对于此，科学只是一种第二层级表述。科学作为一种存在的形式，不能和我们所感知的世界同日而语。理由很简单，因为科学是该世界的一种原理或说明。……科学的观点（根据此观点而言，我的存在乃世界存在的一个片刻）通常是素朴的而且不诚实的，因为它把另外一个观点（即意识的观点）视为理所当然，并未明确指出。经由意识的作用，我周遭的世界开始形成，也开始

① 见塞拉斯的前引文章（参见第155页注释③），第7—8页。

为我而存在。①

也许有人想以直截了当的方式来调和这两种对立的形象。科学毕竟能帮助我们理解人类到底是什么，而这也需要辅之以对日常形象的详细表述。这两种形象难道不就是同样的人类实在的两种不同观点或不同层面吗？但这种皆大欢喜的综合，宣称我们同时需要两种形象，不必有所取舍，没有考虑到双方都自称“构成了‘在世之人’真正的且原则上完整的说明”②，并且都断言自己可以说明对方。双方都宣称自己是完整的，代表基本的存有论立场，而对方则是衍生出来的。

因此，赞同科学形象者坚称，科学所提供的说明不是部分的而是完整的，原则上甚至能说明人类概念“不可或缺的核心”，显示这是根据更为基本的科学原理。而赞同日常形象者不仅宣称科学对人的说明是不完整的，而且宣称假若我们要“严格检视科学”，我们即可看出科学是一种第二层级的学科，它基于一个对“在世之人”更基本的理解。

这两种互相对立的“在世之人”的形象，以及隐藏在它们背后的智识取向，对社会科学有重大后果。假若我们相信人只是一个复杂的物理系统，或者相信以此假定来运作最好，那么就会把科学视为说明此系统如何运作的唯一方式。我们会把科学发展的成功视为逐渐向我们显示这些真理，而把科学的失败视为是暂时的。但假若我们相信“科学的观 120
点……经常是素朴而且不诚实的”，那么我们就会使用某些其他探究途径去理解人类究竟是什么。我们将阅读人类生活科学——依照自然科

① 梅洛—庞蒂，*Phenomenology of Perception*，第viii—ix页。

② 塞拉斯，“Philosophy and the Scientific Image of Man”，*Science, Perception and Reality*，第25页。除非特别声明，否则塞拉斯的观念皆参考这篇文章。有关塞拉斯哲学的一个普遍概观，可参阅我的文章“Sellars' Vision of Man-in-the-World”，*Review of Metaphysics*，第二十期（1966）。

学的形象而塑造的科学——的失败史，指出根深蒂固的概念或范畴的混淆。此种“理想”的科学理论注定失败。

这两种形象的冲突能否调和？能否恰如其分地理解这两种形象？而不是通过一方的看法去曲解另一方？是否有一种观点，可以综合二者而获致一种看法？对于这些问题，虽然塞拉斯与胡塞尔的答案十分不同——甚至在关键点上互不相容，但二者的答复都是肯定的。

二

塞拉斯的概观

我首先要更精确地详述塞拉斯的一对概念——“在世之人”的日常形象和科学形象——的意思，以便指出他如何思考二者的冲突及其最后的解决。塞拉斯知道在说到两种形象时，他是在谈论“理念型”或者建构(第5页)，因此是“虚构”的(第7页)，不过它们是启发性的虚构或方法论上的虚构，用以厘清哲学中的两个对照极端。之所以称它们为“形象”，他要告诉我们他“并不试图否定任一或二者的‘实在’地位。用胡塞尔的词语来说，我把它们‘悬搁起来’，把它们从经验此世界的方式，转变为哲学反思及评价的对象”(第5页)。

日常形象可以用两种互补的方式来加以说明。这是“在世之人借以意识到自己的架构，用一个存在主义的术语来说，借此架构人们首次遭遇自己，当然是在他成为一个人的时候”(第6页)。但他提出了一个比较强烈的主张：人本质上是一种在日常形象的架构中来想象他自己的存在；结果，假若“这个形象是‘假的’形象，由于它是关于人的，这种虚假严重威胁到人自身。因为以一种重要意义而言，人拥有这个关于他自己的形象”(第18页)。认为此一形象只有在人类的史前时代才产生或者这还是“关于‘在世之人’的一种前科学的、无批判的、素朴的概念”(第6 121
页)是错误的。塞拉斯所谓的日常形象最好理解为在世之人所谓“‘原始’形象的精炼或精致化”(第6页)。日常形象牵涉到经验上的精炼和范畴上的精炼。

所谓经验上的精炼，塞拉斯意指借着发觉和建立相关的技术运用所获得的精炼。结果日常形象本身确为一种“科学形象”。“它不仅是学科化和具批判性的,而且使用可称之为‘相关归纳法’的科学方法”(第7页)。

所谓范畴上的精炼，塞拉斯意指用以区分日常形象之基本对象的范畴的一种改变。日常形象的基本对象是人。依塞拉斯之意,日常形象的历史发展上有一种精炼,在原始阶段人的范畴比今日要广泛得多;我们今日归类为事物的,曾一度被认为是人。因此,例如“原始时代一棵树乃一个人的一种存在方式,一个近似的类推,正如一位妇女乃一个人的一种存在方式,或者一个三角形乃一个平面图的一种存在方式。……当原始人停止把我们称为树的东西想成人时，这个变化比信仰的变化更为深刻;这是在范畴上的变化”(第10页)。

但是日常形象——甚至当我们考虑到上述两种精炼时——与真正的科学形象之间的主要差异在于:后者“涉及设立无法觉察的实体及其原理,以便说明可觉察之事物的行为”(第7页)。概略而言,日常形象局限于日常世界中可以观察和描述的东西（描述和观察推及人及其行为),而科学形象则涉及设立无法观察的实体以说明我们对“可察觉之事物”的观察。

对于以科学形象来代替日常形象的标准的反对意见，塞拉斯加以讨论。他承认以某种意义而言,科学形象依存于日常形象。虽然在方法论上,我们在建构科学形象之前,由日常形象开始,但是这并不蕴涵“在实质意义上,日常形象是优先的;也不蕴涵一门理论科学的范畴在逻辑上仰赖与其在常识世界之方法论基础有关联的范畴，这遂导致一个误
122 谬，即一个世界观阐明其理论原则而**没有同时阐明日常世界的范畴和原理**”(第20页)。

在此我们必须把现在的议题分离出来。日常形象优位(primacy)的

辩护者经常诉诸——如斯特劳森和梅洛—庞蒂所作的——某种主张谓:科学形象乃依赖于日常形象,因而主张日常形象是基本的。但是,如果塞拉斯是对的话,则所有他们所证明的乃是一种方法论上的依赖,而不是一种实质上的或存有论上的依赖。但是,在世之人的科学形象被视为一个“复杂的物理系统”是否可能取代(即使在原则上的)日常形象?如果这真的可能的话,虽然我们可以在日常形象之中区别真的与假的主张,我们也可以说日常形象的整个架构是“假的”,因为它的基本范畴并未指出事物的真相。

在探究这种可能性时,塞拉斯提出科学形象取代日常形象的三个障碍。第一个是有关思想或概念之地位;第二个有关“有意识的知觉”;第三个“有关人作为一个**人**面对的各种标准(伦理的、逻辑的等等),此标准常常与他的欲望及冲动冲突,对此标准他或许遵守或许不遵守……”(第38页)。

在处理这三种障碍时,塞拉斯提议的综合方案所具有的充分的辩证细致性和复杂性,显示得最为清楚。虽然许多科学化约论者未看出日常形象对于科学形象的优位造成任何障碍,塞拉斯辩称这些化约论者扭曲了日常形象。在这方面,他似乎同意那些人辩称日常形象是基本的,且不可化约的。但是,塞拉斯声称这些日常形象的辩护者虽然在反驳任何简单或直接的化约上是对的,却从他们的论证中得到错误的存有论的结论。

以思想或概念的议题为例。塞拉斯同意我们不可能根据身体行为来说明或明确界定思想。他承认思想有一种“意向性”,必须加以正视。但他发展了一个两阶段的论证以证明:第一,思想的意向性可以根据外显的说话行为的语意性质来加以分析;其次,由于“思想乃根据其所扮演的角色而设想的事项,那么**原则上**,对于概念思维与神经生理过程的

同一化就没有障碍了”(第34页)。①

123 就感觉而言,塞拉斯辩称:假若我们要让“感觉可以设想为神经生理过程的层面”的主张可理解,我们需要一种不同的策略。“虽然思想和感觉都通过可公开观察的事项被类推,对于前者的类推是关于**角色**的,因而保留了‘思想与它们所类推的说话行为的内在性质根本不同’的可能性。但就感觉而言,类推是关于质量本身的。”(第35页)感觉的特征乃是其拥有一种质量或“终极的同构性”(第35页),因而无法等同于或者化约到神经生理过程。但是在此,塞拉斯也不认为感觉的这个特征是人的科学形象优位的一个不能超越的障碍。概略而言,他在此的论证极为复杂,塞拉斯认为并没有任何一个先验理由,为什么我们不能设想一个更健全意义的生理过程,以这种意义,我们现在称为“感觉”的科学相关物被当作“自然过程或者物理过程的一个层面”。②

由于塞拉斯认为思想和感觉对于科学形象并未提出不可超越的障碍,他似乎替科学形象的实质优位性辩护。但是关于人作为一个人的范畴是如何呢?毕竟依据塞拉斯自己的坚持这是日常形象的核心。正是这些范畴不可化约为科学形象的范畴,已成为日常形象获得永恒哲学认可为最终真理的尺度了。在此我们似乎有一个无法超越的障碍了。

为了理解这场形象之战的结局,我们必须厘清塞拉斯认为关于人什么是主要的、不可化约的。他告诉我们“关于人的概念架构乃人与人之间分享共同体意向的架构,共同体意向提供原则和标准的氛围(尤其是那些使得有意义的讨论和理性本身成为可能的东西),在此种氛围里

---

① 关于塞拉斯论证之细节,参阅他与R. M. Chisholm之交流,“Intentionality and the Mental”,*Minnesota Studies in the Philosophy of Science*,第二卷。

② 参阅塞拉斯,“Phenomenalism”,*Science, Perception and Reality*;*Science and Metaphysics*,第一章;以及“Science, Sense Impressions, and Sensa: A Reply to Cornman”,*Review of Metaphysics*,第二十四期(1971)。

我们过我们自己个人的生活。一个人几乎可以被界定为是一个具有意向的存在"(第40页)。"因此把一个没有羽毛的两足动物……当作一个人,要求一个人思考以下的思想形式,'我们(一个人)在C类的环境将做(或不做)A类的行动'。"(第39页)[1]

现在我们似乎得到一种新的二元论：一方面支持科学形象承认为真的所有的东西;另一方面也支持"人的概念架构"。但是塞拉斯并没有停止在这儿！他认为此二元论有一个出路,即在思考"谈论人"所需的思 124
想,我们承认我们并不是在分类或说明意向,而是在预演意向。

> 因此人的概念架构并不是需要与科学形象相**协调**的东西,而是要加入的东西。因此,为了完成科学形象,我们不是要以更多的叙说方式来充实它，而是需要以关于共同体和个人意图的语言来充实它，所以借着科学术语来解释我们意图做的行动以及我们意图做此行动所在的环境，我们即**直接**将科学理论所构想的世界关联到我们的目的,使之成为**我们的**世界,而不再是我们生活世界的一个陌生附属物。我们当然可以在想象中马上实现这种直接把科学形象纳入我们的生活方式里。但是这样做乃是（如果只是在想象中）超越了在世之人的日常形象与科学形象的二元论。(第40页)

塞拉斯关于两种形象互相冲突的结论下得如此之快，以致可能容易忽略要点。假若我们认为这两种形象关于其终极实在的主张,以及用

① 有关详述塞拉斯之人的概念，参阅*Science and Metaphysics*，第六、七章；"Metaphysics and the Concept of a Person", *The Logical Way of Doing Things*, Karel Lambert编，以及"... this I or he or it (the thing) which thinks ...", *Proceedings and Addresses of the American Philosophical Association*,第四十四期（1970—1971）。

以描述和说明此实在所需的范畴是互相冲突的,则按照塞拉斯的综合,科学形象具有实质上的或存有论上的优位性。“在描述和说明这个世界的向度里，科学是一切的尺度，衡量何者是什么，何者不是什么的尺度。”[1]但是同时塞拉斯坚持科学形象具有认识论上的和存有论上的优位性，并主张原则上——即使不是事实上——它对日常形象可给予一个理性的说明,他也承认人具有一些比完美的科学说明所代表的“更多的”东西。但是这个“更多的”并未驱使我们实行一种认识论的或存有论的二元主义。这个“更多”传达在“谈论人”中。此种谈论不能被认为是描述和说明人的另类方式。假若我们采取在世界中行动之人的观点——以行动涉及强烈的意向——则我们可以“直接把科学理论所设想的世界与我们的目的联系在一起”。按塞拉斯之意,“日常形象在此综合方案中并未被吞并”(第9页)。这就是为什么他使用立体镜像的类比来传达我们必须如何“看待”两种世界的形象。

用康德的词汇来说,塞拉斯告诉我们:假若我们采取一种思辨的立场来询问人是什么,则理论科学的形象拥有优位性;但是假若我们关注人作为世界中有意图的行动者——共享共同体意向并能参照原则和标
125 准来指导他的行动——则我们可以理解日常形象之核心是主要的。从这个观点而言，塞拉斯断言实践理性的优位性。而这两种优位性的主张,现在在塞拉斯提示我们在世之人的立体概观是相容的。

以上这些哲学反思似乎远离社会政治学科，但是对于理解那些学科的实质后果应该是已经很清楚了。按塞拉斯之意,以某种意义而言,日常形象“本身是一种科学形象”,即就它涉及一种批判性的和严格的使用相关归纳方法而言。人类生活的科学——行为科学——则可被理

---

[1] 塞拉斯,“Empiricism and the Philosophy of Mind”,*Science, Perception and Reality*,第173页。

解为日常形象的科学，这种科学研究大众行为的系统关系。[①]这支持行为社会科学家对其学科的自我理解并提供一个基本理由。再者，当我们转向科学形象本身时——人的这个形象涉及"设定不可察觉的实体及其有关的原则，以说明可察觉之事物的行为"，我们必须体认到对于这种科学的发展没有任何先验的限制。那么，就我们关注事实的描述和说明而言，我们不仅可能发展类似自然科学那样的人类科学，而且我们已有好的理由去相信理论科学的一种汇合。"人的科学形象变成一个复杂的物理系统的科学形象。"（第25页）

塞拉斯的综合方案之所以如此具有吸引力和力量，乃因其避免了不太精致的科学物质主义、化约主义及实证主义形式的错误和陷阱所致。它似乎回应了那些替日常形象之自主性和不可化约性而辩护的人最强烈的挑战，而且提供了一个哲学架构，来理解那些相信"我们即将成为一门科学"的自然主义取向的社会科学家的基本信念，并为其辩护。

① 有关说明塞拉斯所意指之"行为主义"与"行为学"，参阅"Philosophy and the Scientific Image of Man"，第22页及以下。

三

胡塞尔的超验现象学

塞拉斯描述"在世之人"此一概观的小心、细致及渊博,有助于加深其与一个同样深具影响力的竞争性综合方案之间的对照,此即胡塞尔的综合方案。当我们详细探讨胡塞尔的概观时,我们将看到此综合对研究人类科学也有实质的后果——和塞拉斯之概观全然不同的后果。

126

塞拉斯对于科学形象和日常形象的描述,为理解胡塞尔提供了一个绝佳的起点。那个描述与胡塞尔自己对于客观科学或实证科学及它所投射之世界[相对于生活世界(Lebenswelt)]的描述极为相似(虽然我们也将要找出重要的差异来)。但是在塞拉斯的学说中有一个根本的模糊性必须加以清除,方能理解胡塞尔。在描述日常形象时,塞拉斯宣称,"它界定了哲学反思的端点之一,不仅古代和现代哲学的伟大思辨体系是环绕着日常形象而建构的,晚近和当代思想里许多的体系和准体系也是如此,有些似乎与伟大的古典体系少有共同之处。此包括欧陆思想的主要流派。"(第7—8页)塞拉斯继续断言:"在世之人的永恒哲学"不仅旨在对于日常形象的结构提供一个恰当的说明,也同意此形象为真。塞拉斯是否认为胡塞尔的现象学是此永恒哲学的一个例子并不全然清楚,虽然上下文暗示他确实认为如此。不过假若他的意思确是如此,那么他根本就误解了胡塞尔的主要意图。对于客观科学的世界和生活世界的一种现象学理解,所要求的是把这两个世界都悬搁起来——对于它们的"实在"存而不论,在这一点上胡塞尔是绝对清楚的。我们必须检视这两个世界中的意义结构,而关于存有论上的优位性则存而不论。

但是胡塞尔所谓的"客观科学"和生活世界究竟是什么意思?胡塞尔强调客观科学牵涉到对世界的一种基本的数学化和理型化。他也知道此世界形象有一个历史,但是他以伽利略为例来厘清此一世界观的问题。现代科学的根源乃一门科学的理念,此理念为"理性的及无所不包的,或者一个理性的、无所不包的、无限的总体,可以完全被一门对应的普遍科学所掌控"(第22页)。[①]诚如塞拉斯强调科学形象的特色是"设定一些无法觉察的实体及其有关的原理,以说明可觉察之事物的行 127
为",胡塞尔也强调伽利略将自然加以数学化所需要的理型化。

> 伽利略,这个物理学或物理自然的发现者——或者,为了对他的前辈公平起见,应称之为集大成的发现者——同时是发现的天才,又是掩盖的天才。他发现数学本质、方法的理念,他为无数的物理发现和发现者开拓道路……他发现了自他以来一直被称为"因

---

① 我对胡塞尔的讨论主要是基于《欧洲科学危机和超验现象学》。除非特别声明,否则胡塞尔的观念皆参考此书。

在受胡塞尔影响的人以及胡塞尔派学者之中,进行了一场有关此书在胡塞尔著作中的地位的论战。有部分人宣称《欧洲科学危机和超验现象学》代表一种与胡塞尔早期著作的断裂;另一部分人则认为它代表一种连续性发展。虽然表面争论是对"历史的"胡塞尔的正确解释,潜在的争论通常却关注于什么是现象学分析最重要的或最有希望的方向。参阅Aron Gurwitch,"The Last Work of Edmund Husserl",*Studies in Phenomenology and Psychology*;梅洛—庞蒂,"The Philosopher and His Shadow",*Signs*;利科,*Husserl: An Analysis of His Phenomenology*;纳坦松,*Edmund Husserl: Philosopher of Infinite Tasks*;帕奇,*The Function of the Sciences of Man*;William Leiss,"Husserl's Crisis",以及Paul Piccone,"Reading the Crisis",*Telos*,第八期(1971)。有关《欧洲科学危机和超验现象学》之争论的一般评论,参阅此书英译本中David Carr的导论。

果律”的东西，此“真正”(理型化和数学化)世界的“先验形式”，依据此“精确定律”，“自然”——理型化的自然——中所发生的每一个事件都必须隶属于精确定律之下。所有这一切既是发现又是掩盖，且直到今日我们仍把它当作不言而喻的真理。原则上，近代原子物理学所建立的“经典因果律”的所谓哲学革命批判并没有改变这一点。因为在我来看，尽管一切都是新的，但主要的原则都不变，即自然本身是数学的；它被赋予公式的形式，也只能根据公式来解释。(第52—53页)

当胡塞尔继续他的分析时，他阐述了此科学形象的目标。

因此人们生活在一条由近而远，从或多或少已知到未知，凭着一种确实可靠的扩展知识的方法，按一切存有的“在自身中”去认识它们的道路上——这是一个无限的进步过程，在这一过程中人们才生活在快乐的确定性中。另一种进步也始终属于这个历程，这种进步是指从生活世界的感性直观的既予，向数学的理想目标趋近，在经验材料所属的理想概念之下，不断完善它们永远只是近似的“归类”。这里涉及发展方法、改进测量和提高工具的效能等等。(第65—66页)

但是如同塞拉斯强调科学形象与日常形象之间的冲突一样，胡塞尔也强调这点。因为涉及把自然加以数学化的一个理念，普遍的客观科学理念似乎依赖某种更为基础的事物；如同塞拉斯曾经强调的，此基础事物预设了“在世之人”的日常形象，或是胡塞尔所称的生活世界。我们似乎再次发现胡塞尔的生活世界与塞拉斯的日常形象之间的深层相似性。

胡塞尔主张：甚至早在伽利略时代，开始发生的事是“以数学为基础的理念世界暗中取代了此唯一真实的世界，这个通过感觉而实际既予的世界，即曾经经历的与可经验的——我们每天的生活世界”(第48页)。对胡塞尔而言,这个每天的生活世界也是前科学的,不只是在于它 128
存在于现代科学发展之前,也在于它在我们所有的科学努力中被预设。这是人们以人的身份首次遭遇他自己的世界。当我们遗忘或掩盖自然科学本身是根源于这个世界且预设了这个世界的事实，我们就有扭曲和“严重误解”(第53页)的危险。如同塞拉斯,胡塞尔告诉我们尝试说明人类经验“主体性”而造成的谜,以及在现代哲学中出现的各种形式的二元论,都可以追溯到一个信念,即此数学的、客体化的自然世界是衡量一切真实的尺度。客观的科学努力——及其体现的理论兴趣和技术兴趣——“作为历史上的起点以及每一个新研究者的起点,为了所有共同存在的预先给予,预设了直觉包围的生活世界”(第121页)。不管这个客观科学发展多长久，这个日常生活世界永远都是被预设的和预先给予的。

如同塞拉斯，胡塞尔尽可能鲜明地描绘出科学形象与日常形象之间的对照,以强调此冲突。

> 如果我们用所有必要的关注来作出对照，那么我们拥有两个不同的世界:生活世界与客观科学世界,当然(他们)是彼此相关的。此客观科学世界的知识“立足于”生活世界的不证自明中。后者对于科学工作者、工作共同体而言乃是预先给予的基础;但是,当他们立足于生活世界之上时,所建构的却是不一样的东西。如果我们不深陷于我们的科学思考中,就会开始意识到,我们这些科学家终究是在生活世界之构成要素当中的人类，此生活世界总是为我们而存在,永远是预先给予的;也因此所有科学都会和我们一起被卷入这个——仅是“主体—相对的”——生活世界。而此客观世界本身变成了什么呢?存有本身的假设发生了什么事呢?存有本身首先与此生活世界的“事物”以及与此生活世界“时空”中的人发生关

> 系——所有这些概念不是从客观科学的观点，而是从它们在前科学生活中的观点来理解的。(第130—131页)

从塞拉斯的观点来看，胡塞尔似乎混淆了方法论的依赖与实质的或存有论的依赖。塞拉斯或许会同意日常生活的周遭世界总是被科学活动所预设，可是他也坚持这种依赖关系不能为日常形象或生活世界的存有论优位性辩护。不过胡塞尔并没有断定此生活世界的存有论优位性。如果我们要理解此生活世界的意义结构，我们也必须把生活世界
129 悬搁起来。我们必须施行一种“存而不论”(epoché)，于其中我们将看似平淡无奇且毫无疑问的事物转变成一个谜，而且使其成为独立研究的主题。“‘客观真实世界’与‘生活世界’之间矛盾的关系，使得二者的存在方式成为一个谜。”(第131页)然则，所需要的是一个新的开端，一个新的类型，以及的确是一个新的科学观(相对于客观科学)，借此我们理解生活世界的普遍意义结构，以及这些意义是如何构成的。[①]胡塞尔告诉我们为了采取一个总体的现象学态度所需要的“彻底的个人转变”，“一开始足以跟宗教改变相比拟……此转变于其内心具有最大存在转变的意义，就像是一项分派给人类的任务”(第137页)。

即使从胡塞尔对生活世界的初步描绘，以及他视为生活世界的普遍结构中，他显然也会批评塞拉斯对日常形象的解释——特别是关于塞拉斯所谓的经验上的和范畴上的精炼——是受到根源于客观科学的范畴所影响的。他会谴责塞拉斯把日常形象悬搁起来并且提供对其结构的分析中，在哲学上不够彻底。

但是我们要如何执行这样的一种探究呢？什么是此“新”科学的基础呢？在此我们触及了胡塞尔最基本的主题，他认为是一个彻底的转

① 关于胡塞尔之构成概念的发展的详细分析，可参阅Robert Sokolowski, *The Formation of Husserl's Concept of Constitution*。

向——尽管他也宣称这是哲学反思本身的目标：超验的存而不论使得一个超验还原成为可能。当我们把生活世界的存有论主张悬搁起来，并且施行存而不论，则“我们不是处于一种无意义、习惯性的节制中，而是通过这种节制，哲学家对真理的凝视首度变得完全自由：尤其，从最强烈的和最普遍的、同时也是最隐藏的、最内在的束缚中获得自由，即从此世界的预先给予获得自由”（第151页）。当我们以此超验的存而不论来解放我们自己，就有可能去认知生活世界与人类本身是“一种超验主体性的自我客体化”（第153页）。

超验的存而不论——此纯粹反思的哲学活动——涉及哲学家个人的与智识的转变，不该被理解为是一种从“自然的人类生活兴趣”上转移开。

> ……这个世界乃被视为理所当然地可验证之事物的总体；通过瞄准（Abzielung）它在“那里”，而它也是新的瞄准事物的基础——“实际存在”的事物。然而在此存而不论中，我们追溯到此主体性，这种主体性最终瞄准，且已有结果，通过从前的瞄准和它们 130
> 的实现而存在的世界；而且（我们追溯）到此主体性……“产生”的方式，并通过其掩盖的内在“方法”继续形塑这个世界。现象学者的兴趣不是要瞄准这个现成的世界，或是瞄准其中的外在的、有目的的活动，这个世界本身是“构成的”东西。……而是，他以目的自身，这个在生活世界中的生存导向目标与结果，作为他自己在关于渗透它们的主体层面之探究的对象；因此这个世界质朴的存有意义对他来说普遍地被转变为“一个超验主体性的诸极体系”，借由构成它们，其“有”一个世界以及其中的真实实体，就如同它有这些极点。（第176—177页）

从胡塞尔的观点，塞拉斯的“失败”——以及自然主义、物质主义、实证主义、客观主义与科学实在论等所有形式的失败——都是由于没有采用这种超验转向。[①]胡塞尔认为这个失败是一般“欧洲科学危机”的一部分。

这里并不是探讨胡塞尔的超验现象学观和超验哲学观所提出的许多问题和困难的地方，这个观点对自然主义倾向的盎格鲁—撒克逊哲学家来说，甚至对胡塞尔现象学的某些“信徒”来说，似乎也是非常可疑的。[②]但是现在我们能够理解这两种综观或概观之间的冲突，及其对人文科学的后果了。塞拉斯的在世之人的立体镜观涉及了一种联系，在其中科学形象具有存有论的优位性，但是在那里，我们“以共同体和个人意向的语言”丰富了这个科学形象。不过从胡塞尔的观点来看，塞拉斯的在世之人的观点掩盖了底层的超验主体性及其先验结构，而为客观科学世界与生活世界二者提供了最终的基础。如果我们要理解客观科学世界与生活世界二者的结构，以及这两个世界相互关联的方式——如果，总之，我们要获得一种观点，通过它我们可以协调这两个世界互相竞争的主张，当每一个世界都被认为是一个独立与自足的总体时——那么我们必须从立足于超验主体性的超验现象学的基础来理解。我们必须使这两者都是“超验地可理解的”（第189页）。

---

① 塞拉斯没有直接接受由胡塞尔提出的这种假设性的挑战。但是借由他论述康德超验自我的方式显示出他或许会如何面对这种批判。

② 胡塞尔完全意识到此超验转向对于“自然”人的理解与“常识”是如何之荒谬。“生活的自然立场完全颠倒成‘非自然的’，把最大可能设想的需求摆在哲学解决上和一致性上。自然人的理解以及根植于其中的客观主义将会把一切超验哲学看作是一种轻浮的怪癖，并且把超验哲学的智慧看作是无用的愚蠢；或者把超验哲学解释为是一种企图让自己相信说这不是心理学的心理学。真诚地接受哲学的人是不会被困难吓跑的。”（第200页）

> 然而对于超验哲学家而言，真实客观性的总体——不只是所有实际科学与可能科学的科学客观性，也是生活世界的前科学客观性，伴随着其“情境真理”及其现存对象的相对性——已成为一个问题，谜中之谜。这个谜的确被视为理所当然，借此，这个“世界”不断 131
> 地以及前科学地为我们而存在，“世界”成为无数被视为理所当然的，所有客观科学所不可或缺的东西的总称。当我纯粹一致地反思(哲学化)我自己，当作不断地运作的自我通过经验与意见的改变，此意见是从经验产生出来的；当自我意识到这个世界，并通过这些经验有意识地面对这个世界；当我全方位调查预先给予事实的态度、有效性模式与自我中心的态度是什么以及怎么样时，我在纯粹的一致性中反思我自己，我开始意识到此意识生活是一种彻底刻意完成的生活通过此生活世界（伴随着所有其改变中的表意内容）部分地重新实现；而部分则已获致其意义与有效性。(第204页)

现在我们终于可以领会胡塞尔超验现象学的成果了，因为他提供了一种人文科学的理解，且可以看出他与塞拉斯的理解之间的对比是如何之明显。根据塞拉斯之意——虽然他主要是针对行为主义心理学而说的——有两种相容的理解人文科学的方式：第一，我们也许会认为此科学主要是处理日常形象之中变量的关系或规律性的表述和发现。这种行为主义和内容很丰富，足以包括言语行为和非言语行为。就此意义而言，日常形象本身可以被设想为是一种科学形象；事实上，有些科学是立足于大量行为的相关归纳法。但是塞拉斯也勾勒了第二种可能性——理论设定的科学的可能性将解释我们在日常形象中发现的关系。这就是塞拉斯所设想的一门适当发展的神经生理学。

> 我将因此暂时假定：虽然行为学与神经生理学仍是不同的科学，行为学的相关内容指向了设定的过程和原则的结构，此过程和

> 原则将那些神经生理学的理论简缩到一起，伴随着其所造成的所有后果。根据此假设，如果我们追溯这些后果，人的科学形象原来是一个复杂之物理系统的科学形象。（第25页）

依塞拉斯之意，一旦我们厘清了适合日常形象与适合科学形象二者的科学活动类型之间的差异和关系，我们就能掌握科学的主要统一性。这个统一性不只协调了适合这两种形象的两种科学努力类型，也指出自然科学与社会科学之间的主要统一性。推论塞拉斯所谓的行为学，
132 我们可以把他的原则引申至个别的社会科学，如经济学、政治科学、社会学，并宣称这些学科也涉及适用于日常形象的相关归纳法的技术。

但正是在此处，我们发现了塞拉斯与胡塞尔之间最深处和最重要的冲突。胡塞尔也以心理学自身当作一种"决定性领域"（第203页）。且他对于心理科学——行为主义的和非行为主义的都一样——的判断乃是：它是一个失败。"心理学必然失败是因为它只有通过一种彻底的、完全没有成见的反思，才能履行它的任务，探究具体的、充分的主体性，这种反思必然开启超验主体的面向。"（第211页）虽然胡塞尔关注心理学，但与此同时，他显然正对于人文科学中一切形式的自然主义和客观主义提出控诉。在尝试把自然科学方法应用到人的主体性和主体间性的理解当中，这些学科不只是失败了，而且也曲解了所研究的现象。这个失败不是借由自然科学的方法和技术更为精致的发展就能克服的。"我们的任务是要去彰显整个现代心理学的自然主义的偏见，或更为精确地说，物理主义的偏见，直至它最终的根基。"（第223页）"我们已经很清楚的是，一门'精确的'心理学，像是物理学的一种相似物……是一个荒谬的观念。因此，不再有一门描述心理学像是一门描述自然科学的相似物。即使在'描述相对于说明'的架构中，也不会有一种精神科学以自然科学为榜样，或从中寻求方法上的建议。一旦它在这题材上已获得明晰性，它便只能以自己的题材为榜样。"（第223页）即使"'真正的'心理学

不是一种‘精神科学’，而是一种可观察行为的科学”这种主张受到反对的话，也不会削弱胡塞尔的指控，因为这样构想的心理学将永远不能阐明人的主体性与主体间性的结构。

我们也必须区别胡塞尔对心理学的分析的两个阶段。第一个阶段是要去描述一门恰当的现象学心理学，或一门以“其主题”（也就是，人类意识的基本意向性行动）为模范而恰当地构想的描述心理学，其结构**应该**是什么。这种现象学心理学是一门以自然态度（natural attitude）——接受生活世界——为基础的心理学。但是这种现象学的心理学不应与更为基本的超验现象学相混淆，超验现象学需要进一步的存而不论，并且会揭露此生活世界本身最终的超验基础。[*]毫无疑问，对 133
胡塞尔而言，这种超验现象学是所有哲学反思的目标。显然胡塞尔在一个戏剧性的脉络中撰写了《欧洲科学危机和超验现象学》，他相信只有超验哲学和超验现象学的发展能够应付那个动摇了专门科学、现代哲学和“现代欧洲人自身”的真正基础的这个危机。我强调他的心理学分析的两个阶段——或者更为恰当地说，两层次——之间的区别，因为关于此一超验现象学之性质、可能性及程序，还有许多深度的和混淆的议题，胡塞尔并未解答。许多现象学者（包括舒茨）虽然对此一超验现象学有严肃的保留，但在发展生活世界的现象学理解时仍唯胡塞尔马首是瞻。

为了对这段哲学插曲做个结论，让我来总结胡塞尔对塞拉斯，以及对所有版本的科学实在论、物质主义、物理主义与客观主义的指控。他认为塞拉斯的综观是有缺陷的，因为他没有进入到超验的转向。胡塞尔或许会充分论证，若塞拉斯通过这个计划，能彻底地思考一下“把日常形象和科学形象从经验此世界之方式转变成为哲学反思与评估的对

[*] 依作者之意，胡塞尔对心理学的分析的两个阶段，即第一，现象学心理学或描述心理学；第二，超验现象学。——译注

象”所涉及的东西的话——若塞拉斯对此探究的前提有彻底反思——他也许会(以及应该)领悟到此哲学反思的“基础”是超验主体性本身。再者,胡塞尔会指控塞拉斯由于过度依赖“客观主义的”范畴而扭曲了日常世界的结构。因此,塞拉斯无法掌握一门适当心理学的独特题材和特质。更一般地说,塞拉斯扭曲了那些主要关注人类的主体性及主体间性的一些学科所需要的东西。对所有的人文科学来说,我们需要一个新的基础,以及对此科学之特质的一个新的理解。对生活世界的一种现象学理解旨在阐明此生活世界的本质结构,结构本身是由具有意向的意识所构成的。① 它不是一个关注“相关归纳法”的学科。胡塞尔提出一个新的“不可能性”的论证——不可能把研究人的科学归纳到自然科学上,更不可能以自然科学为模范。

关于我对胡塞尔观点之强而有力的陈述,以及我对他彻底反对一
134 切形式的自然主义与客观主义的描述,不应该被误解为是一种对胡塞尔立场的认同。胡塞尔为其“不可能性”论证所做的辩护,并没有超过我曾经检视过的其他哲学家。我的目的是要尽可能明确地去描绘两个精致但迥异的人文科学概念的对照,以便能为检视社会实在的现象学分析搭建一个平台。

① 自第二次世界大战以来,其中一个关于人文科学最为热门的和复杂的争议发生在现象学者与结构主义者之间。此项争议大多聚焦于斯特劳森的结构人类学的重要性与后果。尽管这些议题纠结在一起,还是经常能察觉到争论者为交错的目的论证。有时主要的争议点似乎在于有些人主张有一个深层结构存在,借此我们能解释人类经验表层的复杂性,相对地,有些人或许会否定此核心主张。但是提出此议题的这种方式是会误导人的。也许自康德以来,便没有一个哲学家如同胡塞尔那样,在阐明人类生活时,赋予“基础结构”如此显著的角色。关键议题在于什么是这些结构的意义、本质与地位;它们与“自我”如何关联或不关联;我们认知它们的方法是什么;它们以什么方式说明或解释人类社会生活的丰富多彩。关于结构主义者与现象学者之间争议的评论,可参阅Bob Scholte,“The Structural Anthropology of Claude Levi-Strauss”,*Handbook of Social and Cultural Anthropology*,John J. Honegmann(ed.)。

四

社会科学之现象学基础:舒茨

我选择德裔现象学者舒茨的作品作为代表来探讨社会科学的现象学基础有三个理由:第一,胡塞尔虽然提出现象学探究的许多论旨,但他并非关联着社会科学有系统地发展他的见解。胡塞尔主要强调的是现象学心理学,但即使是这么一门学科,从他生平出版的著作来看,也只不过略见雏形而已。[①]而在舒茨最早的著作中,社会科学的现象学基础就已经是他的兴趣所在了。其他受胡塞尔影响的哲学家——包括梅洛—庞蒂与利科——虽然都有检视人文科学,但像舒茨那样持续而有系统地探讨社会科学的基础,则是绝无仅有的。

其次,由于舒茨的"美国化",我们把他的观点拿来和美国社会科学主流派,以及这些科学的自然主义观一块讨论特别有益。我用"美国化"一词并不是仅仅指舒茨在20世纪30年代后期避居美国,在一个新的学术环境里从事研究。[②]舒茨甚至在美国的思想传统里树立了他新的根。

---

① 有关现象学对心理学和精神医学研究的贡献,参阅Herbert Spiegelberg,*The Phenomenological Movement*,以及他的近著*Phenomenology in Psychology and Psychiatry*。

② 舒茨的"美国化"不仅反映在他的思想内容中,也反应在他的哲学风格上。他的处女作——《社会世界的意义建构》(1932)——就是针对当时德国学术界有关社会科学基础的争论。这部著作比舒茨后来的许多著作都精审。舒茨以英文发表的作品尽是一些散篇论文。《社会世界的意义建构》的英译本书名是《社会世界的现象学》,1967年出版。他的

他发现并统合美国哲学中能补充和支持现象学见解的一些论旨（特别是在詹姆斯、米德、杜威的著作之中）。[①]而且在舒茨发展他的社会现象学时，正逢内格尔、亨普尔等人，建立其对社会科学的自然主义观。舒茨曾直接评论他们的著作，形成了现象学取向与各种形式的自然主义之
135 间的对照。[②]

第三，一些关心社会科学的哲学家如纳坦森、伯格、卢克曼与詹纳（这些都是舒茨的学生及同事），以及一些居领导地位的社会科学家包括加芬克尔、塞科莱尔，都曾受到过舒茨深远的影响。[③]现象学的社会学和民族方法学在美国和英国的发展，都曾直接受惠于舒茨的先驱研究。[④]对于社会科学，胡塞尔和舒茨都相信，一旦我们能够厘清其现象学基础，就可以大力进行经验研究，以进一步发展这些学科。假若我们通

论文现在已结集为三卷。1970年詹纳整理出版舒茨的手稿《相关问题的反思》。1973年卢克曼刊行《生活世界的结构》第一卷，此书系根据舒茨尚未完成的手稿整理而成的。舒茨的著作目录可参阅纳坦森所编的《现象学与社会实在：舒茨纪念文集》。

① 舒茨最早以英文发表的一篇论文是“詹姆斯思想之流的概念：一个现象学的解释”，原发表于1941年，后收录在他的《论文集》第三卷中。在探讨詹姆斯作品中的现象学论旨方面，这篇文章是一个里程碑。在此之前，美国学者很少注意詹姆斯与现象学运动之间的关联。而现在——舒茨发表该文三十年后——詹姆斯思想中的现象学论旨已经被人广为探讨。舒茨有关詹姆斯、杜威及米德的论述总是新颖而敏锐。

② 参阅“社会科学中概念及理论的形成”一文，刊载于《论文集》第三卷中。这篇文章主要是评论内格尔与亨普尔的主张。

③ 参阅这些学者有关的著作。

④ 舒茨对社会科学的影响逐渐增加，参阅纳坦森，*Phenomenology and the Social Sciences*（两卷本），以及George Psathas, *Phenomenological Sociology*。最近有若干证据显示现象学在英国也日渐生根——至少在年轻一代的社会学者之间。参阅Paul Filmer等著的*New Directions in Sociological Theory*，这本书网罗了与现象学和社会科学有关的参考文献。近来Maurice Roche探讨了许多概念分析与现象学（当它们与社会科学有关时）之间的关系，参阅Maurice Roche，*Phenomenology, Language and the Social Sciences*。

过现象学的论旨在社会科学(尤其是社会学)的领域里,影响经验研究的种类和方向达到何种程度来判断,则胡塞尔和舒茨的期待在一定程度上已经实现了。现象学不仅提供社会科学一个诠释,而且直接影响到当前的经验研究。

"理解"的分析

舒茨哲学探讨的起点,并不是尝试将胡塞尔的见解应用到社会科学上。①诚如他在其处女作《社会世界的现象学》*一书的序言上所说的,他是从反思韦伯的理论著作开始的,特别是韦伯的解释社会学。

> 此研究基于作者多年来对于韦伯的理论著作的研究。在这期间,我深信韦伯的探究途径大体上正确无误,而且他确立了社会科学哲学的适当起点。可惜他的分析不够深入,不足以作为解决人文科学许多重要问题的基础。韦伯的中心概念——主观意义——尤其需要彻底的分析。在韦伯那里,这个概念只不过是许多重要问题的总称,而对这些问题韦伯并未详加检视。虽然这些问题对

① 舒茨和胡塞尔之间的关系错综复杂。舒茨发表《社会世界的意义建构》一书时,他坦承在思想上深受胡塞尔的影响,但当时他尚未见过胡塞尔。他将此著作赠送了一本给胡塞尔,胡塞尔大为激赏,想聘他为研究助理,但为舒茨所婉拒。这是二人友谊的开端。关于舒茨的思想发展特别有趣的一点是,在舒茨撰写这部书的期间,胡塞尔极少发表有关现象学与社会科学之间关系的文字。舒茨独具慧眼,看出现象学的论旨可能可以用来探讨社会科学的基础。但舒茨绝不是一个言必称"胡塞尔"的门徒。甚至他所遭遇的最大困难就是胡塞尔对于主体间性的处理——主体间性是舒茨的中心论旨。舒茨后来逐渐怀疑胡塞尔的超验现象学。舒茨论胡塞尔的文章都收录在他的《论文集》第三卷。其中特别参见"胡塞尔超验现象学的问题"一文。

* 舒茨的"社会世界的现象学"用语,后文一律简称"社会现象学"。——译注

他而言并不陌生。(《社会现象学》,第xxxi页)[1]

舒茨宣称他在对胡塞尔与柏格森的内在时间意识的研究中，发现了解决韦伯所提出之问题的思想资源。舒茨对于韦伯思想所强调的层面,和许多主流派的社会科学家大相径庭。

在许多具有自然主义倾向的社会科学家和社会科学哲学家当中,韦伯所坚持的社会科学研究应该价值中立,已经被奉为圭臬了。他们主
135 要强调韦伯的“基本论调……在人文领域里,若要证明因果关系,一般化的理论范畴是不可或缺的。这种情形和在自然科学中完全一样”。[2] 而韦伯对理解(Verstehen)和社会行动者主观观点的重视,则被这些人解释为只是他的浪漫主义以及他想调和精神科学传统的遗迹而已。无论移情的想象和诠释对于获得假设有什么启发价值，这些假设都必须用客观的证据来加以检证——这种情况和所有的经验知识都一样。内格尔的主张是这种态度的缩影，他说:“关键在于，认真负责的社会科学

① 除了有特别声明之外,本文都是参考舒茨的《社会现象学》和他的《论文集》(三卷本)。《社会世界的现象学》(缩写为PSW),参考《论文集》可见文集的卷号和随后的页码,如第一卷,第1页。

② 帕森斯对韦伯的介绍,*The Theory of Social and Economic Organization*，第9页。将韦伯的著作介绍到英语世界,帕森斯居功至伟。帕森斯并强调韦伯对社会科学,尤其是社会学的重要性。但他的偏见却影响到他对韦伯的引介,而且影响到一代主流派社会科学家对韦伯作品的阅读和解释。“在弥合两种类型的社会科学方面,韦伯跨出了一大步,而且以有系统的科学态度来处理社会现象，而不再只是当作一种艺术。但他不能完成此一历程,这种半调子使他的主张遭遇到许多困难。”(帕森斯的导言,第11页)帕森斯相信自己已经跨出了他认为韦伯应该跨出的下一步。帕森斯所说的“半调子”,正好可以用来形容他自己以及许多其他主流派社会科学家。许多主流社会科学家没有看出,或看不清楚的一点,韦伯却很清楚:一个健全的社会理论不仅必须探讨人文领域中的因果关系,而且对解释社会实在所需的特殊概念与程序,也应该能够灵敏才行。我们现在才开始体认到,在这些问题上,韦伯实在比那些“超越”他的人更渊博、更敏锐。

家，在评估心理状态方面的证据时，所采用的准则和其他研究领域所采用的，并无重大差异。”①

舒茨在若干基本的问题上，与内格尔、亨普尔看法相同。他同意“所有的经验知识都是经由控制的推论过程以求有所发现的。而且经验知识必须能以命题的形式来陈述，并可为他人所检证”(《论文集》，第一卷，第51页)。他同意“‘理论’一词，在所有的经验科学都意指明确地建立一组变量之间的关系，根据这些变量及其关系，我们能够说明相当多的经验规律”(《论文集》，第一卷，第52页)，舒茨也同意经验规律在社会科学中比较受限制，只能在一个比较有限的范围内从事预测。但这些事实并不构成自然科学与社会科学之间的一个基本差异。舒茨本人摒弃“社会科学的方法完全不同于自然科学”的论调(《论文集》，第一卷，第48页)，并坚持“科学程序的规则对所有的经验科学都同样有效，不论所处理的对象是自然现象或人文现象”(《论文集》，第一卷，第49页)。而且舒茨对于韦伯的主张，即“社会科学应该是一门价值中立的学科”，从未加以质疑。

舒茨虽然和自然主义取向的社会科学家共享这个立场，不过却辩称他们根本误解了韦伯的“主观解释准则”和社会科学的基本目标。社会科学的基本目标是要获致有关社会实在的有组织的知识。

> 我用“社会实在”一词，意指社会文化世界中的事物和事件的总体。而此社会文化世界，是跟他人共同生活而发生种种互动关系的一般人，以其常识所经验到的世界。这是我们生于斯、长于斯的 137
> 文化对象和社会制度的世界。我们必须在这个世界中发现我们自己的位置与方向，而且要想办法去适应这个世界。依据我们作为行

① 内格尔，《科学的结构》，第484页。也可参阅波普，《历史决定论的贫困》，第139页，以及“On the Theory of the Objective Mind”，*Objective Knowledge*。

动者的经验,我们生活的世界自始就是自然的世界,也是文化的世界。这个生活世界不是个人私自拥有的世界,而是一个主体间的世界,即我们共同拥有的世界,不论是实际拥有的,或者是潜在可能拥有的,而这又涉及相互的沟通和语言。(《论文集》,第一卷,第53页)

自然主义的缺点在于把这个社会实在视为理所当然、不必探究的现象,因此这实在就成为社会科学所预设的,但未加以厘清的基础。自然主义者对于此社会实在如何构成,如何维系,如何主体间的,或者行动者如何以其常识来诠释自己以及他人的行动等问题都不加以说明。社会科学若要有一个健全的基础,就必须描述、理解并阐明此日常生活世界的基本结构*。社会科学的主题与目标一旦确立,我们就可以清除有关"理解"的许多误解与混淆。舒茨论证了"整个关于理解的讨论都未能分辨三种理解:第一,一般人在日常生活中的一种经验形式;第二,认识论的问题;以及第三,社会科学的一种独特方法"(《论文集》,第一卷,第57页)。

若把理解当作一般人在日常生活中的一种经验形式,便和内省法无关。这不是关于自己的一种"隐私性的"知识,也不是对他人的主观心理状态的一种推论。舒茨和胡塞尔以及许多其他现象学者,和维特根斯坦以降的分析哲学者一样,对于影响各种自然主义及经验主义的一种基本二分法,进行了不遗余力的抨击。这种基本的存有论与认识论的二分法实导源于笛卡尔的二元论,其论调大略为人类生活可以清楚地分为"物理的"(因而是可观察的,如同任何非人类的物理过程)与"心理

* 舒茨声称要用现象学方法来厘清社会科学的基础,也就是厘清此社会实在(他有时也称之为生活世界、社会世界),因而他的探究途径也称为社会科学的现象学基础。——译注

的”(因而是私人的、主观的、无法观察的)。不论我们是站在物理主义者和行为主义者的一边,把社会科学局限于研究“严格而言”可观察的现象;或者站在旧式心理学的一边,把研究局限于心理现象,都逃不脱这个基本二分法的窠臼。但行动者正不断地解释自己和他人的行动。要了解人类行动,我们不能站在局外观察者的立场,只“观看”这些行动的物理表象。我们必须发展出一些概念范畴, 以求理解行动者的行动究竟“意味着”什么——从行动者自己的观点来看。依舒茨之意,理解的第一 138
义,是我们在日常生活中解释自己和他人之行动意义的一种复杂过程。

理解的认识论问题是要问,这种常识性的理解或解释如何可能。这是“哲学的致命伤”(《论文集》,第一卷,第57页),因为直到最近,也还没有圆满地解答这个问题。假若我们要获致理解,必须使熟悉的事物转变为问题。我们不断地从事常识性的解释和思考,乃是日常世界中的一个明显事实。意向性、意义、内在时间意识以及主体间性等等,都是我们常识性解释所预设的,一旦我们对这些现象进行批判性探讨时,就会产生许多问题,舒茨相信胡塞尔已经提供我们面对这些问题的智识工具了。

当我们把理解当作“社会科学的一种独特方法”时,就产生了第三个问题。如果我们的目标是要理解人们在日常生活中所经验到的社会实在,而日常生活的特征又是产生常识解释的主体间的脉络,则对此生活世界的科学理解,就必须发展、锤炼适合说明其结构的一套范畴和建构。

这让人联想到温奇,舒茨告诉我们:

> 自然科学家所探索的自然界,对分子、原子、电子并不“意味着”什么,但社会科学家的观察领域——社会实在——对在其中生活、行动和思考的人们而言,却具有特定的意义和相关结构。这个日常生活的实在,在社会科学家研究之前,已经被常识的建构 (common-sense constructs)所选择和解释了。这些思想对象推动

> 人们从事某些行为，而社会科学家所建构的思想对象，为了要理解此社会实在，必须立足于一般人常识性思想所建构的对象。因此我们可以说，社会科学的建构是第二度建构（constructs of the second degree），即社会世界之行动者所作的建构的建构。这些行动者正是社会科学家应遵守其科学程序规则来观察和说明的。*（《论文集》，第一卷，第59页）

上述对于理解的三种意义的分析，显示舒茨对“主观解释准则”的见解，这个准则意即社会科学的建构必须包括第一层建构，指涉一个行动对于行动者的意义。“主观解释准则的意义就是，所有对社会世界的
139 科学解释**能够**（而且为了某种目的也**必须**）指涉社会实在所由产生的人类行动的主观意义。”（《论文集》，第一卷，第62页）舒茨对常识性经验的建构，以及对社会科学家所发展的第二层建构论述，显示在他的观念里韦伯理念型（ideal types）概念的意义。如前所述，理解的运用应分为两个层次，第一层是我们所有的人，在日常生活中解释此世界的过程；第二层则是社会科学家寻求理解第一层的过程。同样的，理念型也应区分为两个层次，社会科学家所建构的第二层的理想类型，是要来说明人们在日常解释中所采用的第一层的理念型。

社会科学家的活动有三个向度在此必须严加区别。第一，社会科学家和一般人一样，是日常生活世界的参与者，致力于这个生活世界的解释。第二，作为一个社会“科学家”，他和任何科学家一样，和他的科学界同事从事某种特殊形式的社会互动。就这个向度而言，我们可以探究科

* 依舒茨之意，对社会行动的理解和概念建构有两个层次：第一层（比较基本的层次）是社会世界中的行动者对于自己和他人行动的理解，以及建构的概念（第一度建构）；第二层是社会科学家对社会行动的理解，以及建构的概念（第二度建构）。他主张第二度建构应立足于第一度建构之上。这是本节的核心观念。——译注

学界（或科学共同体）之社会互动的结构与功能。第三，但身为社会科学家，他所关注的是，客观地记述和说明日常社会生活的结构与动态。他的立场是理论性的，而不是现实性的，现实性立场是日常行动的一个特征。[①]他提出关于生活世界的假设、解释、说明和理论之所以是客观的，在于它们必须遵从科学界主体间的规范。但这些客观论述所关注的对象则是日常生活世界里的行动者。舒茨非常注重科学知识的客观性，注重任何知识都必须付诸主体间科学探究的要求。在这方面，他绝不亚于他所反对的自然主义者。

但是"对于主观意义的结构，我们如何能够建立客观概念以及可付诸客观检证的理论"（《论文集》，第一卷，第62页），我们将详细检视这个问题，但我们已经能预知舒茨的答案了：

> 社会科学家应如何进行？他首先观察社会实在涉及人类行动的某些事实与事件，然后从观察中，建构典型的行为或行动序列的模式。随后，他协调了理想之行动者的模型与这些典型的行动序列模式，他想象此行动者具有意识……并赋予这种虚构的意识一套典型的观念、目的、目标，这些观念和目标在他所想象的行动者模型的虚拟意识里，假定是不变的。此行动者可以和其他同样建构出来的行动者，在互动模式中互相关联。……但此种模型绝不是随意建构的，必须遵守逻辑一致性准则和适当性准则。所谓适当性准 140
> 则，意指在此种人类行为的科学模型中，每一个术语都必须根据常识性解释为行动者本人及其周遭的人们所理解。遵守逻辑一致性准则，能够保证社会科学家所建构的思想对象的客观有效性。遵守适当性准则，能保证科学建构与日常生活的建构相容不悖。（《论文

① 舒茨曾一再强调"社会科学家以超然的观察者自居"的重要性。参阅舒茨，《论文集》，第一卷，第36，63页；第二卷，第69页。

集》,第一卷,第63—64页)

“日常世界”、“常识世界”、“日常生活的世界”与“生活世界”等名词,都是指一般人平常醒觉时所参与的主体间世界。这个世界胡塞尔原来称之为“自然态度”的世界,这个世界受我们的现实利害和切身问题所支配。舒茨自认为他的探究是一种自然态度的现象学,或日常生活世界的现象学,而不是一种“超验现象学”。[①] 此日常世界最主要的特征就是它的主体间性及社会性格。舒茨最为关切的是生活世界中所显现的主体间性,他的著作主要也在分析这种主体间性。我们身处之日常世界自始就是主体间的。“因为我们与他人共同生活在其中,共同工作,接受相同的影响,了解他人,而且被他人所了解。这是一个文化世界,因为日常生活的世界,对我们而言,自始就是一个意义的世界,即一个意义的网络。我们必须对此加以诠释,以发现我们在这个世界中的位置与方向,并想办法适应这个世界。”(《论文集》,第一卷,第10页)他人“存在”的问题在我们日常生活世界是不会产生的。因此,此生活世界现象学并不关心去证明他人的存在,它所关心的是我们如何来解释他人及其行动,关心我们用以理解互动对象的复杂方式,关心我们在一个社会脉络下,解释自己的行动以及他人行动的种种方式。[②]

---

① 参阅舒茨,《社会现象学》,附注,第43—44页。

② 主体间性的完全确切性质与意义是胡塞尔最重要、最难解答的问题。他早期的作品由于聚焦于孤独的自我,因此真正的主体间性似乎没有地位。但胡塞尔宣称主体间性是主体性的核心。胡塞尔厘清主体间性最重要的尝试是在他的《笛卡尔沉思》(*Cartesian Meditations*)一书的第五沉思。胡塞尔的主体间性的意义,参阅David Carr, “The ‘Fifth Meditation’ and Husserl’s Cartesianism”,*Philosophy and Phenomenological Research*,第三十四期(1973);舒茨,“胡塞尔超验现象学的问题”,《论文集》,第三卷。也可参阅詹纳,“Theory of Intersubjectivity: Alfred Schutz”,*Social Research*,第二十八期(1961)。

基本概念

社会现象学需要三种互相关联的探究：第一种是解释并厘清有关的基本概念，尤其是“主观意义”、“行动”以及“主体间性”等概念；第二种是为了适当地理解生活世界之动态和结构，而发展的一些概念区分与范畴；第三种是应用这些范畴架构来探讨特定的社会现象。①虽然上 141
述三种探究舒茨都有从事，但他所作的主要还是在基础性研究。他的第一本著作——德文书名按字面直译为《社会世界的意义建构》(*The Meaningful-Construction of the Social World*)——就是探讨如此一门现象学的基础。这部著作对社会现象学的重要概念有最详细、精当的解析，尤其是意义理论和行动理论。

舒茨认为**意义**的问题主要是一个“时间问题”，但这不是物理时间，而是“内在时间意识”。当一个人经历到某种经验，其经验的意义就在个人的绵延（durée）中构成。舒茨对于意义问题的这种表述方式，大体上是拜胡塞尔、柏格森所赐，不过我们由此亦可窥知他的探究路数。他首先检视在单独一个人的经验中，意义是如何构成的，然后展开铺陈，建立了一个“社会世界结构的一般理论”。②

胡塞尔认为自我或意识包含一连串的意向性行动——舒茨曾尝试

---

① 这三种或三期现象学探究的划分只是一种启发性设计，不是真的可以抽刀断水，舒茨本人也没有明白作这种划分。我分析舒茨主要是集中在前两期。至于对他的范畴架构的应用，请参阅他的《论文集》，第三卷，第二部分“应用理论”。

② 虽然本文主要关注的不是舒茨的思想发展，但在此应指出的是，他的思想发展上有一种逆转的现象。《社会现象学》一书系遵循正统胡塞尔的“自我论”，从一个孤独自我出发，然后有系统地引介一些概念区分，以“建构”社会世界。但舒茨后来逐渐发觉朝着这个方向发展的困难。在后期著作中，他显然是以“主体间性”以及“社会性”作为起点。这种转变显示出应用现象学来阐明社会世界的问题所在。强调笛卡尔主义或自我论和注重主体间性之间的紧张，也是梅洛—庞蒂与利科解释胡塞尔与现象学的核心课题。

将这个见解与柏格森的绵延概念统合起来——舒茨根据胡塞尔这个方法，把行动完成之后的状态(一个自我借此行动构成各种意义结构)或行动的结果，与这种意义构成的过程，即动态意识流运作的方式加以区别。这种过程与结果的划分是很基本的：

> **自一端言之**，对于这个世界，我可以视之为已完成、已构成以及理所当然的。如此，我将意识的意向性运作置之不顾。因为世界的意义在我的意识中已经构造完成了……这种从它所发生的脉络及过程抽离出来的意义结构，可说具有客观意义，即本身就具有意义。如2×2=4 这个命题，不论是在哪里、何时或何人断言都是有意义的。**然而自另一端而言**，我可以转而注视我意识的意向性运作，它们曾带来意义。此刻，在我之前不再有一个已完成的或已构成的世界，只有一个正在构成，而且在自我意识之流中不断重新构造的世界：不是一个现成的世界，而是一个生灭不已的世界，或是正在浮现的世界。如此，通过意向性行动，世界对我方才有意义，而此意向性行动则系经由一种反思性审视才察觉到的。(《社会现象学》，
142 第35—36页)

意义系“**以某种方式注视自己的某一项经验**”(《社会现象学》，第42页)，通常，“我是驻留在意义赋予的行动之中，只知道客观构成的意义，即客观意义。只有在我……从对象世界转移，而注视我内在意识之流，只有我把自然世界‘悬搁’起来，从而在现象学还原中，只注意我自己的意识经验，我才能察觉意义构成的过程”(《社会现象学》，第36—37页)。[①]

① 舒茨后来的说法：“意义……不是我们意识之流所浮现的经验的本然性质，而是以一种反思的态度，站在现在的立场，来解释某一项过去经验的结果。只要我驻留在我的行动之中，光是注意这些行动的对象，这些行动就不会有意义。只有以过去的经验视之，在追溯之中，它们才具有意义。只有在我们回忆经验，而不顾它的现实性，并探求其构成时，此经验才是主观上有意义的。”(《论文集》，第一卷，第210页)

意义构成的准确性质与类型，在日常生活中社会科学家如何理解客观与主观的意义，以及以何种方式探知自己和他人的主观意义，这一系列问题舒茨都已经察觉了，有的问题甚至深入探讨过。我们现在可以来看看主观意义和客观意义的区别与**行为**和**行动**两个概念有何关联。

绵延是意识流的特性，假若我们就只驻留在绵延之流中，“我们感觉到的只是浑沌的经验，一片浑沌”（《社会现象学》，第51页）。直到我以一个反思性行动，注意到此经验之流中的一个片段，我才能挑选出个别的经验。只有以一种反思性审视，我才能觉察到个别的经验。“只有经历过的才会有意义，正在经历的只是意向性的一种运作，而意向性运作则只有反思性审视才能显现。”（《社会现象学》，第52页）因此我们必须区别“经验”与“行为”。

> 譬如疼痛，一般并不称之为“行为”。某人举起我的手臂，然后放下，也不称之为“行为”。在上述两例中，我所采取的**态度**则可以称之为行为。我可能抵抗疼痛、压抑疼痛或向疼痛屈服。当他人玩弄我的手臂时，我可能屈服或抗拒。至此，我们有两种不同类型的经验，这两种经验基本上是相关联的，第一类经验只是经历或忍受，是被动的；第二类经验则包括我们对第一类经验所采取的态度。（《社会现象学》，第54页）

舒茨用“行为”一词指涉“具有意义的意识经验”。因此“经验”一词比“行为”广泛，因为行为只包括“具有意义的经验”。[①] 143

① 在《社会现象学》一书中，德文Verhalten译为“行为”（behavior），但在舒茨后期的英文著作，他自己用“行事”（conduct）来指具有意义的经验，他原来是用Verhalten来指这个意思的。“我们避免用‘行为’一词，乃是因为在目前一般的用法中，行为也包括主观上无意义的现象，如反射动作。”（《论文集》，第一卷，第211页）这不仅仅是语言上的转变，因为舒茨要将他的分析和机械的、外在的行为概念加以区别。舒茨的行为或行事——有别于物理运动——本质上就是有意义的。

舒茨厘清“行为”一词的意义之后，进而界定另一个更特定的概念“行动”。行动是行为的一种，“任何行动都是面向未来的一种自发性活动”(《社会现象学》，第57页)。任何行动都牵涉到一个计划，一个行动的时间长短与统一性都取决于计划。再者，我们必须严加区别行动的两种意义，一种是指行动的过程(action)，另一种指行动的结果(act)。假若将行动界定为已完成之行动的结果，则我们可以说此完成之后的行动就投射*在我对未来的期待中。“我们所憧憬的是行动完成之后的结果，这是行动的目的，需要以行动来实现。”(《社会现象学》，第60页)

> 假定我想象自己从椅子上站起来，走到窗边。我真正向自己描绘的并不是一连串肌肉的伸缩运动，不是一连串的特定步骤——一、二、三——从椅子到窗边。我心里的图像是走到窗边这个行动完成之后的状态。(《社会现象学》，第60页)

当然，我们可以把这个过程打断，想象它的各个步骤——离开椅子、走过房门等等——但舒茨的主要意思是：不管我们在何种程度上打碎这个过程，我们所想象的总是“行动完成之后的状态(或结果)”。

舒茨的上述几个概念形成了层级的关系。最广义的是“经验”，意指浑沌的内在绵延之流；“行为”指涉“具有意义的意识经验”，而且涉及我对经验所采取的意向性态度；“行动”则意指为了执行某种计划的各种行为，而“**任何行动的意义就在于它所对应的计划**”。①

---

* project当名词时译为“计划”，当动词时译为“投射”。——译注

① 我已经概略地解释了舒茨的“经验”、“行为”与“行动”。这些概念区分可以作为进一步精炼的基础。例如舒茨区别内隐行动与外显行动。外显行动“以身体的动作来适应外在世界”(《论文集》，第一卷，第211—212页)。舒茨称这类行动为“工作”，“工作是人在外在世界的行动，根据一个计划，意图以身体的动作来实行一个计划的事态”。(同上引)舒茨区别行动的不同类型之后，又引介了三种更精细的区别：“可理解的”行动、“合理的”行动

上述舒茨的概念区分，可以当作韦伯著名的行动定义——“‘行动’包括行动者赋予主观意义的一切人类行为”(《社会现象学》，第15页)——的一个脚注。“赋予行为一个主观意义”一语含有以机械的或外在的方式赋予行为某种意义——“主观意义”和行为之间似乎具有一种外在关联，而且主观意义似乎只是行为的先行事件而已。如果以这种方式来理解“主观意义”，则会对韦伯的行动定义以及依此而建立的解释社会学滋生许多误会和批评。舒茨利用这些概念区分来断言：人类行为(尤其是人类行动)绝不像任何其他的物理过程，仅仅是物理的、可观察的。行动在本质上就是有意义的，此意义系人类意向性(即意识) 144
所赋予的。如果一个行动的意义是它“所对应的计划”，那么提到一项行动必然要指涉其意义。在聚焦于一项行动时，我们可以且必须提及它的主观意义和客观意义。这里所谓的主观意义系指基于意识的意向性行动而具有的意义；客观意义则指行动所显示之意义结构，可从此行动中抽象出来。

我一直跟随着舒茨的思路，到目前为止，尚未提及“社会的”概念。我从一个单独的自我的观点，一一解说过“经验”、“行为”与“行动”等概念。但主体间性概念的重要性应该是很明显的。我们可以从两种方式来看这个概念。“平常人在他的生活经验里，随时都会观照其意识储存库里的过去经验。他知道有关这个世界的一些事情，也知道要期待些什么。在个人醒觉的生活里，新的事项随时都会整合到这个庞大的意识库里。”(《社会现象学》，第81页)我们根据种种的解释架构，不断地整理、辨别、解释我们生生不息的经验。但在我们的日常生活中，这些解释架构主要是社会的、主体间的。主体间性是人类主体性的核心。分析行为和行动使我们体认到：我们不断地赋予我们的生活经验以意义。因此我

以及“理性的”行动，参阅《社会现象学》，第57页及以下；《论文集》，第一卷，第209页及以下；“社会世界中的理性问题”，《论文集》，第二卷。

们必须选择解释架构。[1]但这些倏起倏灭的解释架构本质上并不是私密的,它们主要是社会的或主体间的。

再者,在日常生活中,我们的行动并不是发生在真空中的。到目前为止,我们对经验、行为、行动及解释架构的说明,乃是从一个较丰富、较厚实的社会脉络中抽离出来的。实际上,我们不仅解释自己的行动,也解释与我们互动者的行动,而解释自己的行动与解释他人的行动之间有一种相互关系。我所选择的计划界定了我的行动,而此计划受他人之计划和行动影响,也受我对他人行动之主观意义的理解影响。因此,我们若要理解一个人的解释架构,不仅要了解这些架构何以在本质上是主体间的,而且要理解它们如何受各种形式的社会互动影响,以及它们如何在各种形式的社会互动中定位。

舒茨想要基于他对意义、经验、行为、行动及主体间性等概念的分
145 析,发展出一套能够阐明日常生活世界的概念架构。这一步工作我称之为社会现象学发展的第二阶段。舒茨的第一部著作即阐释社会现象学所需要的一些基本概念,其后,终其一生他都不断地回顾这些基本概念,加以精炼、厘清。不过他在美国居留期间所撰写的一些文章,主要是展示这些概念如何整合,如何应用来理解日常生活世界的社会实在。

日常生活的世界

一个完全清醒的人在主体间的日常世界里行动,“他对此世界的任何解释,都是基于以前关于此世界的经验积淀。这些经验有些是自己的,有些是父母和师长所传授的,这些经验形成一个人的‘现有的知

① 舒茨注重解释架构的选择。“选择绝非一开头就确定不移的,事实上,没有生活经验可被单一的解释架构所穷尽。”(《社会现象学》,第85页)舒茨对选择的性质最有系统的探究可参阅“行动计划的选择”,《论文集》,第一卷。

识’,具有参考架构的作用”(《论文集》,第一卷,第7页)。每一个完全清醒的人都以一套现有的**知识储备库**来面对他的世界。舒茨这个概念不仅指知识,还包括信仰、期望、规则与偏见,通过这些,我们来解释我们所面对的世界。这个现有的知识库,是我们个人的经验以及社会已有知识共同形成的。在我们的经验进程中,这个知识库不断被考验、精炼与修正。一个人随时都会发现他身处于一个由**个人生活史决定的情境**之中。他并非只是客观时空世界中的一个物理存在。他是一个有生命的存在,他赋予他的经验以意义,他在一个有意义的世界之中有一个位置。他生活在现象学的时空之中,而此现象学时空的种类也是由他给予这个世界的意义所构成的。我们说一个人的处境是“由个人生活史所决定的,是说此处境有一段历史,是人们从前经验的积淀,在一个人现有知识库中组织起来的,而且任何人的经验积淀都是独一无二的”(《论文集》,第一卷,第9页)。在日常世界里,一个人的主要兴趣不是理论性的,而是实际的,“一种实用动机决定我们对日常生活世界的自然态度。以这种意义而言,世界是我们要以行动来改变的,或是要来改变我们的行动的”(《论文集》,第一卷,第209页)。

舒茨与许多当代哲学家都认为,传统的认识论对知识的分析——甚至对整个认知态度包括信仰和知觉的分析——都造成了误解和曲解,因为历来知识论都是以旁观者的或沉思冥想的知识观为主。不论我 146
们如何看待沉思冥想和超然无私的理论取向,这也不是人们日常生活的主要立场。一般人的知识着眼于与世界的互动,而且被他与世界之间的互动方式所制约。①

虽然个人现有的知识库不断改变,但此知识之总体则是具有某种结构的。清醒的个人并非心如白纸般地面对世界,也不是漫无条理地经

① 讨论此一论旨在杜威思想中的重要性请参阅伯恩斯坦(即本书作者),《实践与行动》,第三部分。

历并解释这个世界。个人以常识的建构来面对世界,“我们所经验到的外在世界,并不是单独散布于时空中的事物,而是如‘山’、‘树’、‘动物’、‘伙伴’。我可能从未看过爱尔兰狗,但假如让我看到,我知道这是一只动物,甚至知道是一只狗,因为它具备一只狗(而不是一只猫)所有为人所熟悉的特征以及典型的行为”(《论文集》,第一卷,第7—8页)。我的实际经验将确认或修改我对事物之辨认,类型化从未完全封闭或完全固定。

虽然每一个人所拥有的**类型化**总体各有所不同,但此类型化总体的结构皆为一个动态的相关系统所决定,而此相关性皆取决于我们的兴趣。舒茨的类型化概念包括最普遍、最稳定的一些类型,以及相当具体,而且变动不居的类型。在任何时候,假设我们把一个人的知识库加以冻结,我们就可以发现,他的相关系统是如何组织他的一套类型化。当一个人的处境改变时,他的相关系统也会随之改变。任何一个特定对象,都可能有无数的层面是与我相关的,但是就眼前的目的而言,我会选取某些相关的特征,其他的特征则视之为不相干的。

> 我们断定一个对象S具有特征p经常采取“S是p”的形式,其实这是一种简略的说法。因为S除了具有特征p之外,显然还具有q、r等等特征。比较完整的说法应该是“S除了许多特征如q与r之外,同时也是p”。如果我把一个元素视为理所当然,而断定“S是p”,那是因为在现行情况下,我只对S之为p有兴趣,而将q与r视为不相干的。(《论文集》,第一卷,第9页)

即使是这种说法也可能会造成误导,因为我们对于世界的类型化并不是自觉建构的。虽然舒茨没有明白地提及“意会知识”(tacit

knowledge）的概念*，但他声称我们大部分的类型化都是意会的，意即我们平常对于组织我们经验的类型化大都习而不察。假若理论观察者想 147
要了解日常生活中的人，应该可以看出摆在我们面前的问题与任务了。我们不仅必须阐明各种形式的类型化，以及这些类型化与相关系统之间关联的方式，还必须了解此种类型化产生、持续与转变的各种方式。①

常识性知识是在社会生活中逐渐累积形成的，同时也是社会化分配的。常识性知识的这一层面舒茨并未深入探讨，却具有很大的潜在意义。②在日常世界中，现有的实际知识库不仅人人有别（视个人经验而定），而且不同的团体及阶级之间也有差别（视该团体或阶级所共享的常识性知识而定）。一个人在一个小领域里是专家，而在其他许多领域却是门外汉。但无论一个人知识库的内容、风格及型态是多么的独特，他总是会和其他人分享此常识性知识的一些元素。我们的相关系统是互相重叠的。

生活世界根据其主体间性，可以划分为若干社会向度，每一社会向度都有其特殊的时空结构。第一个社会向度是面对面的关系和互动。舒茨称此为“纯粹”我们关系（We-relation），这种关系可以有不同具体的

* 这原是波兰尼（Michael Polanyi）的一个概念，详见他的著作*Personal Knowledge*（1962）；*Tacit Dimension*（1966）。——译注

① 舒茨逐渐重视相关性理论，宣称要了解社会科学，这乃是最重要的。在他去世后才刊行的文章中，他区别三种互相联系的相关性：动机的相关性、主题的相关性与解释的相关性。细节请参阅詹纳编，《相关问题的反思》，以及舒茨与卢克曼，《生活世界的结构》。

② 舒茨有关“常识性知识的社会分配”的论述，在他生前少有发展甚至难得一见。但自从舒茨去世之后，却产生大量的文献以及一个崭新的经验研究的领域，与常识性知识的社会分配有直接的关联。这是语言社会学的一个中心问题。参阅J. Fishman编，*Readings in the Sociology of Language*与*Advances in the Sociology of Language*；Dell Hymes编，*Language in Culture and Society*；William Labov，*Sociolinguistic Patterns*；John Gumperz与Dell Hymes合编，*Directions in Sociolinguistics*；以及Pier Paolo Giglioli编，*Language and the Social Context*。

与细分的程度。我的经验不同于和我面对面情境里互动的伙伴,但我们互相“参与”彼此的意识生活。我们同在一个时空领域,即“调节两个内在意识之流的步调”(《论文集》,第二卷,第26页)。直接面对面的接触可以解释他人的言语、姿势、面部表情和动作。我了解他人意识生活中的过程是我意识生活的必要过程。当我们互动时,“我们一起成长”,我直接与我的伙伴接触,当然这种所谓的直接接触,也还是以过去的经验和我们自己的知识库作为媒介的。

> 在时空共同体里,当我看你的时候,我有直接的证据能断定你是面向我的,即你经验到我所说的和做的,并不只是在一个客观的意义脉络里,而且也是我的意识生活的显现。人同此心,心同此理,我知道你也会有相同的经验。在时空共同体里,我们彼此都通过对
> 148 方经验到自己,你也通过我经验到你自己。自我的这种互相映照是面对面的情境中,我们关系的一个很重要的特征。(《论文集》,第二卷,第30页)

虽然舒茨强调面对面或“我们”关系的重要性,但他并不认为单单这种关系就足以发展出一套社会实在的一般理论。相反,他的主要目的在于展示社会世界的不同向度,每一个向度都有它自己的结构。我们再来看看同时界(同时世界)就可以明了了。我与同时代的每一个人不一定都有面对面的接触。舒茨强调,面对面的情境和其他与同时代人的互动之间没有明显界线。虽然两种社会向度之间交光互影,但在结构上还是有重大差异。

> 在面对面的情境里,人我之间是一种具体的我们关系。他就出现在我的面前,我可以借由各种迹象来理解他的意识生活。在时空共同体里,我们互相协调,他的自我反映出我的自我,他的经验与

> 我的经验形成一条共同的经验之流——我们的经验，我们一起成长。然而我的同伴一旦离开之后，我对于他的经验就有所转变了。我知道他是在他自己的某个“现在”与“这里”，我知道他的“现在”与我同时，但我并未参与他的“现在”，我也未分享他的“这里”。我知道我的同伴离开我之后，年岁已有所增长，而且他已随着每一个新的经验、新的处境而有所改变。但这些考虑却无法纳入我日常生活的轨迹之中。……我对于你的认识，是在从前面对面的情境中形成的，如果没有相反的讯息，这种认识是不会改变的。但这种讯息只是关于一个同时代人的讯息，而不是关于同伴的讯息。（《论文集》，第二卷，第38—39页）

同时界本身又可划分为不同的社会向度。有的是我从前面对面遇到过的人；有的是我素未谋面的，但将来可能会见面的同时代人；有的是我把他们当作某一类型社会功能之参考点（例如处理我信件的邮局雇员）；以及各种集体性的社会实在（例如政府机构），这些社会实在影响到我的生活，但我可能从未和它们有过直接接触。

“在具体的我们关系中，我直接接触一个个的‘你’；而对于同时代人，则是通过类型化来了解的。”（《论文集》，第二卷，第42页）更确切地说，虽然类型化影响到我与同伴在面对面情境中的关系与互动（因为任何此种情境都受我现有的知识制约），但类型化在同时界所扮演的角色却大不相同。一个面对面的情境主要是“你—取向”，而同时界的社会关 149
系则为“他们—取向”。

> 同时代人的经验对我而言似乎多少是一种匿名过程，这和我在面对面情境里经验到同伴的意识生活的方式大相径庭。“他们—取向”的对象是一般的社会实在，一般人的意识生活。“他们—取向”的对象不是一个具体存在的人；不是在我们关系中直接接触到

> 的一个同伴的意识生活；不是在我面对同伴时，我所了解的主观意义总体。我对于同时代人的知识则属于**客观的意义脉络**。……我关于同时代人世界的知识是有关类型化过程的类型化知识。(《论文集》，第二卷，第43—44页)

辨别社会世界这两个不同向度之所以重要，乃是因为发生在各向度里的社会关系和互动有所不同。例如我在搭火车或寄信件时，我是在一种“他们—关系”中和同时代人交接的。我期望在这些情境中的同时代人——铁路局与邮局的雇员——具有某种类型的期待，以某种类型的态度对待我，并履行某种类型的职能。

面对面情境和同时界，两个社会向度都有一个时间范围，在这个范围之内，我实际而且直接与他人相遇，或者有遇到他人的潜在可能性。除了上述两个社会向度之外，舒茨虽然很少讨论其他的社会向度，但他显然认为一门充分发展的现象学也应分析“前人世界”(world of predecessors)与“后人世界”(world of successors)特殊结构和关系。[1]在实际生活中，所有这些社会向度都交光互影，而且都是生活世界的一个层面。但是，现象学者对于社会世界的这些不同向度所显现的不同结构，必须敏锐才行。*

舒茨在区别社会世界不同的向度时，他使用了一个模型，此模型的主要变量是远近亲疏的程度，以及各种不同的现象学时空。但舒茨也发现了另外一个同样可以划分和理解社会世界的模型。在这个模型中，我

---

① 参阅《社会现象学》，第223页；《论文集》，第二卷，第56页及以下；第三卷，第117页及以下。

* 按舒茨的分法，社会世界可以分为四个向度：面对面的关系及互动、同时界、前人世界、后人世界。当然这几个向度不像一般的分类架构那样穷尽和互斥，而是有些重叠，例如第一和第二个向度就有重叠，不过强调点和范围都不相同。——译注

们需要区别不同的“有限意义界域，对每个意义界域我们可以给予实在的强调”（《论文集》，第一卷，第230页）。舒茨所发展的“多元实在” 150
的理论，系基于詹姆斯的一个主张，即一个人是生活在各种“实在次宇宙”（subuniverses of reality）里的。[1]我们生活的主要世界是日常生活主体间的世界——以实用动机为主的自然态度的世界。生活在这个世界中的人们，在某种特定情况下，可能会怀疑此世界某一层面的真实性，但不致怀疑整个世界的存在，或怀疑与之互动的人们的存在。在日常生活里，人们都搁置（或中止）对生活世界的怀疑。舒茨称之为自然态度的存而不论（《论文集》，第一卷，第229页）。

但我们也生活在其他的世界或意义界域里。例如幻想与梦的世界、艺术与宗教经验的世界、沉思冥想的世界、儿童的游戏世界、疯人的世界等等。

> 我们用“意义界域”而不用“次宇宙”乃是因为：这是我们的经验的意义，而不是构成实在之事物的存有结构。因此，我们某一套经验如果显示某种特殊的认知风格，不仅自相一致，而且彼此之间也能够相容（指这种风格），则这一套经验我们称之为一个有限意义界域。（《论文集》，第一卷，第230页）

当我从某一个有限意义界域转移到另外一个时，我经历了一次“震荡”，此震荡逼着我突破那个我所注意的特殊意义界域的界限。每一个意义界域都各有其“认知风格”与“对实在的强调”。每一个意义界域也显现独特的结构、时空关系、相关系统、解释架构等等。“意义界域的概念并无任何静态的含义，好像说我们必须选择一个界域驻留其中，作为起点

① 参阅“论多元实在”，《论文集》，第一卷，以及“符号、实在与社会”，《论文集》，第一卷，第六部分。

或归宿。实际上绝不是这样的。在一天之中,甚至在一个小时之中,我们的意识可能往来于各个不同的意义界域之间。”(《论文集》,第一卷,第233页,释注19)舒茨对于其他世界或意义界域的探讨,并没有像他分析日常生活世界那么仔细,因为日常生活世界是“我们对于实在之体验的原型”(《论文集》,第一卷,第233页)。但关于其他意义界域的结构和动态,舒茨也有一些迷人和精彩的研究。①

至此,我们对舒茨所擘画的社会现象学的规模已有概略理解了。研
151 究人及其社会生活不仅需要一门探讨日常生活世界的基本现象学,而
且还要区分、描绘及探究我们生活的其他世界,这就需要研究这几个世界的结构与动态、认知风格、对实在的强调以及它们之间相互关联的方式。

理论化自我

舒茨的多元实在的理论，使我们对社会理论和纯理论家的理念型有了一种新的理解。因为“科学理论的世界”是他所描绘的多元实在或诸意义界域之一。下节我将从这个新观点来讨论理论和理论家的立足点,以结束我对舒茨社会现象学的分析。

舒茨断言“科学的理论工作不为任何现实目的服务”(《论文集》,第一卷,第245页)。舒茨不否认理论活动可能有现实的后果。他充分了解这样一点,即渴望改善世界,将理论作技术性的应用,可说是人们从事理论工作最强烈的动机。“但这些动机或者将结果用来作‘世俗的’目的,都不是理论活动过程中的一个元素。科学的理论活动是一回事,在实际生活中科学的结果如何应用又是另外一回事。”(《论文集》，第一

① 参阅《论文集》,第二卷,第二部分“应用理论”。

卷,第245—246页)舒茨一再强调科学理论家应采取超然观察者的态度(《论文集》,第一卷,第246页)。科学理论家的基本态度、兴趣及相关系统与一个在日常生活中追求实用兴趣的人（甚至与理论家实际上是同一个人)的这些东西截然不同。

一个人认为这种理想陈义过高,难以实现,并不能算是一个反对的理由。舒茨充分理解,没有人能过着完全超然的观察者的生活。他只是描绘出理论家的理念型,在实际活动中,这种理念型只能趋近地或间歇地实现。“只要是在某种特定的条件下,对任何人、在任何地方以及在任何时间都有效的问题与解决方式,理论家就有兴趣。一个人一旦‘跃入’理论思考的界域,就必须将个人的主观观点搁置不顾。”(《论文集》,第一卷,第248页)理论家必须将支配他日常生活的实用的和私人关怀悬搁起来,存而不论。

再者,理论家的相关系统被现有的科学问题所界定。虽然科学家对于研究题材能够有所取舍,但他实际上进入“一个现成的科学沉思的世 152
界,这个世界是其学科的历史传统传授给他的”(《论文集》,第一卷,第250页)。而理论家在指陈现有的问题及其适当的解答时,也受特定学科的规范、规则与方法论的程序所局限。虽然理论家是在一个特殊的社会世界之中运作的,科学界之主体间的沟通也有其自己的规则及程序,但舒茨强调“理论化自我是孤独的”(《论文集》,第一卷,第253页)。

以上所说的和任何理论家或理论科学家都有关，不论他所研究的是自然、社会,还是文化现象。舒茨对于理论家所需要的超然性可说是拳拳服膺。社会理论家企图建构一个生活世界的模型,此模型必须遵守科学界可确证性和可检验性的准则。

> 此一生活世界模型中的人并不具有充分的人性,只是傀儡人,只是某种类型的人而已；却将这种人建构得好像能行动与反应一样。当然这些行动与反应只是我们所虚构的,因为它们的行动与反

> 应并不是它们的意识自发的，只是科学家所设定的。假若科学家依照某种明确的运作规则来建构这些类型，使虚构的行为举止不仅相互一致，而且与在观察者跃入理论界域之前，以自然态度所获致之日常生活世界的经验也相容不悖的话，则此社会世界的模型成为一个理论对象了。它接受一种实在的强调，但不是自然态度的实在强调。（《论文集》，第一卷，第255页）

依舒茨之意，用来说明社会世界的模型与理论究竟有什么特别之处呢？下面我们就是要深入探讨而且确定这一点。我们要把一直隐含在我们讨论里的一个概念区分展示出来。这个概念区分在舒茨所发展的概念架构中是非常基本的。这就是目的动机（in-order-to motives）与真原因动机（genuine because-motives）的区分。不仅这个区分对舒茨很基本，而且正如我对他的批评将要展示出来的东西一样，此区分充斥着歧义以及未解决的困难。

我们回想一下上文引述的舒茨的陈述，"任何社会科学的基本认识
153 论问题都可以归结到这么一个问题：主观的意义脉络的科学如何可能？"（《社会现象学》，第223页）。社会科学和其他科学一样，也有客观性的诉求。但社会科学的不同之处是这种要求涉及主观意义。主观意义是社会世界中个人行动的构成要素。"除非我们将一社会事物化约为创造此事物的人类活动，否则不能了解此事物；再者，除非我们理解此活动所根据的动机，否则不能理解此活动。"（《论文集》，第二卷，第10页）舒茨又说："除非我们把社会现象放在人类动机、手段与目的、计划的架构之中，简言之，放在人类行动的范畴中，否则我们不可能理解社会现象。"（《论文集》，第二卷，第85页）

人类行动本身是被行动者的计划塑造的。因此，计划是行动的基本意义和功能意义。计划是行动者想象未来他的行动完成之后的状态。由

此我们便能了解舒茨所谓的目的动机了。

> 一个行动的动机情境就是它的意义情境，这也是一个特定行动者行动的计划。换言之，以行动完成之后的状态来决定其行动的动向，就是行动者的“目的动机”(Um-zu-Motiv)。(《社会现象学》，第88页)

任何人类行动都必然牵涉到一个“目的动机”。舒茨甚至宣称，“一个行动显然只有一个主观意义，即行动者自己的主观意义。”(《社会现象学》，第32页)

但这种动机必须和另外一种真原因动机加以区分。舒茨曾一再用同一个例子来说明二者的差异。

> 假定我说一个杀人犯是为了钱财而犯罪，这是陈述目的动机。但假定我说这个人因为交友不慎而成为杀人犯，这和上一句陈述便十分不同。未来完成式的计划的整个复杂结构在此不能适用。我们的第二句陈述是把一个过去的事件——谋杀，关联到更早的事件——交友不慎。这是一种不同的意义脉络。我们可称之为“行为的说明”。但这种说明方式显然只是说谋杀者某种过去的经验，使谋杀者具有凭暴力达成目的的倾向。上述两种动机的差异在于：目的动机是根据计划来说明行动，而真原因动机则是根据行动者过 154
> 去的经验来说明目标。(《社会现象学》，第91页)

这两种动机可以就其时间性来加以区别。目的动机系根据计划来说明一个行动。即使我所说明的是过去的行动，此目标也具有未来性。假若我访友归来，你问我刚才出去干什么，我可以回答“为了要拜访一位朋友”。相对于该行动(出门)而言，“为了要拜访一位朋友”所表现的时间性是未来的。而真原因动机的时间性则是过去的。[1]若要寻找这种动机，必须孤立行动者过去的经验，借一种因果关系来说明该行动的目标。目标是行动者目的动机的基础。因为目的动机一向为社会科学家和社会科学的哲学家忽略而且误解，因此舒茨特别强调目的动机。但他认为一个健全的社会科学必须同时兼顾这两种动机。“社会事物只有在能被化约为人类的活动时才能理解；而人类活动则只有显示其目的动机或原因动机才能理解。”(《论文集》,第二卷,第13页)借这两种动机来说明可以并行不悖，因为它们说明的对象以及说明的方式都截然不同。再者，这两种动机是相辅相成的，因为我们首先必须把握行动的目的动机，以锁定此行动的计划；而此计划又是我们想借原因动机来说明的。

任何人类行动都牵涉到目的动机与原因动机，但社会理论家所注重的是**类型化**的动机。他的模型是他所创造的“无生命的虚构物”、“思想建构”、“理念型”、“傀儡”或“人体模型”。假若如此，这些模型与人们日常生活世界实际的存有条件不同，如何能理解并说明实际的社会行动呢？建构这种模型有哪些方法论上的限制呢？

我们可以预料，舒茨会以他所谓的“社会科学模型建构的准则”(《论文集》,第一卷,第42页)来回答这些问题。我们列举其中三个主要的准则稍加解说。第一是“逻辑一致性准则”。“科学家的概念体系应
155 尽可能清晰明了，而且必须符合形式逻辑的原则。”(《论文集》,第一卷,第43页)此准则的重要性在于保证“社会科学家所建构之思想对象的客观效度”(《论文集》,第一卷,第43页)。

其次是“主观解释准则”。“科学家为了要说明人类的行动，就必须

① 舒茨用“真”原因动机，以区别于“假”原因动机。“现在的日常语言抹煞了此一区别，而允许任何‘目的’陈述翻译为‘原因’陈述。‘因为我想和甲谈话，所以我出去’，或‘我要出去，因为我想和甲谈话’。我们将逻辑上相当于目的陈述的原因陈述称为‘假原因陈述’。”(《社会现象学》,第89页)

追问:对于一个人的心理,我们可以建构何种模型,以及可以将何种典型内容归属于它,以说明所观察的事实。而将此事实当作此一心理活动的结果,并寻求其间可理解的关系。"(《论文集》,第一卷,第43页)此一准则充分表现社会科学之模型或理论的**特色**。"遵守此准则能够保证所有的行动或行动的结果都有可能参照此行动或此行动的结果对于行动者的主观意义。"(《论文集》,第一卷,第43页)

最后一个准则是"适当性准则"。此一准则试图回答下述问题:我们如何能确定所建构的模型适合说明人类行动?"科学模型中每一个术语的建构,都必须使行动者**本人**及其周遭的人们,根据常识性解释就能了解。遵守此一准则保证社会科学的建构与常识性建构相容不悖。"(《论文集》,第一卷,第44页)。①

① 在"社会世界中的理性问题"一文,舒茨对他的准则有稍为不同且更加详细的论述。他在该文中指出他所列举的几个准则可以归结为"另一个建构理念型的准则,就是理性的准则。这个准则可陈述如下:社会行动的理念型必须以下述方式来建构,即在生活世界中一个行动者对于他的选择、目标、手段等,如果有清晰明了的科学知识,则此行动者将会从事科学模型所建构之类型化的选择行动,选择最适当的手段,以实现最适当的目的"。(《论文集》,第二卷,第86页)

五

现象学基础的瑕疵与裂缝

在概述完舒茨对社会世界现象学之理解及其社会理论观之后，我就能评估他对于重建社会政治理论的贡献了。在我对主流社会科学分析批判的讨论中，呈现出两个主要论点：第一，受检视的社会政治实在具有独特特征，影响我们解释此实在的方式；第二，此实在的解释不能完全局限于因变量与自变量之间发现的规律性。个人在他们社会政治生活中是自我解释的存有。他们用以解释自己及他人行动的方式，与那些行动的关联不是外在的，而是那些行动的构成要素。假定社会政治实
156 在只是一种假定的事实，是社会政治相关科学的起点，不只是以一些最重要的相关问题为论据，也助长了种种的扭曲与误解，如同我们看到的。

我也曾论证我们并不是被迫二中择一：**要么**社会政治学科在各方面都与自然科学相似，**要么**它们在逻辑上如此相异以至于涉及完全不同的概念、方法及目的。相反的，我试着表明如果我们在一种社会科学的自然主义观之下从事研究，我们必然会认知到，这个世界对人类来说是如何有意义的一个世界，此种意义是如何产生的，是什么支撑与挑战着这些意义，以及这些意义如何形塑我们的所作所为。再者，对于社会政治实在以及此实在的价值构成方式之更为健全的理解，并不会质疑或腐蚀科学技术应用于探究在社会中的人，它帮助我们理解此种探究途径的贡献与限制。受到挑战的当然是无保证的假定，只凭借着对规律

性的研究让我们获得关于社会政治实在的正当经验知识。

许多关于人类行动如何受规则支配，以及此类行动如何镶嵌在价值构成的社会实践及制度中的独立探究路线，都导致一个新的取向、重点与问题。但是我们在分析哲学者中找不到发展一个另类概念探究之有系统的企图，以综合他们若干分析的真知灼见。在探索社会世界的现象学基础中，舒茨寻求发展一个既丰富又独特的概念架构，以便"获致关于社会实在的有系统知识"。他并不满足于一些滑溜的概念，诸如"主观意义"、"解释"及"主体间性"等停留在一个模糊直觉的层次上，而是寻求确定这些概念，并把它们统合成为一个寻求社会实在之客观知识的架构。

舒茨回避了我在比较塞拉斯与胡塞尔的概观时，所提出的二中择一的难题。据塞拉斯对在世之人的理解，社会科学是以日常形象的"相关归纳法"为基础的；因此，它们是日常形象的科学，此日常形象最终会被并入人的科学形象中而作为一个复杂的物理系统。当时胡塞尔并没有直接回应塞拉斯，他抨击自然主义、客观主义和科学实在主义的所有形式。胡塞尔自己的反思的目标是阐述把超验哲学与超验现象学当作最基础的"科学"，需要一个和客观科学不同的理念，以及一个截然不同 157
的探究途径以研究在其心理及社会生活中的个人。

但是现在我们可以看到舒茨是如何拒斥这两种极端的论述。以塞拉斯的话来说，舒茨证明了日常形象比塞拉斯所描述的更为丰富，以及发展一个日常形象的客观科学如何可能，其并不局限于"相关归纳法"的程序。这样一种解释科学旨在阐明日常生活世界所涉及的基本结构——此结构根植于个人主观解释他们经验的方式之中。尽管舒茨在思想上采借自胡塞尔甚多，但他仍正直地对于"社会科学方法（甚至包含一门现象学的构成心理学）与自然科学方法全然不同"的主张加以批判（《论文集》，第一卷，第48页）。

在承认舒茨的成就之际，必须认知到他许多著作的暂定性。在第一本著作之后，舒茨仅出版了论文与文章。在读遍他的论文集及去世后所出版的手稿之后，会发觉他总是一再地从头开始，而非由先前已确立之基础上去建构、探索和阐述。舒茨敏锐地发觉这个缺陷，并且在接近生命尽头时，仍致力于一个他从未完成的系统化论述。[①] 因此，舒茨的著作几乎没有一个层面不会引起种种纷扰的问题，而他都没有回答。在他对社会世界现象学的理解当中存在着严重的瑕疵与裂痕。

我将从一个具有高度重要性及歧义的概念——**结构**，特别是关于“生活世界的结构”，来着手进行我对舒茨著作的批判。因为我相信这不只是在舒茨的著作中，也在现象学本身中显示了一个根本困境。让我们回想胡塞尔早期与心理学主义和历史主义决裂之后，在他的研究中有一种主题连续性。他对于起源和对于主体本质结构的追寻，显示一种朝向发现超验主体性之最基本、最普遍和先验的结构的主要驱力。即使当胡塞尔将他的注意力转移至生活世界、主体间性和历史时，他的主要目的还是去揭露（无遮蔽）以及阐明意识的基本超验结构，以及获致关于这些结构的必然确定性的知识。[②]

158 在舒茨智识生涯的所有方面，他对胡塞尔的超验哲学与超验现象学方案表现出一种矛盾态度。有时舒茨认为他自己的著作是对此社会世界构成现象学的一种贡献，而且认同正统胡塞尔的主张，即此现象学

① 可参阅卢克曼在《生活世界的结构》一书导言中，关于他在编辑舒茨未完成手稿时所面临之问题的描述。

② 有时会提到在《欧洲科学危机和超验现象学》一书中，胡塞尔放弃了对此结构的探索。但是他于书中写道：“在它所有相对的特色中，此生活世界的确具有一个普遍结构。此普遍结构本身并不是相对的，相对存在的一切结构都与此一普遍结构联系着。我们都可以参与它的普遍性，而且伴随着足够的关注，以一种所有人都能接触的方式把这个结构永久确立下来了。”（《欧洲科学危机和超验现象学》，第139页）

本身系立基于一个更为基础的超验现象学之上。[①]然而舒茨对于此超验现象学的主张逐渐开始怀疑,特别是在阐明主体间性上。在舒茨最后也是最杰出的一篇论文中,他回顾——并且强烈批判了——胡塞尔厘清超验的主体间性的若干企图。他总结道,“胡塞尔试图根据超验自我的一种意识操作来解释超验的主体间性的构成,并没有成功。”(《论文集》,第三卷,第82页)由此失败所引起的争议——或者更一般言之,由于超验现象学概念的内在困难所引起的——对舒茨本身的著作及其对生活世界结构的理解有直接影响。

这些结构的确切本质和地位是什么?当我们主要的关注不是单个的自我而是社会世界时,这个问题就变得严重了。有时舒茨似乎是在正统胡塞尔的脉络中操作,探索构成任何形式之社会生活的基本结构。因此当舒茨在处理面对面情境的结构,或是同时代人的世界时,他是在阐明任何形式的社会生活中所显现的那些结构,不论是希腊城邦还是当代科技社会。在这两个历史脉络中,都有面对面互动,以及与同时代人——我们并未直接相遇——的互动。想必社会世界这两个向度的基础结构会展现在广泛不同的历史环境中。

但是假若我们关注这两个情境迥异的特殊历史结构,并且企图去理解希腊城邦中面对面情境的特色,以及这种结构是如何形成、维持和消逝的,那么显然胡塞尔与舒茨两人都意识到结构层次的差异。然而在胡塞尔的著作中有一个关于“生活世界结构”的本质与状态的根本歧义。更严重的是,他没有清楚地区分哪些是固定不变的、永久的和先验的结构,而哪些是具有独特历史根源与因素的结构。在理解社会实在的 159
过程中,我们想要理解的不只是永久的先验结构,如果有的话,也要理解那些刻画不同社会和时期的转变中的特色与结构。我们也想要理解这种结构如何形成、繁盛与衰败。我要重申这点,即使说舒茨没有意识

① 参阅《社会现象学》中之附注,第43—44页。

到我所坚持的这种区别是不公平的,但是他并没有发展出一些概念、范畴及程序,可以厘清在社会实在中所展现的结构在层次和类型上的差异,以及可以指出研究这些不同结构类型的恰当途径。

此处所产生的问题依旧困扰着社会现象学和**民族方法学**。经常欠缺关于结构之层级与特定性的敏锐,以及什么影响结构的出现、再现和衰落。[①]关于这方面,尽管有常识性思维的起源——**谁的**常识性思维?——以及意义构成的讨论,在现象学中仍有一种倾向,对应于许多自然主义探究中朝向**物化**(reification)的倾向。[②]

当我们在一个现象学取向的核心中探究另一个概念时,产生了一个类似的模糊:**构成**。从我们对舒茨的阐述中,可看出这项概念的核心性。在处理意义的问题上——特别是主观意义——舒茨强调意义是如何构成的。胡塞尔自己则是一再回到阐明构成以及区辨不同形式之构成的工作上。[③]舒茨对于孤立出构成理论中一个核心困难是极度敏锐的。

---

① 这些困境于纳坦森的论文集中有所说明,参阅*Phenomenology and the Social Sciences*与George Psathas的*Phenomenological Sociology*。关于什么是此社会世界永久的、固定不变的与先验的结构似乎没有共识,也没有清楚陈述能辨别此种结构与那些历史上转变的结构之间的判准。

② 卢克曼与伯格——他们两人都深受舒茨影响——对于区别外化、客体化与物化开了个头。但是他们顶多做了一些重要而初步的区别,而没有发展一个适当的概念架构。他们两人也都呈现出结构与建构过程间深层的紧张关系,这些结构与建构过程对任何人类意识而言都是基本的,并且具有特定历史根源与原因。参阅伯格与卢克曼之*The Social Construction of Reality*;以及伯格与S. Pullberg,"Reification and the Sociological Critique of Consciousness",*New Left Review*,第三十五期(1966)。

③ 参阅Robert Sokolowski,*The Formation of Husserl's Concept of Constitution*。

> 在现象学的开端，构成意指厘清意识生活的意义结构，探究他们历史的积淀，追溯所有思想(cogitata)到进行中的意识生活的意向性操作……然而未引起人注意，且几乎是未察觉到的，我认为构成概念从意义结构的厘清，从存在意义的阐明，转变为存在结构的基础：从阐明转变成为创造。(《论文集》，第三卷，第83页)

然而即使是构成理论中这项对核心歧义的陈述，也没有揭露其中问题的所有向度。假如我们把自身限制在舒茨所认为的现象学构成分析的正当任务中，即“厘清主体间性与我接受为客观之世界的**感觉结构**”(《论文集》，第三卷，第84页)，仍然有重大的歧义：我们主要的关注是否为此先验模式，于其中任何超验自我构成了一个有意义的世界？我们是否处理构成模式，在日常生活世界中，任何清醒的个人借此赋予此
世界意义？我们是否关注个人所属的阶级或团体对于特定解释架构、类 160
型化形式以及他的个人经历决定情境的相关系统的影响方式？

毫无疑问地，答案是一个适当的现象学必须处理所有这些问题。的确，即使有人认为胡塞尔和舒茨两人都强调一个适当的现象学必须探讨意义结构的起源。但是在阐明“构成”意味着什么，和在分析“起源”意味着什么时，所产生的歧义是相同的。把所有这些不同的分析方式和层次统统归并于“构成”的标题之下，模糊了所涉及的重大差异。舒茨采用构成理论，如同他评论韦伯的“主观意义”概念：当舒茨遗留下此概念时，“这只不过是他未曾详细检视的许多重要问题的一个标题，尽管这些问题对他来说并不陌生”(《社会现象学》，第xxxi页)。

此社会世界的建构——基于过去经验的积淀，强调解释架构、类型化以及选择的相关系统——要求我们去问舒茨未曾解答的问题。假设我们把注意力从或许是普遍与先验的构成及类型化模式转移开，而聚焦于受到一定的历史实在影响，且在历史发展过程中有所转变的那些构成与类型化上。我们想知道这种独特的解释与类型化的模型如何形

成;为什么个人会以这样特殊的方式来类型化这个世界;在对我们开放的可能的解释架构的选择上,是什么机制在运作。舒茨的著作指出了这些问题的正当性与重要性,但并未给予我们详细解答。即使是“生活世界”、“常识性思维”与“日常生活世界”等措词也具有模糊的效果。这些概念无法指出生活世界的哪些层面是固定不变与永久的,而哪些是可变的与转变中的。在形塑个人如何构成其社会世界的问题上,愈是强调历史和过去经验的积淀的角色,就愈是意识到在此构成过程中团体与阶级的中介,也就愈需要对于建构不同形式的社会政治实在所涉及的过程和决定因素有一个详细的分析。①

当我们仔细检视目的动机与真原因动机之间的主要区别时,舒茨
161 之社会世界现象学的许多困难就变成明显的焦点了。舒茨的区别类似于“动机”与“原因”之间的差别,这在后期维特根斯坦的行动概念分析中是如此的基本,但舒茨在阐明这项差别时对于所涉及的许多难题却忽略了,有时似乎忘记了。②他无法面对这些议题,这对他整个现象学架构有一些影响。

首先,在舒茨对真原因动机的理解中存在一个重大歧义,提出了是否以及在什么样的意义上它们可以正当地被称为动机。有时舒茨使用

① 我对舒茨所提出的质疑也适用于胡塞尔:他指出有关历史结构的社会政治变迁的问题核心,但没有探究这些变迁所涉及的事物。许多思想家对这些议题感到急迫,试图融合胡塞尔与马克思。这些融合努力中最具雄心壮志的要算是帕奇的*The Function of the Sciences and the Meaning of Man*。参阅期刊*Telos*,其中有许多支持或反对这种融合的文章——特别是Paul Piccone与Pier Aldo Rovatti的文章。对于现象学与马克思主义之间不稳定结合的评论,可参阅Fred R. Dallmayr,“Phenomenology and Marxism: A Salute to Enzo Paci”,George Psathas编,*Phenomenological Sociology*。

② 关于区别动机与原因所涉及之议题的讨论,可参阅我在《实践与行动》,第四部分中的讨论。也可参阅彼特金的《维特根斯坦与正义》。

此词来指涉"对个人选择某一特定计划发挥某种因果影响力的任何过去经验"。就这种普遍意义来说，真原因动机包含了个人也许完全没有察觉的过去经验。在舒茨提出的例子中，一个人也许不能理解他变成了一个凶手是"因为坏朋友的影响"。但如果这是真的，那么就很难理解以什么样的意义而言，我们能够称此影响对他此刻的行动而言，是一种**动机**——甚至是一种真原因动机。一个人在驾车撞上峭壁之前饮酒过量的事实，对此行动而言是一种动机吗？一个人知道这就是他的动机，是否是动机的一项必要条件呢？

舒茨有时会在更为严谨的意义上来谈论真原因动机，指涉一个人充分知晓的经验。现在，考虑他所提出的另一个例子：

> 在这句话"我打开雨伞因为现在正在下雨"，有一个隐藏的真原因动机。它可以用另一种方式来描述：首先我看到现在正在下雨，接着我想起在雨中我可能会淋湿，而这将会让我感到不愉快，而后我准备计划任何适当的预防措施，不论是跑去躲雨或是打开我的雨伞。这就说明了打开我的雨伞此计划的构成。它是由真原因动机推动的。一旦完成，目的动机会推动这个行动，行动本身在当时被构成，并以此计划作为它的基础。在目的中，已经存在的计划是推动因素；它推动了行动并且是此行动的理由。但是在真原因关系中，一个在时间上先于此计划而存在的生活经验是推动因素；它推动了在当时被构成的这项计划。而这就是这两种关系的基本差异。(《社会现象学》，第92页)

看到现在正在下雨以及推论我应该打开雨伞以避免淋湿所呈现的思考过程，是一种完全在我意识内的过程。正因为这点，叙述一连串过去的生活经验当作真原因动机是有意义的。

这歧义是重要的，因为舒茨从未完全地厘清真原因动机——特别 162

是那些我没有察觉到的动机——与目的动机之间的关系。舒茨的这个缺失在对于理解目的动机上产生影响。如果“以未来完成式而被计划并且接收到它取向的行动,对行动者来说是‘目的动机’”,那么在什么意义上,一个行动者的目的动机会被误解或欺骗?舒茨也没有区别动机与意图。我也许有明确的意图去杀X,但这并没有揭示我的动机——即使是我的目的动机。个人不需要对他的计划有自我意识。但是如果一项计划是他所想象或幻想的一个完成了的行动,那么我们如何能避免一个人有特权通往其目的动机的后果?

若我们移至社会层面,如果我们断言个人或由个人组成之团体,没有察觉到或误解了他们真正的目的动机,就很难看出舒茨如何说明意识形态或“错误意识”。在常识性思维中,不亚于社会政治理论,我们通常会猜疑或怀疑个人自称为是他们目的动机的动机,这不是因为我们怀疑他们蓄意说谎,而是因为我们认为他们缺乏自我理解。通常我们质疑有关个人目的动机的自我宣称,因为我们能够分辨行为的因果影响或模式,来证明那些自我宣称是错误的。尽管有时这么做是危险的,我们经常会认为一个局外观察者——不论是一个人、一个社会理论家或一个心理分析学者——能够比个人本身更为理解个人真正的目的动机。如果我们接受舒茨对目的动机的描绘,即个人在未来完成式中所计划的行动,我们如何可能去区辨假的与真的目的动机呢?

想想看,例如有两个人在执行洗手的动作,其中一位我们有理由相信他是一个身心健全的正常人,而另一位是强迫症患者。在那位身心健全者的案例中,我们通常会接受他的动机陈述,即他做这项动作是为了清洗他的手。清洗他的手这项完成了的动作是他在未来完成式中所想象的计划。也许这位强迫症患者在他脑中也有同样的计划,但是我们会怀疑洗手是否是他真正的目的动机,尽管这相当可能是他在未来完成式中所计划完成的动作。我们产生怀疑是因为,在观察他的行为中,我
163 们理解到过度清洗他的手并不是他当时的情境所保证的。我们(或分析

者)对因果影响的探究是理解真目的动机的一种方法,而不仅仅是发现原因动机的一种方法。

这些难题对于解释与应用舒茨所认为的社会世界的科学模型的一个主要准则——适当性准则——具有严重后果。舒茨告诉我们"在人类行动的科学模型中,每个术语必须以下述原则来建构:个人在生活世界中的行动被典型建构所指涉的,对于行动者本身及其同伴而言,都是可以根据日常生活的常识解释来**加以理解的**"(《论文集》,第一卷,第44页;黑体系引者所加)。但不论是我们所认为的心理分析者,或是黑格尔的"错误意识"分析,或是马克思的意识形态分析,我们可以说舒茨忽略或掩饰了反抗、防卫或自欺的复杂机制,因此个人无法察觉他们事实上的真目的动机是"可以理解的"。如果我们从字面意义来接受此准则,则可能导致所建构的模型是意识形态的,而非科学的,在其中它们会反映有关我们自身与我们目的动机的偏见和错误信念。

当我们探究真原因动机与目的动机的意义与关系时,产生了进一步的难题。舒茨对于真原因动机如何决定一个计划这个关键议题闪烁其词。此难题阐述如下。

> 跟目的动机类型相对的,我们必须区辨另一个动机,我们建议称之为"原因"动机。杀人犯被激发去犯下此罪行是因为他成长在如此的环境中,如同心理分析所示,因为,他在幼年有过这样的经验等等。因此,从行动者的观点来看,原因动机指涉他过去的经验。这些经验决定他如此行动。在一个有关"原因"的行动中,被激发的是此行动本身的计划。为了满足他对于金钱的需求,行动者有可能以其他方式来满足需求而不是杀人,比如说凭借有偿职位来赚取金钱。以杀人来达到目的的想法是受其个人处境,或更精确地说,受其个人境遇所积淀的生活史所决定的(所"肇因的")。(《论文集》,第一卷,第70页)

舒茨对于此因果关系所意指与包含的内容从未提供一个系统性的分析——它有多强或者多弱。然而上述引文暗示着我们可以为所采取的特定计划找到特定原因；在此例中，我们可以说“他以杀人来达到目的
164 的想法是受(肇因于)其个人处境所决定的”。

那么，让我们假定，对于一个人为什么选择某一个特定计划而给予一个因果解释是真的有可能的——不只是为什么他有选择某一个特定计划的普遍倾向。那么，尽管舒茨宣称关于目的动机与真原因动机的说明是两个独立的、不同的，却能相容的说明模式，但他开始以真目的动机和真原因动机是相互依赖且内在关联的来看待此说明。为了孤立出所要尝试说明的事物，必须辨认出目的动机：必须知道一个人是为了满足他对金钱的需求而杀人，而非某些邪恶的性欲望。但是在什么样的意义上，有人只是简单地称它为目的动机来说明此行动？相反的，采用舒茨所举的谋杀行动的例子，似乎确认相关的目的动机并不能说明此行动；它只是借由分离出导致此凶手形成特定计划的决定因素，这是在给予此行动一个因果说明时的一个必要阶段。再者，因果影响的探究或许对我所认为的真目的动机造成一种修正。

还有进一步的难题，对于社会科学作为解释学科产生了影响。舒茨倾向于认为，不论我们归诸因果要素或真原因动机什么样的重要性，我们仍然能够从因果关系所涉及的问题中分离出解释的问题。这种倾向受舒茨描述目的动机的方式所支持。因为如果这样一种动机的确是由个人在未来完成式中所想象的计划，那么辨认此动机，甚至建构目的动机的一个理念型是一回事，而探究因果决定因素则是另一回事，此决定因素说明了“根据过去经验的计划”。但是舒茨从未诚实面对的一个问题，以及解释程序的评论者时常强调的一个问题，即我们如何评估相互竞争的说明：我们如何去决定哪一个说明是正确的，或至少是较为趋近

于“事实”的。

为了看出此问题的重要性，我们姑且认同舒茨宣称社会理论家的
功能是要去发展社会实在的模型，这涉及了**典型**的人类行动与互动的
建构。根据主观解释的准则，任何此种社会世界模型都必须包含典型的
个人目的动机的建构，此个人的行动是我们尝试要去说明的。但如何知
道我们所建构的模型是否恰当？如何在不同模型或声称讨论相同社会 165
实在的、不同的或竞争的模型中做决定？我们所认为的真目的动机——以及随之而来的这些动机之恰当的科学建构——仰赖于我们所接受之动机的实质理论。对个人宣称为他们的目的动机（当其为可能时），或者“对行动者本身而言是可理解的东西”的考虑，或许对于建构一个真目的动机的模型是一项必要条件，但绝对不是一项充分条件。一个相信弗洛伊德学说的人或是一个马克思主义者有可能去建构不同的真目的动机模型。这些解释或模型或许不只是不同，而且不相容，因为任何一方都坚持关于人类行动真目的动机的不同理论。根据舒茨的主张，一个真目的动机的特征在于他们具有“因果效能”：“经由目的来推动，因此是种‘自发性命令’，我们‘出发’这个决定，将内在想象转变成为与外在世界相符合的一种表现或行动。”（《论文集》，第一卷，第70页）但是舒茨从未告诉我们事实上或者原则上，我们如何能够恰当地辨别在目的动机中哪些有此效能、哪些没有，或者我们如何能够评估关于解释相关行动的真目的动机的不同主张。

这些有关真原因动机与真目的动机之确切意义及其关系的难题，并不能借由舒茨所补充的少许区别或精炼分析而被改正过来。他们提出了社会现象学的核心议题。他们显示了此日常生活世界的因果分析与解释间关系的主要问题，是舒茨尚未解决的。他们显示了我们所认为的真目的动机本身是仰赖这种动机的意义，以及我们可以视此动机受因果决定的程度而定。在舒茨界定目的动机是个人所想象或幻想的计划，或完成了的行动，显示出他对于动机的描绘是如何之不恰当。而且

显示了他们对于需要解释目的动机的一种同情的理解，必须面对在辨别什么是真目的动机中所涉及的主要复杂议题。最后，他们也显示一个社会理论与社会科学作为一种解释学科的概念仰赖于——且并非在逻辑上不同于——因果分析的程度。尽管因变量与自变量间的规律性或
166 因果关系的探究并不足以提供一个社会实在的解释，除非我们面对因果分析中所涉及的复杂议题，否则我们在解释社会实在中无法获得更多进展，这是真实且基本的。**我们断定为社会行动的恰当解释其本身，仰赖于我们对社会行动之因果决定因素的理解。**

六

理论家作为超然的观察者：一个批判点*

我将借由讨论舒茨为我们所描述的社会理论家的理念型，来为我对舒茨社会世界现象学的批判做一个总结。舒茨所清楚描绘的社会理论家的理念，不只源自于韦伯，而且也被自然主义者如温奇等的叙述论者，以及正统现象学者所共享了。当社会理论家在纯粹理论之有限意义界域里跃进时，他采取一种超然的、客观的和隔离的态度。他必须训练自己，将主导他日常生活的关注与实用兴趣都悬搁起来。如舒茨所描述的，这种理想是费力的、需全力以赴的，通常会在实践过程中被违反，且只能在个人具体生活中间歇地趋近。尽管如此，这些偶然性并不会影响它作为一个理念型的地位。舒茨无疑相信如果我们有志成为真正的社会理论家，我们必须朝此理想努力。在此刻不需要去回顾有关为什么这个理想会被许多不同思想家所认同的理由，以及为什么它会如此吸引人的各种理由。在所有会影响我们对于社会政治实在之理解的成见和偏误的背景之上，这个理想被宣布和辩护。然而到现在应该也很清楚的

* 这一节系针对“理论的功能及理论家的角色”这一点来批判舒茨的社会世界现象学的，并为开启下一章的主题“社会批判理论”而准备。其实上一节已经对舒茨展开批判了，故本节的副题译为“批判点”。——译注

是，这样一种理想是多么具有两面性。它为一个前后一贯的现象学所提出的问题是很尖锐的。

假使我们暂时同意现象学分析——不论是超验现象学或是自然态度的构成现象学——能够趋近它自认为的**目标**——厘清最基础的结构，借此我们构成一个有意义的世界。假若我们能够达到或趋近此**目标**——如果我们有某些方法去辨别哪些是真正先验的与普遍的，哪些只是看起来像是这样——我们也许拥有一个坚实的基础去对历史上的社会政治实在加以评断。我们应该在一个理想立场上去辨别在人类情
167 境中哪些是真正普遍的和基本的，哪些不是。如果意识形态或错误意识的一项特征在于：它把相对于特定历史脉络下的事物有系统地**误认为**是人类情境中的一项永久特色，那么人们也许会认为一个彻底的现象学分析便是真正激进的和批判的。的确，现象学让我们能够去看穿那些影响我们理解社会政治实在之种种意识形态的扭曲。那些认为现象学不只是对于社会政治实在的理解，也是对于此实在之不同历史形式的评判有很大希望的人，会认同这路的论证。①

然而在现象学中所欠缺的（伴随其存而不论和悬搁起来的层级概念）乃是能够作为这种批判性评断之基础的任何东西。更糟糕的是，它将此欠缺变成是一种优点——纯粹描述的所谓优点。再次思考我曾提及的一个例子：希腊城邦和当代科技社会（伴随其为了操弄政治意见之种种计谋）的政治生活的现象学分析。假设历史实在的这些形式存在着共同的基础结构，那么超验现象学就能够阐明它们了。再者，借由现象学的技术，我们也能够仔细地描述这两种生活形式之间的差异。但是在现象学中缺少的（伴随着朝向纯粹描述的努力），是评估这些不同形式

① 参阅如詹纳，"Solitude and Sociality: The Critical Foundations of the Social Sciences"，George Psathas 编，*Phenomenological Sociology*；以及 John O'Neill, "Can Phenomenological be Critical?"，*Sociology as a Skin Trade*。

的政治生活的任何根据，以及断言某种形式比较接近政治生活是或应该是的形式。辨别什么是真正普遍的和先验的，以及什么是转变中的和可变的，并不**足以**去评判任何一种社会政治实在的历史形式是违反人性的、异化的或压抑的。在一种朝向纯粹描述的、纯构想的、超然的和疏离的现象学立场中，上述概念似乎是没有地位的。

对于现象学所能成就的我并不想去低估或诋毁。且仍然有许多是要从中学习的，例如，从集中营或精神病院中面对面地进行互动的现象学分析。但是我确实坚持一种纯粹的现象学规避了对不同形式的社会政治实在的明确批判性评估。或者更准确地说，当现象学者作出此类评判时（由于他们不可避免地得这么做），他们因为不当地引介他们自己的基本价值和规范——价值和规范在现象学分析本身中似乎没有任何基础——而违背了他们最基本的方法论原则。尽管这样的分析也许会揭露这种规范是如何构成的，但现象学缺乏对这些规范进行理性评判的智识资源。 168

同样基本的紧张状况存在于社会科学的自然主义观的核心之中，并且那些告诉我们适当的社会理论的任务是要去理解各种生活形式的人展现了这种紧张，这种紧张状况也存在于现象学的核心之中。尽管现象学者宣称已发现了最基本的、彻底的和批判性的学科或方法，这种紧张却以一种更为尖锐的形式在现象学中出现。理想的现象学者有系统地将其自身从日常社会政治生活的实用的世俗兴趣中超脱出来。他必须致力于悬搁的严谨训练，并且执行所需要的存而不论。他必须转而凝视根植于人类主体性意义的构成过程。作为一个纯粹理论家，他并不直接关注现存形式的社会政治实在的评断或谴责，也不关注改变这个世界。就他转而凝视此种世俗活动而言——这对他来说当然是重要的——从纯理论的观点来看，这些世俗活动也是要被描述和阐明的现象。不论我们作为公民的实践目标与努力是什么，现象学的目标是增进结构和构成过程之知识的理论性目标。这种对理论和理论家的理解所创造的紧张——由胡塞尔超验现象学观所阐明的紧张状况，以及他对欧洲人命运的深切而热忱的关注——对于那些企图发展社会批判理论
169 的人而言，乃是起始点及核心问题。①

① 关于胡塞尔立场的一个有力辩护，参阅索科洛夫斯基，"Husserl's Protreptic"，*Life-World and Consciousness: Essays for Aron Gurwitsch*, Lester E. Embree(ed.)。索科洛夫斯基告诉我们"最后，所有这些意味着现象学自身是自主的和绝对自我负责的，对它自己而言就是律则。它旨在一种知识自主性、责任与非衍生性证据的生活。在此过程中，它对于传统意义的哲学是忠诚的"(第77页)。但索科洛夫斯基，不亚于胡塞尔，具体地说明这意味着什么——现象学在发展一个道德及政治共同体时，如何提供实质引导方针。

第四章

社会批判理论

在第三章的结论中，我又回到本书开头的一个问题。主流社会科学家及其语言分析的批评者和现象学的批评者，有一个一再出现的共同主题，即关于理论和理论家的角色。舒茨提出过一个最为清晰的表述，他把理想的理论家视为超然的观察者：虽然理论家对于社会政治生活的命运和质量有热切的兴趣，但他在理论探讨中必须将此种实际兴趣悬搁起来，存而不论。

虽然舒茨与温奇对于社会理论的性质有不同的意见，他们在此一实质点上并无不同。温奇之所以认为哲学与社会研究的关系如此密切，其中一个主要理由就是哲学对于各种不同的、互相竞争的生活方式采取了一种不介入的态度。在这一方面，舒茨、温奇及主流社会科学家并没有重大歧见，主流社会科学家也倡导客观的、价值中立的研究；他们的歧见乃在于何者真正构成社会政治现象的一个适当说明。因此几乎在所有其他议题上有歧见的理论家，却共同维护一种自由的、自行修正的、开放的探究，这种探究只须遵从主体间讨论的批评规范。

把理论家视为超然观察者的理想，与下述的范畴区分密切关联：理论与实践的区分，在此“实践”意指理论知识的技术性应用；经验理论与规范理论的区分，前者系对于“**是**什么”的描述和说明，而后者则是对于“**应该是**什么”的厘清和辩解；描述性话语与规范性话语的区分；以及事实与价值的区分。

但我们也发现——特别是分析哲学家——一种对这些二分法一直有的质疑。实践应该被当作理论知识的技术性应用——此一应用能用于许多不同的目的，视一个人的目标与价值观而定：我们真能辨别经验理论与规范理论吗？当我们处理人的行动时，我们对讨论通常都能辨别 173
描述性成分与规范性成分吗？世界能清楚地划分为事实与价值吗？舒茨提出了一种存在的精神分裂症，这是由于同一个人从事理论工作，也介入日常生活的现实世界中，以不同的“现实强调”在两个不同的世界中运作，我们必须赞同舒茨这个说法吗？

在这一章中，我将检视对于上述理论家之理念型的一种最为犀利且最为持久的挑战。此一取向的根源系黑格尔和马克思对于**批判**的运用及理解；法兰克福学派的核心人物对此取向已有一项经典表述；[①]并为哈贝马斯所精炼和发展。我对于社会批判理论的主要兴趣乃是要看它与社会政治理论的重构有何关联？我认为在此一传统中最核心的乃试图同时恢复及捍卫批判性环节或动力的方式，此批判性环节或动力乃任何恰当的社会政治理论化所需要的。就我解读当代思想状况而言，正是此种批判性动力，在截然不同的传统中训练出来的思想家之间涌现。有一种辩证运动从经验理论的倡导，到体认社会政治实在之解释和

---

① 二战后"法兰克福学派"一词广为人知了，指涉1923年(德国)法兰克福一群与社会研究所有关的知识分子。此学派在20世纪30年代初期被迫离开德国，在霍克海默的强势领导下保持着其智识认同。20世纪30年代期间，当此学派迁移至纽约的Morningside Heights后，许多原创性著作发表在他们的期刊上——《社会研究学报》(*Zeitschrift für Sozialforschung*)。二战后法兰克福学派的著作发挥了广泛影响。由于在德国受到年轻激进学生首次的再发现，他们迅速发挥国际影响力。20世纪40年代晚期，社会研究所被正式邀请返回他们最初的家——法兰克福。(当时)仍为领导者的霍克海默经过几度犹豫之后，接受了这项邀请，并被认命为法兰克福大学的教授。霍克海默和阿多诺是返回的成员中最杰出的。在50年代期间与60年代早期，他们受许多年轻德国知识分子热情欢迎并且其著作被热切地阅读。但是当德国激进学生在60年代晚期变得更为好战时，法兰克福思想家就成为抨击的主要目标之一了。

现今英语世界中有一些对法兰克福学派之历史和发展的渊博叙述，最具综合性的是Martin Jay，*The Dialectical Imagination: A History of the Frankfurt School and the Institute of Social Research, 1923—1950*。参阅我对Martin Jay著作的评论，"The Frankfurt School"，*Midstream*，September 1973。Jay的著作包含关于法兰克福学派之主要和次要的参考书目。George Lichtheim是对此学派最了解且最支持的作者之一，参阅他的论文集*From Marx to Hegel*。也可以参阅魏尔默（A. Wellmer)，《社会批判理论》(*The Critical Theory of Society*)；Trent Schroyer，*The Critique of Domination*；David Frisby，"The Frankfurt School: A Critical Theory of Society"，*Approaches to Sociology*，J. Rex编。法兰克福学派的重要性也受到检视，

理解的必要性，而最后逐渐承认批判类型的需要，此批判对于社会政治生活的命运和质量具有实践兴趣。寻求经验性的相关、解释社会政治实在及对此“实在”的批判，并不是三种不同类型的探究。它们是对于社会政治生活之理论化的三个内在环节。

在此，我的论述程序和我在第三章的类似。为了要搭建检视社会批判理论的平台，我将首先思考胡塞尔与霍克海默（法兰克福研究所所长）两人观点的冲突。这将让我仔细检视哈贝马斯的论著，他已经探讨过批判理论的认识论基础。

参阅 William Leiss, *The Domination of Nature*; Norman Birnbaum, *Toward a Critical Sociology*; Göran Therborn, “Frankfurt Marxism: A Critique”, 以及 “Habermas: A New Eclectic”, *New Left Review*, 第六十三期（1970）与第六十七期（1971）。

一

背景：科学角色的危机

为了引介胡塞尔与霍克海默两人共同关注的中心问题，我们需要
174 检查理论的概念和理论家的理念型，以及根源于希腊哲学的古典概念"理论"(theoria)，二者的连续和断裂。虽然近代和当代的思想家，经常使用和古典思想家相同的公式，但他们对于理论的概念及其与人类行动间的关系是截然不同的。这一点哈贝马斯已经作了很好的阐述：

> **经验性—分析性**科学以一种自我理解来发展其理论，而这种自我理解自动地与哲学思想的开端连接起来。因为二者都采取理论性态度，这种态度使人能避免与生活中的自然兴趣及其干扰产生独断性关联；而且二者都有一种宇宙论的意图，欲就宇宙之定律的秩序，从理论上恰如其分地来加以描述。相对而言，**历史性—诠释性**科学由于关切过渡性的事物，并且它们只是属于意见的领域，所以不能很顺利地与此一传统挂勾——它们与宇宙论毫无关系。但历史性—诠释性的科学也包含一种**科学主义的意识**，立基于科学的模型。因为即使是传统中的象征意义，似乎也能够集结在一个具有理想化的同时性的事实宇宙里。文化科学虽然通过理解来掌握它们的事实，很少关注通则的寻找，但这种科学也和经验性—分析性科学共享同一种方法论意识，即在理论性态度的视域里，描述

一个结构性的实在。历史主义已成为文化社会科学的实证主义了。[《知识与人类兴趣》,第302—303页][1]

但是理论家(bios theoretikos)在古代希腊思想里,被理解为一种生活形式,具有终极的**实践**效能。它被设想为一种训练、一种从内在来陶冶和教育灵魂,并使人从被意见所奴役的状态下解放出来的"方式";透过它,有天赋的人遂能获致自主和智慧。哲学生活乃是最充分之德性生活的典范,在此,人最像神明。但从一个现代的观点来看,这种理论家的古典见解读起来像诗一般,并且混淆了事实与价值、理论与实践。哈贝马斯继续说:

> 因此,此科学虽然与哲学的主要传统分享理论概念,却摧毁了其古典的主张。科学从哲学遗产中借取两个要素——理论性态度的方法论意义,以及一个独立于认识者之世界结构的基本存有论假定。而在另一方面,科学却抛弃了理论与宇宙(kosmos)之间,以及模仿(mimesis)与理论家之间的关联。从柏拉图到胡塞尔都肯定这种关联。从前一度被认为含有实践效能的理论概念,现在却成为方法论禁令的俘虏了。于是把理论当作个人提升历程的观念已经变成唱高调了。今天,灵魂仿效宇宙的比例(宇宙的比例似乎可 175
> 由默想得知),对我们而言,好像只是以理论知识来帮助规范的内

---

① 这段话引自哈贝马斯1965年在法兰克福大学的就职演讲"知识与人类兴趣"。哈贝马斯借着对照霍克海默与胡塞尔来着手进行他的分析。此讲稿的英文翻译版收录于《知识与人类兴趣》一书的附录。

哈贝马斯著作之英译本涉及德文原著某些编辑上的重新排版。参阅哈贝马斯著作以及可取得之英译版的参考书目。

化，因而疏忽了它的正当任务。(《知识与人类兴趣》，第304页)[①]

哈贝马斯所指出的困难，乍看似乎在一个非常抽象的层次上，其实却有巨大的实际后果，并已达到危机的程度。在西方哲学和科学思想上，一个最深层的信念，即相信真正的知识或理论乃是对于个人和社会的启蒙及解放最有效的手段。社会科学中许多先驱者的希望乃是：我们获致对于改革人类社会存在所必要的理论性理解的时刻即将到来。但是逐渐地，我们面临着一个悖论，即这并不是自然科学或社会科学中的探究结果。我们已经看到经常被视为有关社会政治实在的真正知识，却转而成为(一种微妙的)意识形态。理论能提供一个足够的理性基础以指引我的生活的希望不仅显得没有根据，而且被方法论的禁令（methodological prohibitions）排除了。可是经常标榜着一种新的现实的合理性，若以古典标准来衡量，却成为极度非理性的。更为麻烦的是，科学与技术已变成了操纵、压迫及支配的有力工具了，而不是启蒙和自由的途径。对于此种渐增的不祥事态的共同反应摇摆于以下二者之间：其一是种种悲观的绝望，宣称我们掉入了一个具有其自身逻辑的过程中，对此过程我们无能为力；另一是通过某种浪漫的抗议，试图弃绝或逃脱我们的科技文明。这种逐渐增长的无力感使得称此种情境为一个危机，都会沦为一种陈词滥调。

---

① 比较此处与沃林在“Political Theory as a Vocation”(*Machiavelli and the Nature of Political Thought*，Martin Fleisher编)对理论家的古典意义的描述。尽管沃林的取向和法兰克福思想家非常不同，他与他们共享了政治科学中对于理论之堕落的批判。

二

胡塞尔与理论的理想

当西方文明的解体似乎不再只是一种逻辑上的可能性，而是一种逼临的且真实的可能性时，此一危机在19世纪变得尖锐起来。正是在这种情况下，胡塞尔撰写了《欧洲科学危机和超验现象学》（简称《危机》）。胡塞尔宣称现代世界所发生的是一种“科学理念的实证主义式限制”，176
而此实证主义“将哲学斩首”（第7、9页）。[①]哲学理论以“全新之欧洲人的姿态”而提供的领导和指引崩溃了。[②]现在的问题不是哲学和科学的命运，而是西方文明本身的问题了。胡塞尔在《危机》一书中，分析此种崩溃的各个阶段，并指出了此恢复古希腊思想所孕育的，而且在文艺复兴之初再予肯定的理论理念的方式。正如胡塞尔所述说的此一西方文明的惊人故事一样，文艺复兴的思想家“在某种犹豫之后”加以肯定：

> 它无非是“哲学”的存在形式：通过纯粹理性或通过哲学，自由地塑造自己及其整个生活。理论哲学是主要的。对世界作一明智探究必须开始了，不受神话和整个传统束缚：关于世界和人的普遍知识，绝对地免于偏见，终会在世界上辨认出内在理性和目的，及其最高的原理——上帝。哲学理论解放的不仅是理论家，而且是任何

① 除非特别注明，否则所有提及胡塞尔的页码都指《危机》的英译本。

② 尽管胡塞尔谈论“欧洲人”，但他使用此措词大致等同于“西方文明”。

> 受过哲学教育的人。理论的自律性伴随着实践的自律性。根据文艺复兴时代的主导理念，古代人以通过自由理性而得到的洞察来塑造自己。……这不仅意味着人应该在伦理上受到改造，(还意味着)整个人类周遭环境——人类政治社会的存在——都应该通过自由理性、通过普遍哲学的洞察来重新塑造。(第8页)

恢复并实现此一指导理念乃是胡塞尔《危机》一书的主要目标，这不能以返回古代来完成。只有追溯背叛此一理想之诸阶段，批判其中任何点上(所涉及)的预设；并“具体地、分析地审问实际的主体性，即具有直观效度之实际现象世界的主体性——这个如果恰当加以理解的话，只不过是执行现象学的还原，并将超验现象学付诸行动”(第337页)。当前危机的唯一出路乃是超验现象学的困难道路，及其所涉及的“转变”。胡塞尔一生志业的高峰乃是热烈地吁求：

> 最深和最普遍之自我理解的哲学，此哲学自我乃回归自身之绝对理性的承担者……该理性正是人之所以**为**人的原因，人致力于此，在他内心深处的存在中，只有理性能满足他，让他感到喜悦；此理性无法分化为理论的、实践的、审美的或无论什么样的，人类是
> 177 目的论的存在，也是应然的存在，而此目的论影响自我的一切行动和计划；通过所有行动和计划的自我理解，可认知到此绝对的目的；而此认知，此最终的自我理解，没有其他形式能比取决于先验原则的自我理解更能作为哲学形式中的自我理解。(第340—341页)

在此，为理论之哲学生活的辩护中，有一种特别的说服力和感染力。当我们考虑到此黑暗期——20世纪30年代，当理性生活受到外在与内在的威胁时——有人赞扬胡塞尔的勇气，能一再重申他所认为是欧洲人最深层渴望的事物。尽管胡塞尔主张基于真正的理论洞察和自我

理解之人的“绝对自我责任”，但他从未成功地具体告诉我们，在改造人类的过程中，纯粹理论生活与其实践效能二者之间的内在关联。当我们追随着他对于超验现象学和超验哲学之理解的荆棘道路前进时，更麻烦的是突然裂开的深层内在裂缝，且许多他的追随者不是忽略它，就是弥合不成功。和那些他彻底反对并激烈批判的人一样，胡塞尔清楚地显示：理性生活无法分化为“理论的”与“实践的”。尽管胡塞尔的意图是高尚的，但他留给了我们一个介于理论家的理想与“人类的政治社会存在的转变”之间的鸿沟。[①]

理论与**实践**之间的鸿沟是法兰克福学派之批判的关键点。尽管胡塞尔对于欧洲科学危机的杰出分析——大致为法兰克福学派成员所接受——以及他对于理性观和理论观的实证主义局限的批判，胡塞尔自己也犯了他批评其他人犯的那种过错。胡塞尔并没提供弥合**理论**与**实践**间鸿沟的基础，也没提供改变社会政治实在以便符合他的理性生活的基础。不管他的意图和主张是什么，他对于超验哲学和超验现象学的理解让我们在面对社会政治实在之具体历史条件时有种无力感。[②] 178

① 对这些问题一个最同情的且有帮助的讨论，特别是就其关联于“历史问题”的，是David Carr，*Phenomenology and the Problem of History*。Carr对于胡塞尔进行细致的文本研究，在他的历史对现象学的性质和意义的发展性观点上，显示出介于纯粹理论观与人类政治社会存在的具体问题之间的紧张关系是如何之深，并且尚未解决。

② 在许多场合中，研究所成员猛烈批判由胡塞尔和海德格尔所发展的现象学。但法兰克福思想家与现象学间的关系比起这种持续批判所显示的更为复杂。在马尔库塞进入此研究所之前，他已深受海德格尔的影响，且有人辩称这种影响仍持续着。然而，20世纪30年代马尔库塞猛烈抨击胡塞尔的本质观（参阅“The Concept of Essence”，*Negations*），阿多诺也持续批判胡塞尔，他最系统的批判出现在*Zur Metakritik der Erkenntnistheorie*中。霍克海默公开批判胡塞尔与现象学，但是在他的论文“The Latest Attack Metaphysics”，*Critical Theory*的一个脚注里，观察“比起实用主义，尽管其所有自夸的关联性，或者（比起）许多年轻知识分子的写作及思考，假设是对‘普通人’说的，事实上对于他们的角色感到可耻，（《危机》）对问题极端抽象的讨论，对当代历史任务的贡献更大”。（第146—147页）

三

霍克海默的批判理论

当胡塞尔正努力理解当代的基本危机时，我们发现了法兰克福学派成员在这方面类似的努力成果。尽管他们对现象学抱持怀疑态度，但对此危机的分析中他们之间仍存在基本的相似性。法兰克福学派思想家，如同胡塞尔一样，对于那些正逐渐地影响所有智识学科的实证主义和客观主义的倾向抱持批判态度。他们也抗拒“实证主义对科学观的局限”，在实证主义中，一切正当知识、一切理论都是通过实证主义的短浅眼光来看的。他们还发觉有所争议的是理性生活的本质，并且论证现代实证主义的理性观是无可救药地不理性的。可是他们在纯粹**理论**的生活中却找不到解答，又轻蔑胡塞尔认为现象学会“拯救”人类的“妄想”。他们呼吁对根植于黑格尔和马克思的社会批判理论的重新思考以及进一步发展。几乎就在胡塞尔《危机》一书初版问世的同时，霍克海默发表了一篇论文“传统理论与批判理论”，这实际上成为了代表法兰克福思想家立场的论文。*

霍克海默的“传统理论”意指已当作自然科学的规范理想的理论

* 本节的引文大部分是从霍克海默这一篇冗长论文引出，该文译者多年前曾译出全文，编入《批判理论与现代社会学》(巨流，1985)，本节有关的译文也参照这个译本。——译注

观。这种理论的目标

> 是一种普遍的、系统的科学，并不限于任何特定主题，而是包括所有可能的对象。这个目标一旦达到，各门学科的区别就消失了，因为任何个别领域的原理都可以从相同的基本前提推演而得。过去建立起来分析无生命自然的概念工具，同样也可以分析生命自然，任何人一旦掌握这一套程序，即推演的规则、符号、衍生命题与可观察事实之间的比较过程，就能够在任何时候使用它。（第188—189页）[①]

当霍克海默发展传统理论观时，他指出——与胡塞尔类似的态度——此观念在现代哲学开始时是如何起源的，特别是笛卡尔的方法论。[②]他主张，尽管它们存在着内在差异，但“毫无疑问，事实上，不同的社会学学派都有一种完全相同的理论概念”（第191页）。霍克海默也认 179
为现象学家们共享了这个概念。他引用胡塞尔的陈述，谓理论包含“一组有系统地关联的命题，采取演绎系统的形式”（第190页）。

如同胡塞尔曾经强调在实证科学中的理论与其技术应用之间的密切关系，霍克海默也是如此：

> 物理现象和特定经济社会机制的操控都需要积累一套知识，这套系统知识所包括的是一组井然有序的假设。资产阶级时代科技上的进展与追求科学的这种功能密不可分。一方面，这种理论使

---

① 除了特别提到之外，所有提及霍克海默的页码都是引自“传统理论与批判理论”，*Critical Theory*。

② 比较沃林对“方法主义”及其对当代政治科学影响的分析，参阅“Political Theory as a Vocation”，*Machiavelli and the Nature of Political Thought*。

得事实对于具有应用价值的知识极有用处;另一方面,此种理论使得应用我们已有的知识成为可能。毫无疑问,这种理论工作乃是该社会物质基础不断转变与发展中的一环。(第194页)

再者,霍克海默指出这种传统理论观在理论家的个人方面如何支持一种(角色)分裂。

"作为"科学家的学者专家把社会实在及其产物视为外在于他的东西,而"作为"公民的学者专家对这些东西有兴趣,并通过政治文章、政党或社会服务组织的成员资格,来发挥他的兴趣。但他并没有统一这两项活动,也没有统一他的其他活动,除了最多是根据心理学的解释以外。(第209—210页)

对知识与兴趣之间关系的明确承认,区分出批判理论与传统理论,并且为批判理论而辩护。只要理论被当作辨别实在与表面、辨别知识与仅仅是信仰及意见的手段,那么"批判理论"的表述看来似乎就是多余的。但是法兰克福学派其中一个持之有故的主张就是理论的这种批判功能或否定功能被压抑或抛弃了。当传统理论被应用到现存社会政治实在,它就不再为批判此"既定"实在提供一个理性基础了。①

"批判"我们意指智识的努力,最终意指实践的努力,由于不满于仅仅出于习惯,而不假思索地接受流行观念、行动及社会条件;此努力旨在协调社会生活的个人与其他人,以及个人与此时代的

① 这也是马尔库塞的著作中一个不断出现的主题。参阅*Negations, Reason and Revolution*和《单向度的人》。关于马尔库塞批判理论观的一些困难,参阅拙文"Herbert Marcuse: An Immanent Critique",*Social Theory and Practice*,第一期(1971)。

目标和普遍观念，从发生学角度来演绎它们，以辨别表象与本质，以检视事物的基础，总之，真正去理解他们。（第270页）

批判理论有一个基本的**实践兴趣**来引导它——一个彻底“改善人类存在”的实践兴趣，培养对现存社会政治条件的自我意识和理解，以 180
便“人类将首次成为一个有意识的主体，且主动地决定它自己的生活方式”。

> 有一种人类活动把社会自身当作它的对象。这种活动的目的不仅仅是去消除某一个或另一个陋习，因为它认为这样的陋习必然与社会结构的组织方式相连结。尽管它是从社会结构中产生的，但它的目的（在它有意识的意图中或在它的客观意义中）并非结构中任何元素的较佳运作。相反，它质疑这类范畴：较佳的、有用的、适当的、有生产力的以及有价值的，因为这些都被放在现存秩序中来理解，而拒绝把它们当作是无法改变的非科学预设。（第206—207页）

霍克海默也强调批判理论家对于现存社会条件，并不满足于只采取否定的立场。“理论家及其特定对象被视为是要与受压迫阶级形成一个动态统一体，以便他对社会矛盾的表述不只是对具体历史情境的一种表达，同时也是社会中一种激发变革的力量。”（第215页）

让我们在马克思早期反思批判的本质和功能的背景上，来检视这个批判理论的概念。马克思宣称“我们不是要武断地预见（预期）这个世界，而是希望通过对旧世界的批判去发现新世界”，且“即使未来的建设及其成果对所有时代来说都并非我们的任务，在此时我们必须要完成且再清楚不过的是：**无情地批判一切现存条件**，无情的意义在于批判并不畏惧其结果，也不畏惧与当权者冲突”。①这种彻底批判的目的是为了促进人类的解放。②但是为什么这种批判具有实践效果，能够成为一种“物质力量”呢？古典马克思主义的回答是：这种批判奏效且导致革命实践的原因在于它正确地分析并说出了受压迫阶级（更精确地说，被剥削阶级）——无产阶级，只有他们能够成为社会彻底转变的行动者——的处境。虽然霍克海默比起马克思，对自己的期望（理想）更少强调也不太具体，但当他说批判理论“成为一个真正的力量，在于伟大历史革命主体的自我觉醒”时（第231页），以及当他告诉我们批判理论家的思考“事实上应该要成为在群众的发展中一个批判的、促进的因素”（第214页）时，他回应了马克思。

181 因此，批判理论与其所关切的主体之间并非是外在的关联。它不是完全由现存社会实在的假设和描述所构成的，这些假设和描述是要被现存事实所证明或否证的。它不是一个伪装超然公正的，从而掩饰或压抑其引导兴趣的理论，它也不是一个伪装中立的且与行动脱节的理论——一个社会工程师或一般市民可能会也可能不会寻求去实行的理论。批判理论渴望使主体对于他们物质存在中的矛盾有充分的自我意识，去透视意识形态的神秘化及错误的意识形式，这些都扭曲了现存社会条件的意义。批判理论家认为被传统理论的倡导者所接受的理论与行动间的差别，本身就是“理论”只对促进现状有帮助的一个社会的意识形态反映。对照之下，批判理论寻求理论与革命实践真正的统一，在那里，现存社会中固有矛盾的理论性理解，一旦被那些受剥削者所取用，就会构成他们变革社会的活动的一部分了。

我们知道马克思逐渐无法忍受批判承诺模糊不清，而越来越把他

---

① *Writings of the Young Marx on Philosophy and Society*，伊斯顿与Kurt H. Guddat合编，第212页。

② “On the Jewish Question”, *Writings of the Young Marx on Philosophy and Society.*

的注意力转向资本主义的特定分析上。[1]马克思蔑视青年黑格尔学派哲学家的信念,即对社会的思想批判将会自动地导致物质条件的变革。然而通过他后续的转变和自我批判，马克思对于无产阶级将会成为社会变革的行动者,以及这会成为批判的辩护与确证,这两个信念他从未有显著动摇。批判对马克思而言是对政治经济学巨细靡遗的批判。

然而在此处,我们发现了霍克海默批判理论观的一个关键性弱点。20世纪30年代的世界是完全不同于马克思写作时期的世界。但是在霍克海默身上我们看不到任何有系统的尝试，去精炼和发展具有历史相关的政治经济学批判。取而代之的,他只是参照马克思著作。“阶级、剥削、剩余价值、利润、贫穷化及崩溃等马克思主义的范畴是一个概念整体中的诸元素,这概念整体的意义不能在当代社会的维持中寻找,而是要在改造过的社会中寻找。”(第218页)再者,“马克思所使用的概念如商品、价值与货币,可作为某种比较一般性范畴,例如当具体的社会关系被判定为是交易关系时,以及当财物具有商品特征的问题时”(第225
页)。然而这些快速短暂地参照马克思著作,缺乏黑格尔所称的“概念的 182
严谨性”。霍克海默没有考虑到这些马克思主义概念的不同诠释、明确意义及应用所产生的许多问题。他也没有面对那些人宣称这类范畴不再适用于理解先进资本主义社会的重大挑战。

再者，在20世纪30年代霍克海默及其他法兰克福学派思想家逐渐对于是否仍然能期待一个真正的无产阶级革命感到矛盾。但是他们并没有去直面这个日渐增长的怀疑主义的后果。[2]马克思批判观的核心是

---

① 马克思不满于批判的模糊承诺,请参阅拙著中的讨论,《实践与行动》,第一部分。

② Jay仔细追溯法兰克福思想家背离马克思的这种矛盾心理和方式，参阅*The Dialectical Imagination*。或参阅笔者关于这点的讨论:“Herbert Marcuse: An Immanent Critique”,*Social Theory and Practice*,第一期(1971)。

相信有一个被剥削的阶级，当这个阶级对其真实历史境遇有充分理解和自觉时,将会成为革命实践的行动者。对批判理论家而言,这成为一个核心议题——有人也许会说，这是他们的致命伤——决定谁是或将会是此革命阶级;谁会是批判理论所说的主体。的确,如果这样的阶级看来似乎不存在的话,批判理论的作用是什么？令人不觉得意外的是,霍克海默和其他主要法兰克福思想家对于与历史相关的政治经济学批判的系统发展越来越不感到兴趣,且更为关注种种的意识形态批判。

我们或许可以以另一种方式来谈这个议题。在马克思的《政治经济学批判大纲》里,他以非凡的洞察力对资本主义发展中重大结构变迁的可能性抱持信心。

> 但是,随着大工业(die grosse Industrie)的发展,现实财富的创造更少取决于劳动时间和已耗费的劳动量，较多取决于在劳动时间内所运用的行动者的力量，而他们的巨大效率自身又和生产所花费的直接劳动时间不成比例，而是取决于**科学**的一般水平和**技术**进步,或者说取决于这种科学在生产上的应用。*①

假若我们认真地看待这个提议——且就马克思的预言在当代科技社会中被实现的程度来理解的话——那么，至少马克思原本的政治经济学批判就需要彻底修正了。因为这个改变影响了霍克海默宣称构成一个“概念整体”的所有概念,特别是绝对核心的剩余价值概念。但是我们在霍克海默身上看不到此一转变的历史处境所需要的详细修正的任何努力。

---

* 这段中文翻译参照《马克思恩格斯全集》(第二版),第三十一卷,第100页。——译注

① 马克思,《政治经济学批判大纲》,Martin Nicolaus编译,第704页。

霍克海默的批判理论观有另一个主要的困境。霍克海默了解从传统理论观点来看，批判理论似乎是“主观的且思辨的、片面的及无用 183
的”（第218页）。霍克海默所形塑的传统理论与批判理论的对照也许会让我们回想起在本书导论中黑格尔的一段引文；我们似乎要面临对立的主张，在那里“一个贫乏的保证……只是和另一个保证具有一样的价值”。尽管有敏锐的分析、丰富的论证与慷慨激昂的承诺，但我们缺乏一套从传统理论到批判理论的持续性论证。此一论证需要证明传统理论内在的冲突和矛盾如何迫使我们超越它。否则我们会面临一个困境，在这个困境里一个人被告知“这儿是我的立场、那儿是你的立场”。

尽管有过许多暗示和建议，以及非常多的论证，但我并不认为任何与法兰克福学派有关的经典人物——包括霍克海默、阿多诺与马尔库塞——曾经促进此一持续性论证：去揭露传统理论的认识论基础及其不足，并且为促进批判理论辩护。而这正是哈贝马斯所尝试的计划。他检视马克思的政治经济学批判，旨在区别哪些是正当合理的，哪些则是必须摒弃的。[①]他借着重新检视批判理论的认识论基础，来对批判理论自身加以分析。再者，他寻求直接面对分析性的科学哲学、现象学和解释学的一些最深层的挑战。

然而，哈贝马斯计划的完整向度甚至比上述做法更具有雄心壮志。他发展出一种从亚里士多德到现今的理论与实践之间关系的历史解释，把理解理论与实践之间关系的主要环节和改变加以定位。（在哈贝马斯学说中）我们发现“一种历史取向的尝试，以分析知识与人类兴趣之间关系的系统化意图，去重建现代实证主义的史前史”（《知识与人类兴趣》，第vii页），这涉及对康德、费希特、黑格尔、马克思、尼采、狄尔泰、

① 关于哈贝马斯对马克思的批判性讨论，参阅《理论与实践》和《知识与人类兴趣》；或参阅魏尔默，《社会批判理论》。有关哈贝马斯近期尝试描绘晚期或先进资本主义危机的理论，参阅*Legitimation Crisis*。

孔德、皮尔斯、马赫与弗洛伊德的批判解释。我们也发现对主流社会科学方法论偏见的评估。[①]哈贝马斯从他的早期研究中发展出一套综合性的沟通能力理论和真理共识理论，且涉及语言哲学和理论语言学的种种技术问题。[②]他利用这个研究勾勒出一个发达资本主义的危机理论。[③]尽管哈贝马斯的研究充满雄心壮志，但是其著作中仍弥漫着一定程度的智识谦虚，以及对其概略性质的自觉。有鉴于哈贝马斯所处的时代，
184 对于"概观(宏观)"一方面渴求；一方面则深切怀疑，难怪他曾经被各种观点抨击。这也显示了哈贝马斯所检视的议题具有的核心性与重要性，他被认为值得受到这样大的关注。[④]

---

① 参阅*Zur Logik der Sozialwissenschaften*；及哈贝马斯与Niklas Luhmann,*Theorie der Gesellschaft oder Sozialtechnologie—Was leistet die Systemforschung*?

② 参阅 "On Systematically Distorted Communication",《探究》，第十三期（1970）；"Towards a Theory of Communicative Competence",《探究》，第十三期（1970）；"Der Universalitaetsanspruch der Hermeneutik",*Hermeneutik und Ideologiekritik*；"Vorbcrcitende Bermerkungen zu einer Theorie der kommunikativen Kompetenz",*Theorie der Gesellschaft oder Sozialtechnologie—Was leistet die Systemforschung*?；"Wahrheitstheorien",*Festschrift für W. Schulz*。

③ 参阅*Legitimation Crisis*。

④ 对于哈贝马斯各种不同层面的批判性文献已经相当多了。参阅Fred R. Dallmayr,"Critical Theory Criticized: Habermas's *Knowledge and Human Interests* and its Aftermath",《社会科学哲学》,第二期（1972）。Dallmayr讨论了哈贝马斯的若干批评者。或参阅Nikolaus Lobkowicz, Christian Lehnhart, Melvyn Alan Hill和Christopher Nichols等人于这一期的《社会科学哲学》上的其他文章。哈贝马斯在其《理论与实践》第四版的新版导言，以及"A Postcript to *Knowledge and Human Interests*",《社会科学哲学》,第三期（1973）中回应了他的批评者。或参阅*Continuum*,第八期（1970），这一期主要讨论法兰克福学派。

四

哈贝马斯综合性的社会批判理论

我不拟检视哈贝马斯探究的所有层面，而只集中于他对社会批判理论的理解和辩护。哈贝马斯发展了一套复杂的辩证综合，涵盖自然主义式探究途径和现象学式探究途径中他认为合理的元素。同时他寻求超越上述两种探究途径，表明社会政治理论**必须**是批判性的。虽然主流的偏见把描述性理论与规范性理论、“超然之观察”的理论与行动截然分开，但哈贝马斯向这类区分的认识论基础提出了挑战。

实践性与技术性的混淆

让我从哈贝马斯认为今日社会政治理论家所面临的最基本的问题开始。哈贝马斯以亚里士多德为古典政治观的代表，而以霍布斯为现代政治观的代表，将二者加以对照来看。“古典政治观”有三方面对我们而言已经变得很陌生了。第一，“政治学被认为是美好和公正之生活的学说；它乃是伦理学的延续。亚里士多德认为记载于法律中的宪政体制与公民社会的精神之间并无对立；恰恰相反，行动的伦理性与习俗和法律密不可分。只有政体能使公民过美好生活；他完全是一个政治动物，这意味着他仰赖城邦以实现人性”(《理论与实践》，第42页)。

第二,“古典政治学说完全指涉希腊狭义的实践。这和技术无关,技术意指对于人工制品娴熟的生产,以及对客体化之工作熟练的掌握。在最后一种情况下,政治学经常指向品格的形成和培养;它以教育的方式而非技术的方式来进行”(《理论与实践》,第42页)。①

185 第三,“亚里士多德强调,政治和一般的实践哲学在知识上不能跟严谨科学或必然真实的**知识**相比。因为它的题材——公正与良善在其变化无常的实践脉络下——缺少存有学上的固定性和逻辑上的必然性。实践哲学的能力乃是‘phronesis’——对于情况的一种审慎理解,古典政治学的传统一直立基于此,经过西塞罗的‘prudentia’(审慎),而延续到伯克的‘prudence’(审慎)”(《理论与实践》,第42页)。*

相对于上述政治学之古典意义的特征,我们可以从霍布斯的著作中分辨出下列三项原则。

> 第一,具有科学根据的社会哲学主张,旨在一劳永逸地建立国家和社会的正确秩序的所有条件。它的断言将是有效的,独立于时

---

① 在《理论与实践》中,哈贝马斯承认他由于汉娜·阿伦特的启发,而强调亚里上多德之技术与实践之间差别的重要性。但是哈贝马斯与阿伦特间的相似性比这一点更深了。在政治之古典意义与现代社会生活之概念的融合与混淆的历史发展上,他们两人的意见相同。他们都认为这涉及一种重大的历史转变,于其中政治被“化约”为社会生活的一种形式,且政治科学被“化约”为社会科学之一。他们两人都论证古典意义的政治有系统地被腐蚀,这在现代世界具有最严重的理论后果和实践后果。当我们审视哈贝马斯的范畴架构,我们也会看到他对于互动(沟通行动)与工作之间的基本区别,是如何与阿伦特对于行动与工作的区别雷同。但是我并不认为他们对政治或是政治理论的理解及其与行动的关联完全相同,恰恰相反,他们显著的差异——特别是关于理论与实践的关系——和他们的相似性一样重要。

* 这意味着实践哲学的“审慎”传统,从希腊亚里士多德的“phronesis”,罗马西塞罗的“prudentia”,到近代伯克的“prudence”。——译注

空和环境，并为公共生活的永久基础（建立）提供可能性，而不论任何历史情境。第二，知识转化为实践、应用乃是一个技术性问题。有了关于国家和社会正确秩序之一般条件的知识，人类彼此之间一种实际上审慎的行动就不需要了，所需的乃是正确设计的规则、关系及制度。第三，人类行为因而只被视为是科学的题材。建构正确秩序的工程师能够不管伦理性社会交往的范畴，而只局限于建构一些条件，在此条件下，人必然以一种可以预测的方式行为，正如同自然中的事物一样。此种政治与道德的分离，是以在正确建立的秩序中成就幸福生活，来取代教导过一种美好而公正之生活。（《理论与实践》，第43页）

哈贝马斯建立此种对照，以探讨好几项相关的论题。他分辨出从古典意义的政治过渡和转变到现代意义的政治的一些主要历史"环节"。他也检视霍布斯社会哲学的概念在当代世界的发展，显示它所导致的理论上的以及实际上的悖论。

此种对照和张力有助于厘清何者为哈贝马斯所认为的今日政治社会理论家的主要问题。

在一个政治情境里，我们如何厘清到底什么在实践上是必需的，而同时在客观上是可能的？这个问题可以翻译回我们的历史脉络中：实践性之政治学，即在既定情境里关于何者是对的、公正的，提供实际指导的承诺如何能够履行，从而一方面不失科学知识的严谨性（这是现代社会哲学所要求的，和古典的实践哲学大异其 186
趣）？而另一方面，社会哲学对社会生活的相互关系提供的一项分析的承诺如何能够履行，而不失古典政治学的实践取向？（《理论与实践》，第44页）

想要充分理解这些问题,我们必须检视现代社会知识观的遗产。在工业发达的社会里

> 继续扩大对自然的技术控制,并且凭借社会组织,继续改良对于人及其相互关系的行政管理。在这个体系里,科学、技术、工业及行政在一循环过程中互相纠结。在此一过程中,理论与实践的关系现在只能是工艺技术之目的理性的运用,为经验科学所保证。科学的社会潜能被化约为技术控制的力量——它对于明智行动的潜能遂被忽略了。经验性、分析性的科学提供技术上的建议,但对于实践性问题则无法解答。(《理论与实践》,第254页)

要理解这项主张有赖于理解**实践性**与**技术性**二者的对照。我们检视哈贝马斯发展的概念架构时,将会看出此一区分对于他是何等基本。但是我们理解此二者间差异的困难——我们现在通常都把实践当作是技术应用或如何操作的事情——刚好有助于强调哈贝马斯的论点。我们不仅混淆了实践与技术,而且在思想与行动中,倾向于把典型的实践议题化约为技术应用的基体。下面一段文字指出哈贝马斯所认为的实践性与技术性的概念区分到底何在,也指出了混淆实践性议题与技术性议题的后果。

> 在理论与实践的关系中真正的困难,不是源自于科学已成为技术性力量的这个新功能,而是源自于我们已不再能区别实践性力量与技术性力量这一事实。即使一个文明已经成为科学文明,也无法避免实践性的问题:当科学化过程越过了技术问题的界限,而且未离开科技理性的反思视域时,一种特定的危险就产生了。因为这么一来,关切他们命运之实践性控制的人们就一点也不会试图去获致一种理性的共识。取而代之的是,借着改良社会的行政管

理，来试图达到对于历史的技术性控制。此一尝试之为非实践的，正如其为非历史性的。(《理论与实践》，第255页) 187

哈贝马斯已在若干研究中，检视了把一切“行动”问题化约为技术控制和操纵问题的流行趋势，这种趋势造成“大众的去政治化，以及政治领域衰落为一种政治制度”(《迈向理性社会》，第75页)。[①]当实践性的讨论被取消或压制的时候，公共领域就在古典意义的政治上丧失了它的政治功能。这个问题在我们的时代已经变得很急迫了，不仅是因为科技在先进工业社会中是最重要的生产力，也是因为科技意识已逐渐影响到人类生活的一切领域，而且成为一种背景的意识形态，具有一种正当化的力量。[②]这种意识形态试图压抑实践性与技术性之间的区别，把有关行动的一切问题都当作技术问题来处理，哈贝马斯的许多作品都在揭示并批判这种意识形态。[*]

对马克思主义的批评

如果我们接受哈贝马斯对于当代世界的诊断——“社会的成长和变迁，愈是被研究过程中最为极端的理性所决定……此科学文明就愈少根植于其公民的知识和良心之中”(《理论与实践》，第256页)——那么核心问题便产生出来了：我们有什么资源或武器来对抗此种趋势吗?

---

① 参阅特别是《迈向理性社会》及*Legitimation Crisis*二书中的文章。

② 参阅《理论与实践》中结论一章，“On Theory and Praxis in Our Scientific Civilization”；以及《迈向理性社会》的“Technology and Science as ‘Ideology’”。

* 这一节诚如标题所示，在论述“实践性与技术性的混淆”，此混淆造成了实践问题被化约为技术问题，一切关于行动的问题都被当作技术问题来处理，如此一来，理性讨论及共识就没有必要了，这种思想哈贝马斯称为“科技意识”。——译注

哈贝马斯警告一些绝望的先知，他们认为科技有其自身内在的逻辑，人类不可能加以控制。但另外有些人则认为当革命来临时，科技本身的性质将会转变，哈贝马斯也同样批判这些人的意见。[①]

哈贝马斯的确认为有一种理性的学科，可以当作这种亟需之批评的一个基础——此批评有一种实践的意向。他认为古典法兰克福思想家试图恢复隐含在马克思学说中的批判概念是正确的做法。但是哈贝马斯并非毫不批判地取用马克思的学说。相反，他对马克思或明或暗的批评总是很犀利。他的批评可说深具辩证性，即哈贝马斯从马克思的学说中抽取他认为合理的、重要的以及与批判先进工业社会相关的元素，而抛弃和揭露不再是正确的元素。他对马克思的批判性检讨在两个层次上进行。第一，正视马克思在《资本论》一书中对政治经济学的批判，哈贝马斯辩称需要修正剩余价值理论、利润率递减理论、危机理论、马克思阶级冲突观的原始形式以及帝国主义理论。再者，由于资本主义已
188 经有所发展和转变，我们要意识到追求资本积累的经济动机甚至更加深入地镶嵌入政治动机中了。[②]在这些种种对马克思的批评当中，哈贝马斯的主要意图乃是要表明：先进工业社会——包括资本主义的和共产主义的——已经改变了的结构和动态，如何有赖于重新思考那些霍克海默宣称构成一概念总体部分的主要马克思概念。

但哈贝马斯对于马克思还有另外一个层次的批评。他宣称马克思从未明确地反思“批判”本身的性质，也未能区别“批判”与“纯哲学”和“实证科学”的差异。“对于一门含有政治意向之历史哲学，其可能成立之条件的认识论问题，马克思从未正式面对过。”(《理论与实践》，第242

---

① 关于哈贝马斯批判这些“极端主张”，参阅 “Technology and Science as ‘Ideology’”。

② 关于这些批判的细节，参阅《理论与实践》、《知识与人类兴趣》以及“Towards a Reconstruction of Historical Materialism”，*Theory and Society*，第二期（1975）中对马克思的讨论。

页)再者,“马克思从未正式讨论到,把一门研究人的科学建构成为一种意识形态批判,所具有的特殊意义,此有别于自然科学之工具主义的意义。虽然他自己以一种批判的形式,而非以自然科学的形式,来建立研究人的科学,但他一直把它与自然科学归为同一类”(《知识与人类兴趣》,第45页)。此种失败或歧义已造成最严重的实际后果。

有些人文主义的诠释者把恩格斯视为马克思的败坏者,因为他建构了一种实证主义的和科学主义式的马克思主义。哈贝马斯则不以为然,他论证我们可以在马克思本人那里发现此种实证主义的趋势。当这些实证主义趋势被夸大和被利用时,马克思主义就成为一种实证科学了。[1]依照“忠诚信仰者”之意,马克思主义乃是实证科学——真正的、正确的及完全的——就此而言,有别于错误的“资产阶级科学”。但是这种对于马克思的实证主义式的解读一旦僵化之后——这种解读采取了某些非常精致的形式[2]——马克思主义就容易受到某些批评了:第一,完全站在科学的立场而言,马克思主义太过含糊,不能符合良好科学理论

① 魏尔默是哈贝马斯的学生,探索马克思思想中潜在的实证倾向和科学倾向,参阅他的《社会批判理论》。

② 在这里我包括了阿尔都塞的著作。也许有人会认为这是一种错误,因为阿尔都塞明确抨击实证主义和对马克思的实证主义式的阅读。但是在阿尔都塞的智识敏锐性下,意识形态与马克思主义科学之间有严格区分。这种新“科学”,或许代表与过去的一种彻底的认识论断裂或绝裂,最终实现一种确定的、真实的、具有良好基础的人文科学的承诺。尽管阿尔都塞不厌其烦地告诉我们这种新科学与任何先前的科学是如何之不同,但是关于这种科学究竟是什么,其主要特征又是什么,他显然并没有说清楚、讲明白。在这方面我们发现他与一种对马克思较不精致的科学主义解释颇有相似之处,这种解释在本质上属同类型的主张。关于阿尔都塞的新马克思主义哲学和科学概念的批判,参阅Norman Geras,“Louis Althusser — An Assessment”, *New Left Review*, 第七十一期(1972);André Glucksmann,“The Althusserian Theatre”, *New Left Review*, 第七十二期(1972);Leszek Kolakowski,“Althusser's Marx”, *The Socialist Register*(1971)。

的标准；再者，在马克思主义中清楚且特定的一些要素，已经被历史事件所否定了。在这种关于马克思主义是否为“真正”科学的争辩当中——此种争辩从马克思在世时就以各种形式一再发生了——所丧失的、埋没的或压抑的，正是马克思主义的批判意图或锋芒：“借着对于权力关系的批判性洞察，而体验到一种解放。”（《理论与实践》，第253页）

认识论的瓦解

哈贝马斯对于马克思和“正统”马克思主义的辩证批评，使我们能
189 够指明他在《知识与人类兴趣》一书中所从事的雄心勃勃的探究脉络。

> 我正在从事一项历史取向的尝试，以重建现代实证主义的史前史，这项工作系出于分析知识与人类兴趣之间关联的系统性的意图。我们循着认识论瓦解的历程，经过被遗弃的反思阶段而前进。认识论瓦解之后，留下来的只是科学哲学。我们从往回看出发点的视角，来重新走这条路，也许有助于恢复遗忘了的反思经验。否认反思的乃是实证主义。（《知识与人类兴趣》，第vii页）

哈贝马斯所谓的“认识论的瓦解”，意指抛弃康德所实践的批判性反思，当时相对于科学，哲学仍居于主导地位，哲学乃是理解和评估各种知识的基础。“知识的批判仍然根据一个认知能力的体系，而此认知能力包括实践理性和反思性判断力，和批判本身一样自然。”（《知识与人类兴趣》，第3页）哈贝马斯认为知识的批判——在这种浓厚的康德意义上而言——已萎缩为对于实证科学之性质的一种方法论关注。“因为从19世纪中叶产生的作为知识论之后嗣的科学哲学，乃是对于科学带有一种科学主义之自我理解的方法论。‘科学主义’意谓科学相信其自身，即相

信我们可以不再把科学当作一种可能的知识形式，而必须把科学等同于知识。”(《知识与人类兴趣》,第4页)

哈贝马斯从事其探究的方式说明了他所谓的批判到底是什么意思。他寻求恢复所有已经被压抑和遗忘的“被抛弃的反思阶段”。然而——彻底执行哈贝马斯自觉地采用的弗洛伊德的类比——已经被压抑的东西并非完全就是过去的一部分。相反,它对现在施展了它的影响力，并且以扭曲的形式爆发出来。它不仅仅是已经被遗弃的“反思阶段”。毕竟,这乃是如孔德这类的实证主义者所相信的,将会而且应该会随着实证科学的胜利而发生,以及把知识等同于经验科学所发现的。哈贝马斯并不认为：只要知识分子对于此瓦解历程中关键性阶段的看法的后果更自觉的话,瓦解就不会发生了。对于两百年前所发生的事情做这样唯理智的理解低估并且曲解了以下二者微妙而复杂的方式,即“科学、工业技术及行政是一循环过程”的发展,以及先进工业社会之物质条件与实证主义的知识观和科学观之间的互动和互相增强。 190

哈贝马斯的“历史取向的”研究意即向我们表明:如果我们彻底探究此种瓦解的智识表述——假若我们把知识和科学的实证主义自我理解的正当化，付诸批判性检视——我们就能进一步从意识形态的神秘化中解放出来。虽然哈贝马斯绝对清楚此一批判计划不足以导致具体解放所需的制度上的和行为上的转变——他充分理解马克思对于仅止于智识批评的警告,但他坚持此一批判性反思,对于以促进人类解放为目标的一切形式的实践是绝对必要的。

我们也可以把哈贝马斯的《知识与人类兴趣》与黑格尔的《精神现象学》拿来作一类比。当然,这两部作品的范围以及两位作者宣称所要表明的,都无法作有意义的类比。哈贝马斯尖锐地批评黑格尔落入“同一性哲学”中,因此,主体与客体、思想与存有都“统一”起来了。而且在那儿精神 (Geist)被设想为以绝对知识的形式,实现及完成其自身。①尽管有这些不能类比之处，但哈贝马斯的“瓦解阶段”类似于黑格尔所描述的相续的“意识形式”。诚如黑格尔表明的，每一阶段的意义或意向与其实际后果不一致，或者每一种意识形式对其自身之理解与其底层的具体实在不一致，哈贝马斯也追溯了在他的“现代实证主义之史前史”中所发生的隐含的冲突和矛盾。再者，依黑格尔之意，只要依循及掌握这个“绝望之路”——理性反思在其发展进程上所采取的不同形式的历程——我们就能对于每一种意识形式的贡献和限制，获得充分理解。借着这种反思的运动，理性获致一种完全的自我理解。虽然哈贝马斯没有作这种雄心勃勃的主张，甚至明白地加以拒斥，不过他还是认为黑格尔对于自我反思的运动有一种深刻理解。正是此种运动，哈贝马斯想要加以恢复。哈贝马斯最终目标乃是要表明：自我反思的运动与当代社会政治现实的批判性理解是如何相关的。

三种认知兴趣

我已经说过——并且哈贝马斯本人也坚称这是他的目标——他的历史取向的研究有一种“系统性的意向”。虽然此种系统性意向可以在他的所有著作里发现，但是其轮廓在20世纪60年代才清楚地浮现，而在
191 1965年法兰克福大学就职演说中提出来。在哈贝马斯对于知识的系统理解中，最为核心的概念乃是兴趣一词。“兴趣”（interest）乃从德文Interesse直译而来的，其使用之所以招致误解乃是因为在当代英文中，“interest”乃个人或政治团体所有。政治学中通常都认为，政治本身是此类互相竞争之兴趣或利益的表现、调解及相互斗争的方式。然而哈贝马斯的兴趣（Interesse）主要系指“认知兴趣”或“知识构成的兴趣”，他宣称这具有一种“准超验的地位”。（随后我们将会看到这些兴趣的认识论地

① 关于哈贝马斯对黑格尔的评论，参阅《理论与实践》、《知识与人类兴趣》。

位,乃是他的著作中最成问题的地方之一。)有些人宣称兴趣和任何其他关于个人偶然的经验事实一样,有些人则宣称兴趣根植于一种超验主体,与历史发展无关,哈贝马斯寻求调解此一争议。

> "认知兴趣"因而是一种特别的范畴,它不太遵循经验性与超验性、或事实性与象征性的区分,也不太遵循动机与认知的区分。因为知识既不只是有机体适应变动不居之环境的工具,也不是一种纯粹理性的存在,远离生活脉络的沉思。(《知识与人类兴趣》,第197页)

此兴趣或取向之为**知识建构的**,乃是因为它们造就并决定了何者算是知识的对象和类型:它们决定知识相关的范畴,以及发现、保证知识声称的程序。而此种兴趣之所以为基本的,因为它们"根植于人类可能之再生产以及自我构成的特定基本条件之中"(《知识与人类兴趣》,第196页)。

为了理解这个意思,我们需要理解,哈贝马斯关心的不仅是认识论,即可与审视人性分开的认识论。要想通人类知识之地位和类型的议题,需要想通人**是**什么,以及人**可以是**什么的议题。哈贝马斯正在发展一种哲学人类学,要寻找作为这些基本知识构成兴趣之基础的人类社会生活的特征。他区分了三种基本的认知兴趣:技术性、实践性及解放性。与这三种不可化约的认知兴趣相对应的,乃是三种类型的科学或学科。"经验性—分析性科学探究具体表现一种**技术性**认知兴趣;历史性—诠释性科学探究具体表现一种**实践性**认知兴趣;而批判取向的科 192
学探究则具体表现**解放性**认知兴趣。"(《知识与人类兴趣》,第308页)每一种认知兴趣皆立基于人类社会生活的一个向度:工作、互动或权力。工作对应于技术兴趣,而它又引导经验性—分析性科学;互动对应于实践兴趣,而它又引导历史性—诠释性学科;权力对应于解放兴趣,而它又引导批判性学科——批判性社会科学。

哈贝马斯论证，我们不仅必须小心地区别这三种认知兴趣及其所根植的社会生活的三个层面，而且必须理解它们相互关联的特定方式。在哈贝马斯对黑格尔在德国耶拿的著作所作的一项精致诠释中，哈贝马斯辩称我们在其中发现了有关社会存在的三个向度和各自相关的辩证的初步论述。[①] 然而，依哈贝马斯之意，黑格尔在“同一性哲学”驱动之下，在他的《精神现象学》中，却把三者融合为一个囊括一切之精神辩证的历程，在历史中实现其自身。黑格尔思想中的一元论的驱动力，也出现在马克思学说里。虽然马克思有时候对于工作或劳动的辩证与沟通行动之间的差异显示出敏锐的洞察力，但他倾向于把沟通互动和权力的层次消融或化约到工作或劳动的辩证之中。[②]“工作”或哈贝马斯依照韦伯而称之为“目的理性”(Zeweckrational)行动的东西，哈贝马斯意指

> 工具性行动或理性选择或二者的结合。工具性行动系受基于经验知识的**技术规则**所控制。在任何情况下，它们都蕴涵关于可观察之事件（物理的或社会的）的条件式预测。这些预测可以证明为对或不对。理性选择的行为则受基于分析性知识的**策略**所控制。它们意味着来自于偏好规则（价值体系）和决策程序的演绎；这些命

---

① 参阅 “Labor and Interaction: Remarks on Hegel’s Jena *Philosophy of Mind*”,《理论与实践》。

② 哈贝马斯对马克思的评论预设了“工作”与“互动”之间范畴区别的有效性。哈贝马斯指责马克思把应该明确区别的事物合并在一起。但是我们可以拿马克思来反对哈贝马斯，因为马克思显示了这种二分的危险。这是一种“唯心主义”的威胁，试图区别“符号互动”的过程与劳动辩证法。如同哈贝马斯自己提到的，马克思没有想到人类生活的物质条件的转变，会自动引起自由的符号交往和社会生活的理性决定。不是要谴责马克思犯了某种范畴谬误，一个更有洞察力的解释会指明，马克思一直在质疑对哈贝马斯而言是根本的范畴区别。

> 题的演绎可能正确或不正确。目的理性的行动在既予的条件下,实现界定的目标。但是当工具性行动组织各种手段,此手段根据对实在的有效控制的标准而有适当或不适当之分时,策略性行动则仰赖对各种可能之选择作正确的评价,这系结合了价值和公理计算而得的。(《迈向理性社会》,第91—92页)

作为行动的一个基本层次,工作指涉个人为了生存而控制和操纵他们环境的方式。哈贝马斯认为马克思分析劳动的辩证法是基于工作的概念,因为马克思强调"劳动最重要的乃是人通过他的行动去调节、管制及控制他与自然间的交换"(《知识与人类兴趣》,第27页)。再者,马 193
克思强调——且哈贝马斯同意——劳动为一种动态的社会过程,借此过程人们以历史所决定的方式来塑造和构建他们自己。与这类型的目的理性行动或控制相对应的学科,乃是经验性—分析性科学,此科学体现了一种技术性认知兴趣,并受其所引导。这**并非**意味着从事这些学科的科学家主要对其理论的技术性应用有兴趣,也**并非**意味对这些学科的理论要给予一种工具性的解释,即对于系统的观察陈述而言,它们只是工具而已。[①] 这些学科研究者可以而且应该采取一种"超然的"态度,即他应该把主观偏见和信念排除在其知识主张的效度以外。在此并不

---

① 哈贝马斯追随许多其他的法兰克福思想家,把和经验性—分析性科学相关的行动类型描述成"工具性"行动。但是他所谓"工具性的"意义与分析性的科学哲学家使用此术语的意义相当不同。在后者中,"工具主义"通常用于辨别科学中理论角色的特定解释,且经常与"科学实在论"相对照。理论是"工具",借着理论我们能够有系统地联结观察陈述。根据哈贝马斯赋予经验性—分析性科学的实用主义解释,他们是工具的,因为他们所产生的信息在"技术上是可以利用的"。对哈贝马斯所谓"工具性的"一词意义的厘清,参阅"Rationalism Divided in Two: A Reply to Albert",*Positivism and Sociology*,吉登斯编,第206页。

是从这些方面来说这些学科受一种技术性认知兴趣所引导。哈贝马斯所强调的乃是，这类知识**形式**本身，即要求把对象与事件孤立为（构建为）因变量与自变量，并探究它们之间的规律性。这类型的知识系基于一个负回馈（negative feedback）的模型，能够证实和否证假设。[①]追求假设—演绎的理论（此理论容许从类似定律的假设演绎推出经验概推，允许要求加以控制的观察与实验），显示了"经验性科学理论揭开实在，系基于一种认知兴趣，即通过信息而对回馈—监控行动（feedback-monitored action）的获致和扩展的兴趣。这对于客观化过程之技术性控制的认知兴趣"（《知识与人类兴趣》，第309页）。

在此重要的是要了解哈贝马斯并不是在批判或诟病这类型知识。恰恰相反，由于他主张这种知识系立基于人类生活中涉及生存的向度，因此他强调这种知识对于社会生活的重要性和基本性。哈贝马斯所攻击的主要对象乃是意识形态式的主张，即这乃**唯一**正当的知识，或这乃衡量一切知识的标准。

> 我关注知识导向的兴趣，每种兴趣各自形成了一整个探究体系的基础。与实证主义式的自我理解不同，我要指出经验性—分析性的科学与技术性认知兴趣之间的关联。但这和"指责"无关。……老式的方法论争议试图从一开始就建立起藩篱；以便把某些部门从某一类研究中完全排除，我认为这种企图是不会有什么结果的，

① 赫西显示了哈贝马斯的经验性—分析性科学观如何能与具有负面反馈的学习机器模型做比较。参阅赫西，"In Defence of Objectivity"。也可参阅赖特在《说明与了解》一书中对于因果关系与行动的分析。赖特对自然科学中因果关系角色的分析，为哈贝马斯对于受技术兴趣引导的经验性—分析性科学的解释提供独立的支持。综合性探究以及对于科学性质的分析的解释与欧陆的解释二者的比较，参阅Gerhard Radnitzky，*Contemporary Schools of Metascience*。

甚至是反动的。[①] 194

哈贝马斯贯彻了康德在哲学中所采取的一个超验转向的努力。对于一个“外在于”历史的超验自我的观念，哈贝马斯虽然批评得很厉害，不过他同意康德，对于我们能够从经验性—分析性科学中学习到什么，虽然没有内在限制，但对这些学科却有范畴性的界限。它们绝非衡量一切正当知识的尺度，也不等同于所有真正知识未来的圆满状态。他也同意现象学的分析——尤其是胡塞尔的——即实证科学没有内在限制，却有范畴上的界限。*

依哈贝马斯之意，工作或目的理性行动的层次，及引导关注此行动之学科的技术兴趣，必须与他所谓的“互动”或“沟通行动”，及引导相关学科的实践兴趣，严加分别。

> “互动”一词……我理解为**沟通行动**、符号互动，受**共识性**规范所约束。共识性规范界定了行为的相互期望，并且必须被至少两位行动主体所理解和承认。社会规范经由制约而加强，它们的意义在日常语言的沟通里被客观化了。技术规则和策略的有效性仰赖经验上真实或分析上正确的命题的有效性，而社会规范之有效性仅仅根植于对意图之相互理解的主体间性中，且受对义务之共同承认所保障。(《迈向理性社会》，第92页)

---

① 参阅哈贝马斯，“Rationalism Divided in Two: A Reply to Albert”，*Positivism and Sociology*，第218页。

* 意即有不同范畴的知识（哈贝马斯提出三大范畴的知识或科学），其间有各自的界限。——译注

对于哈贝马斯而言,互动乃不可化约的行动类型,需要一套特别的范畴来加以描述、说明及理解。个人不仅通过他们的工作,也通过沟通行动和语言来塑造并决定他们自己。假若我们要理解人类在其历史发展进程中塑造其自身的方式,则理解沟通行动的历史形式就和理解目的理性行动的历史形式同样重要、同样基本。当然,我们也必须理解这两个行动层次相互关联的复杂方式。为了厘清他所说的“互动”是什么意思,并为他的如下主张辩护,即此乃一不可化约的行动层次,哈贝马斯仰赖许多智识资源,包括现象学和解释学的传统、社会科学当作解释性学科的概念以及维特根斯坦在《哲学研究》一书中对于语言游戏和生
195 活形式的分析。在这些看似不相干的各种探究之中他认为重要且正确的,乃是强调沟通行动的层次,以及对于理解社会政治生活非常基本的主体间性。

哈贝马斯建立沟通行动之自主性和不可化约性,最为有力的论证路线,乃是表明:试图给予经验性—分析性科学一种理性说明,而且限于技术兴趣所铸造的那些概念注定要失败。在这方面,他的论证和探讨也有黑格尔的风格。在《精神现象学》一书中,黑格尔检视相嬗递的意识形式或格式塔(Gestalten),当我们理解到某一特定意识形式不能为其自身提供合理说明时,某一既定阶段中的矛盾表现得最为尖锐。每一种意识形式都被理解为隐含主张,它对于知识及知识对象给予一种真正的、完整的、全部的说明。但是当我们理解某一特定意识形式为何无法说明其自身时 ,则在此“绝望之路”上出现了内在危机——当我们理解了它宣称自己为真正的和完全的知识的可理解性预设了一些概念和范畴时,这些概念及范畴从它自己的观点而言是“不真实的”。

哈贝马斯辩称,正是由于如此,经验性—分析性科学的自我理解崩溃了。假设我们正视此种主张,即这些科学原则上可以提供我们对于知识和实在一种真正的、完整的说明。此种主张要获得保证,则我们应能说明科学共同体获得经验性—分析性知识的可能性。但我们都发现此

一共同体及其独特的主体间性及沟通形式能够为人所理解，是因为预设了一个行动的层次——符号性互动——以及需要说明该行动的一套范畴，这套范畴比根源于技术性认知兴趣的范畴更为丰富、广泛。[①]此一论证的后果并非要污蔑经验性—分析性科学，或者要削减我们能从此种科学学习到的价值，而是要使我们自觉到：这些学科要能够让人理解，需要一个更广泛的理性概念。

关注一研究者的科学共同体之间符号互动的学科，或更一般而言，关注人类生活所有层面的沟通行动的学科，乃是历史性—诠释性的学科。

> 历史性—诠释性学科在一不同的方法论架构中获取知识。在此，命题之有效性的意义并非在技术控制的参考架构中构成的。……因为理论并不是以演绎方式来建构的，经验也不是着眼于操作上的成功而组织的。对于事实的趋近乃是经由意义的理解，而非观察。在经验性—分析性科学中，类似定律的假设的检证在文本的诠释中，有其对应物。因此解释学的规则决定了文化科学的陈述的有效性意义。(《知识与人类兴趣》，第309页) 196

这类学科系受一种**实践性**的知识构建的兴趣所引导和塑造——此种兴趣的目标**并非**技术控制和操纵，而是厘清沟通和主体间性的条件。

---

① 参阅哈贝马斯对皮尔斯的讨论，《知识与人类兴趣》，第五、六章。Karl-Otto Apel发展了一个相似的论证，他曾编辑过皮尔斯著作的德文版，参阅Karl-Otto Apel，*Analytic Philosophy of Language and the Geisteswissenschaften*，和 “Szientifik, Hermeneutik, Ideologie-Kritik: Entwurf einer Wissenschaftslehre in erkenntnis-anthropologischer Sicht”，*Man and the World*，第一期（1968）。Fred R. Dallmayr讨论哈贝马斯与阿佩尔之间的相似性与差异性，参阅 “Reason and Emancipation: Notes on Habermas”，*Man and the World*，第五期（1972）；以及Gerhard Radnitzky，*Contemporary Schools of Metascience*，第二卷。

对于经验性—分析性科学之实证主义观的垄断趋势，哈贝马斯有严厉批评；但他对于宣称历史性—诠释性学科提供了关于人和世界最根本的知识，也同样加以批评。他的论点是“历史主义已经成为文化科学和社会科学的实证主义了”。这两种“自我理解”都误把部分当作整体。而他们之所以如此做，乃是因为他们不理解基本的认知兴趣有一种不可化约的多元性。

到目前为止，我强调了哈贝马斯主张社会生活的媒介、知识构成的兴趣，以及这些兴趣所引导的研究类型都是自主的、不可以相互化约的。但哈贝马斯深知有一种危险存在：我们会把这两个行动层次——工作与互动——以及与之对应的学科的不可化约性，误解为是一种互不相关及互相孤立的。陈述哈贝马斯论点最为清楚的方式，就是说只有当我们理解了这些不可化约的媒介和认知兴趣的个别特征时，我们才能确切探讨其间的关系和动态。[①]实证主义者和庸俗马克思主义者完全根据技术性所塑造的概念来理解社会生活，哈贝马斯固然对此大加批判，但他对于只注重符号互动，将之与工作和劳动分开的唯心主义趋势，也同样加以批评。工作和劳动的特定历史形式对于符号互动的性质和素质，有一种强烈的因果影响。实践兴趣的目标乃自由开放的沟通，而这需要一定的社会制度和实践的存在。这两点他基本上与马克思一致。因此，对于认为历史上的物质条件会自动带来“自由领域”的倾向，哈贝马斯深表怀疑，不过他也是足够马克思主义式的，故而仍坚称：除非非异化的、非剥削的物质条件存在，否则自由的符号互动或无束缚的沟通不
197 能具体存在。

当面对自然主义者与现象学者对社会科学性质的争论背景时，哈

① 关于阐述哈贝马斯如何展现行动的两个层次之间复杂的历史关联，参阅“Toward a Reconstruction of Historical Materialism”，*Theory and Society*，第二期（1975），和 *Legitimation Crisis*。

贝马斯辩证式的综合也很明显。在此一探讨历程中，我们已经看到，考虑这些学科的自然主义观导致的一种对解释社会政治实在问题的审视。但同样真实和基本的乃是，解释社会政治实在，我们必须仰赖自然主义者最为关心的因果分析，否则我们对于那些被当作科学或自明真理的合理化说词，就不能进行明辨和批判了，遂成为意识形态的神秘化了。[①]

当我们检讨第三种知识构成的兴趣——解放兴趣时，哈贝马斯的综合性就极为明显了。这既是衍生性的认知兴趣，又是最为基本的认知兴趣。如果我们反思技术兴趣和实践兴趣所引导的知识形式和理性形式，就会逐渐意识到理性对于自由、开放之沟通以及容许此种沟通之物质条件的内在要求。对于经验性—分析性科学的一种一贯的、恰当的理解，要求一个开放的、自我批判的研究团体存在——如皮尔斯及其许多追随者所论证过的那样。而且主导历史性—诠释性学科的实践兴趣，寻求促进此一开放的、无扭曲的沟通。隐含在技术兴趣和实践兴趣所引导的知识中的，是对于解放之智识条件和物质条件的要求，此解放即理想的状态，在其中无异化的工作以及自由互动都能够显现。

在此也不能低估哈贝马斯在表述他所谓的解放兴趣的方式上受惠于黑格尔和德国观念论传统的程度。此传统的中心旨趣——从康德经费希特到黑格尔——即当理性或知识被恰当理解时，我们明了在此理性或知识中有一种要充分实现的基本兴趣或要求。“理性……意味着要成为理性的意志。在自我反思中，为知识而知识与对自主和责任的兴趣合而为一。解放性认知兴趣以追求反思自身为目标。”（《知识与人类兴趣》，第314页）不过哈贝马斯同意马克思对德国观念论的批判，因而相信一个孤立自我或绝对精神无法实现一种解放兴趣，而只有在人类具体的社会政治生活中，并且通过它才能实现。

① 参阅我在前面第二章对于意识形态和意识形态批判的讨论。

198 正是此解放性认知兴趣替哈贝马斯的批判观提供了认识论上的基础，并提供了批判性社会科学的目标。

> **社会行动**的系统性科学，即经济学、社会学及政治科学，和经验性—分析性科学一样，以生产法则性知识为其目标。不过批判性的社会科学将不会满足于此，它要超越此目标，以确定何时理论陈述掌握到社会行动本身不变的规律性，以及何时它们表现了意识形态冻结的依赖关系，而此原则上是可加以转变的。因此，意识形态批判和心理分析一样，都考虑到一个问题，即类似定律的关联的信息引发了这些定律所应用之对象者的意识的一种反思过程。因而（未反思）意识的层次（这乃是该定律的初始条件之一）可以有所转变。当然，批判性知识不能仅仅通过反思就使得一个定律本身不能运作，但它可以使一个定律不能应用（于某个对象上）。
>
> 决定这类批判性命题的有效性之意义的方法论架构，乃是自我反思的概念所建立的，自我反思使得主体不再仰赖僵化的权力关系。自我反思为一种解放性认知兴趣决定。（《知识与人类兴趣》，第310页）

在这段厚重的文字中，有许多点都值得一评。哈贝马斯提到意识形态批判和心理分析，因为他相信这两门学科——如马克思与弗洛伊德所从事的——以不同的方式，替他所谓的批判提供了认识论的模型。二者都已是德国观念论——尤其是黑格尔《精神现象学》所示范的——中自我反思的动力学所预期的。我们也可以诉诸哲学中一个更古老的模型——苏格拉底之自我知识的模型——来理解哈贝马斯的意思。在苏格拉底模型中，通过一个对话过程，参与者获致具有疗效的自我知识和自我反思，以达到一种认知上的、情感上的及实际上的转变，迈向自主和责任的境界。

不过，哈贝马斯论证此苏格拉底模型若要作为社会批判理论的合适模型，必须在两个重要方面做修正：第一，苏格拉底式的对话在任何地方、任何时候都有可能，此乃是虚妄的。在历史上，暴力已破坏了一再的对话尝试，而且不断地关闭通往自由沟通的道路。真正的对话和自由沟通有赖于容许并助长此对话之社会政治制度的存在。再者，我们必须理解人的自我形塑过程——表现在工作和互动的历史形式上——如何 199
导致了系统性扭曲的沟通。

其次，对话的概念牵涉到以及预设了一种主体间的脉络。这当然是隐含在苏格拉底的对话理想里。黑格尔与马克思不仅恢复了——与现代哲学中流行的主观主义转向相对立——古代对于人之固有政治性的认识，而且也探索主体间性在历史上演变的诸形式。正如任何对于批判性社会理论实际的理解，都会要求针对其基础做一种认识论上的厘清和辩护，哈贝马斯也辩称今日适当的认识论本身必须是一种社会理论。但是我们仍需要确定哈贝马斯所谓的批判到底是什么，而批判又如何被一种解放兴趣引导。我们可以转而讨论他所强调的在治疗性解释下的心理分析模型的一些特征，来解答上述问题。

心理分析与意识形态批判

心理分析是一门纳入了方法论之自我反思的学问。精神病患者或主体通常都是在根本上，而且系统地误解他自己，不能理解他所遭受的征候的意义。心理分析需要一种“深度解释学”(depth hermeneutics)，在其中，心理分析的诠释即针对这种自我误解。

> 解梦的技巧之所以超越解释学的艺术，在于它不仅要理解一项可能遭扭曲的作品的意义，而且要理解**作品之扭曲本身的意义**，

> 即将潜隐的梦转变为明显的梦。换言之,它必须重建弗洛伊德所谓的“梦的运作”。(《知识与人类兴趣》,第220—221页)

此种诠释并非没有个人的兴趣介入。分析者关怀而且受他的兴趣所引导,要帮助病患克服其病痛,并减轻他的症状。分析者只能借着帮助病人意识到个人独特的自我形塑过程,而获致上述结果。“(心理分析的解释学)所导致的了解行动乃是自我反思。”(《知识与人类兴趣》,第228页)

哈贝马斯遵循弗洛伊德的思路,强调这不仅仅是把信息透露给病患,或以一种技术性、策略性的态度运用一个理论(虽然一位有技巧的治疗者有时会操纵他的病人);而是需要病人的努力——也需要治疗者的努力——以解消抗拒。弗洛伊德警告说:

> 病因不是他(病患)的无知本身,而是无知所根源的他的内在
> 200 **抗拒**。正是这种内在抗拒首先引起此无知,并且现在仍然维系着它的存在。治疗工作就在于和这些抗拒战斗。告知病人由于受到压抑而不知道的,只是治疗的一个必需的预备步骤而已。如果有关潜意识的知识,对于病人,真的如未经历过心理分析的人们所想象的那么重要的话,则聆听演讲或阅读书籍就足以治疗他了。(《知识与人类兴趣》,第229页)

因此心理分析治疗虽然需要分析性的重建,但必须针对病人自己的回忆和取用。这显示心理分析模型一个最重要的特征:分析者对病患进行一种技术性的操作是不够的;治疗必须能启发病患本人一种深度自我反思的过程。“分析性的知识也是道德性的洞察。”(《知识与人类兴趣》,第236页)此种分析性知识在病人方面来说乃是自我反思,因其显示某些特征。

首先，它同时包括两个环节：认知性的与情感性和动机性的。它之为批判的，意指瓦解独断态度的分析力量系分析性洞察所固有的。批判终止于情感性和动机性基础的转变，正犹如它始于对实际转变的需求。批判如果不是受一种**对批判的热情**所推动，就不会具有破解错误意识的力量了。(《知识与人类兴趣》，第234页)

分析者(批判理论家)寻找病人之扭曲的自我形塑过程的原因——病人没有意识到的原因。这个发现只有通过重建和诠释的过程才能获致，在此过程中，分析者理解到病人目前的行为如何关系到影响它的潜意识过程。但是治疗的成功最终并非仰赖分析者对于病患的理解，而是仰赖病患凭借其自我反思，能取用此分析性的理解，从而瓦解其自身之抗拒到何种程度。正是此种深度知识引起病人的转变——此一转变虽绝非乌托邦式的，却使他从原来未意识到的扭曲性因果效力中解放出来。再者，病人之自我反思的经验乃是对其情况的深度诠释正确与否的判准。

如果病人摈弃一项(理论)建构，那么从此建构所推演出来的解释不能认为是被推翻了。因为要证实心理分析所指涉之条件的经验悬而未定：反思经验乃是假设之证实或失败的唯一标准。假若它没有来临，仍有另外一种可能：或者解释是错误的(即理论或理论应用到某一特定案例)，或者相反，抗拒性(已被正确诊断的)太 201
强了。借以判断错误建构之失败的标准，既非控制式的观察也非沟通性的经验。对于一个案例的解释只能凭借一种自我形塑过程的成功延续来加以证实，即以自我反思的完成来加以证实，而不是以病人说什么或做什么来确切加以证实的。(《知识与人类兴趣》，第266页)

这最后一点对于理解心理分析治疗和批判理论尤其重要，也有助于拓展我在检视温奇与舒茨时所衍生的一项议题。温奇和舒茨都辩称理论家所采用的概念及模型，必须立基于个人解释他们自己的行动及他人的行动的方式上。但是二者最后对于此关系都语焉不详，即常识性思维对于理论家的建构有何有效的限制。二者甚至都承认在心理分析中，分析者所发展出来的解释，涉及了一些主体自身也许都不了解的概念。我们也看到了这个问题为何对于理解社会政治理论如此重要：强调个人赋予他们的行动和情境某种意义，并强调此自我诠释乃社会政治实在的构成要素，这种主张对于反对一些认为诸如“解释”和“主观意义”在社会政治理论中不扮任何角色的人，实具有辩证的重要性。但是，从辨别正确的解释与错误的解释或较佳的解释与较劣的解释中所产生的问题，必须面对，不可抹煞。人们对于他们所做的不仅偶尔会有错误的信念，而且对于其自己、其行动的意义及其历史情境都会有系统性扭曲的误解。主体承认某一项解释是恰当的，并不足以证明该项解释的正确性。对于理论家把他自己的标准和偏见加诸他所研究的社会行动者身上，在社会理论中可能造成的扭曲，温奇和舒茨两人都很敏感。但当理论反映了那些被研究者的偏见时，可能造成的和实际造成的扭曲，他们似乎不太敏感。

哈贝马斯想要保存隐含在下述要求中的“真理”：最后主体本身必须能取用理论家所发展的关于他们行动的解释。同时，他想要避免认同一种只是偏见和错误信念的意识形态反映的理论观而造成的后果。他对于意识形态的批判即针对揭露此种后果。理论家也许提出了关于
202 一个人或团体的一项正确解释，而此解释却为主体所强烈抗拒和摈弃。（依马克思之意，当无产阶级尚未获致有关其历史情况之真实意识时，以及当资本家否认他的行动为资产阶级意识形态所形塑时，上述的情形就发生了。）但是主体或许也会证实关于其行动的一项错误的或扭曲的解释，正因为他们以一种有系统地扭曲的方式，来理解他们自己的

行动。结果有两个极端要避免:认为主体的证实,要么构成了该项解释的检证,要么就与该项解释的检证不相干。这就是为什么哈贝马斯强调“对于一个案例的解释,只能以一种自我形塑历程能够成功地延续,来加以证实,即以自我反思的完成来加以证实,而不是凭病人说什么或做什么就能够确凿地加以证实的”。(《知识与人类兴趣》,第266页)

在心理分析模型的特征中,哈贝马斯有些加以利用,且认为对于理解批判是相干的,有些则抛弃不用,区别这两者很有必要。而哈贝马斯却未经常小心区别此二者。哈贝马斯使用心理分析模型,来阐明一种显示批判之主要特征的知识——此种知识形式为一种解放性的兴趣所引导,其所需要的一种深度解释,只有透过分析自我形塑历程才能获致。但是这并不意味哈贝马斯认同心理分析理论自称提供的,用以解释人类行为的基本的或最清晰的范畴。弗洛伊德本人认为治疗情境是两个不平等的人之间的一种基本的和一对一的关系。他不仅对于把此关系引申到一个团体有所怀疑,而且怀疑个人从事自我分析的能力。再者,有一种解释心理分析情境的方式,将其成功主要归因于哈贝马斯所憎恶的技术性操纵和权威性权力。正如哈贝马斯曾征引过弗洛伊德的一段话:

> 这话听起来虽然残酷,但我们必须注意,病人的痛苦(以某种方式达到有效的程度)不得提早结束。假若由于症状已被解消而丧失它们的价值,他的痛苦减轻了,则我们必须在别的地方,以略为艰苦的形式,来恢复它。否则我们除了无关紧要且甚为短暂的改善之外,不会有任何改善。(《知识与人类兴趣》,第234页)

哈贝马斯知道他把心理分析与批判性社会理论加以类推——就像所有的类推一样——乃是具有选择性的,有人指责他对于心理分析的 203

理解是理想化的而且是错误的，哈贝马斯也提出了辩解。[①]他对于心理分析模型的运用受他对黑格尔和马克思的理解影响，也影响了他对黑格尔和马克思的理解。

假若我们认为黑格尔对于人类自我形塑和自我反思的分析，不是从沉思并理解此过程的哲学上的“我们”的观点，而是从经历此过程的主体的观点来看，则每一种意识形式皆可理解为一种生活经验，在其中主体执着于他们所认为真实的东西。只有从这些情境的辩证发展中，参与者才遇到隐含在他们情境里的存在性冲突和矛盾，从而理解到他们初始的“确定性”与“真理”的不同。在此经验的进程中——此涉及一个过程的各环节，诸如认知的、情感的及实际的转变——有一种朝向解放和自主的运动。最有名的例子即主人与奴隶的辩证法。奴隶最初执守他的身份，并理解他的实际状况为主人的奴隶，只有通过“服务和服从”的经验——“绝对恐惧”的条件——才发现他拥有一个他自己的心灵，并发现他的实际状况不仅是主人的奴隶而已。这个辩证运动——依黑格尔之意，此最初造成奴隶最抽象的自由——乃是每一个相续之意识形式的特征。[②]在每一个阶段都有一个关键性的洞察，会瓦解一定形式的囚禁主体的错误意识。对于黑格尔把意识的相续形式，排列为精神之实现的单一历史过程，哈贝马斯有犀利的批判。但是这并未减低他的信念，即黑格尔理解且捕捉到自我反思的经验。

---

① 关于评论哈贝马斯对弗洛伊德的解释，以及他对精神分析与批判理论之间的类比，参阅Christopher Nichols, “Science or Reflexion: Habermas on Freud”，《社会科学哲学》，第二期（1972）；H. J. Geigel, “Reflection und Emanzipation”，以及H. G. Gadamer, “Rhetorik, Hermeneutik und Ideologiekritik”, *Hermeneutik und Ideologiekritik*。哈贝马斯对这些评论的回应，参阅《理论与实践》之新版导言，与 “A Postscript to *Knowledge and Human Interests*”。

② 参阅Alexander Kojève对于主奴辩证的解释，*Introduction to the Reading of Hegel*。

然而,哈贝马斯同意马克思的观点,即包括了一切的精神辩证乃是一种神秘化，他认为黑格尔不能理解人通过劳动来塑造他们自己的具体历史途径；以及自我反思的经验被这些历史上的物质生产条件系统地扭曲了。虽然哈贝马斯批评马克思屈从于一种和黑格尔相反的化约论,即人类自我形塑完全通过劳动辩证来解释,哈贝马斯却宣称马克思表明了批判的本质。在针对资本主义的结构与动态进行详尽分析中,马克思的批判乃受一种解放兴趣所引导,主要的意图,并不是要从一个超然观点来揭露政治经济学的铁律;的确,在马克思以这种态度发言时,哈贝马斯辩称他(马克思)正违背他自己的批判意图。马克思的目标乃是要提供对资本主义的详细解释，此项解释将让无产阶级对其历史境 204
遇有一真正理解,从而导致革命。依哈贝马斯来看,《资本论》与马克思最早的思想间并无明显的断裂，而是实现了早期著作所表述的批判承诺。[①] 哈贝马斯对于马克思的批判有许多方面:政治经济学批判最基本的范畴,需要大刀阔斧地修正;马克思有时会屈从并同意一种实证主义式的批判观;他从未检视批判本身的认识论基础;他犯了一种化约论的错误,而这造成了最严重的智识上的后果和实际上的后果。不过哈贝马斯辩称现在必须恢复和发展的乃是批判的理论与实践。

哈贝马斯仿照马克思的意识形态批判和弗洛伊德的心理分析,力图恢复并进一步发展一套社会批判理论，此一研究工作衍生出许多复杂的议题,需要加以探讨。当然其中还有解释的议题。哈贝马斯对弗洛伊德和马克思的解释正确程度如何？哈贝马斯在马克思、弗洛伊德的批

---

① 这指出了哈贝马斯与阿尔都塞之间对马克思的解释截然不同之处。阿尔都塞宣称在马克思的思想发展中发现了一个彻底的认识论断裂——一个介于早期人道主义的马克思与真正科学的马克思之间的断裂。此不同所涉及的不只是试图“重新发现”历史上的马克思。而根据哈贝马斯之意,马克思与我们的关联性就是他的批判实践;对阿尔都塞来说,马克思是一个新科学的原创者。

判与社会批判理论本身之间的类推，是否禁得起理性的考察？但就本书的目的而言，最重要且最困难的问题是关于哈贝马斯对批判为一种独特的知识形式有系统的铺陈和证成，且拥有其整套的认识论。这已成为他的批评者抨击的主要对象之一了。

自从他出版《知识与人类兴趣》以来，细致地厘清及证成批判已成为他的重点了。哈贝马斯所发展的知识社会论（social theory of knowledge）（包括技术、实践及解放兴趣）虽然在其目标上极富野心，但晚近他试图发展一套综合性的沟通能力理论和真理的共识理论，抱负更大。哈贝马斯的目标乃是发展一套综合性的理性理论，涵括理论理性和实践理性。他的理论建基于晚近的语言哲学和理论语言学中最精致、最专门的著作之上。此一计划大都仍在进行中，哈贝马斯自己坚称，他迄今所成就的还不是一套真正的细致的理论，而只是一个理论纲要以及指示需要做什么的纲领——此一理论到目前为止所具有的启发性远较实质性和说服性为多。①

沟通能力与理性

有些人对于哈贝马斯这种语言学的转向很失望。他们认为他已经
205 变得如此的“繁复”、“细致”，以至于放弃了结合理论与实践的尝试。②这种指责确实有些道理。我们不一定非得是一位庸俗马克思主义者才能

① 参阅麦卡锡对于哈贝马斯综合性的沟通能力理论清晰而有系统的阐述和批判性的讨论：“A Theory of Communicative Competence”，《社会科学哲学》，第三期（1973）。也可参阅魏尔默，“Communication and Emancipation: Reflections on the ‘Linguistic Turn’ in Critical Theory”，*Philosophy and Social Theory, Stony Brook Studies in Philosophy*，第一期（1974）。

② 参阅 Oskar Negt，“Revolution und Geschichte: Eine Kontroverse mit Jürgen Habermas”，*Politik als Protest*。

了解:分析到最后,马克思本人指涉理论与实践的统一时,他意指革命实践;他不仅是《资本论》的作者,也是一位政治组织者。批判理论家尽管对马克思有所批评和修正,批判理论原来所承诺的乃是一种实践意向,能够导向政治革命行动。许多年轻激进者在20世纪50年代和60年代早期,狂热地恢复了对批判理论的兴趣,即源自此种希望。在60年代末期他们迅速觉醒,反映了沉痛的失望:体认到批判理论对于过去所要做的事情,无法提供任何策略性的指引。

再者,一个具有实践意向的批判理论需要有一个团体或阶级,作为此理论的主要诉求对象,而成为革命执行者。但是一旦批判理论变得越繁复,此核心的实践要求就发挥越小的作用了。在这一点上,没有批判理论家(包括哈贝马斯)像马克思那样清楚。批判理论的诉求对象是谁,知识分子吗?谁是革命执行者,阅读这类艰涩书籍的学生吗?假若批判理论家对于这类难题含糊其辞,则社会批判理论与自由主义式的资产阶级意识形态有什么差别?批判理论家尽管口头上对马克思推崇备至,但不是背叛了他们所认为的马克思主义的重要核心——发展一套具有真正的实践意向的理论吗?批判理论的精致概念与马克思毫不留情地抨击和揭露的青年黑格尔学派者的错误有何差别?

虽然说哈贝马斯没有认真与这些问题搏斗是不准确的说法,但这些问题不能置之不理。我在检视哈贝马斯最近对理论与实践之关系的反思时,将回到这些问题上。然而重要的是来看,为何哈贝马斯"语言学转向"了,这对他有何意义,他现在所检视的问题如何从他最早的探究发展而来,并蕴涵在他最早的探究里。这些核心问题可以直接与我在本书所试图表明的联系起来。

哈贝马斯对于一个综合性的沟通能力理论的勾勒,必须摆在追求一个综合性的理性理论的脉络中来理解——此一主题对于哲学、社会及政治探究的不同路线日益重要。对于实证主义的知识观和科学观尽 206

管有种种抨击,但是对于实证主义所提出的挑战置之不理,则是不负责任的——此一挑战也许可以表述如下:关于自然科学、数学、逻辑的特征不管有什么歧见,这些学科毫无疑问都是可靠知识的范例。把正当知识的范围限制在这些学科,或限制在可以模仿它们的学科中,有一种深层动机就是不相信还有其他形式的知识以及其他获得知识的方法。实证主义者宣称当我们检查这些知识的冒牌者时,发现他们缺少科学知识的特征:检验、证明及推翻假设的理性程序。

硬心肠的实证主义者从未满足于一般性的声明或宣言;清晰、严谨的表述及阐释都是需要的。在哲学史上很少有运动为正当认知主张提出如此明确的标准——实证主义的论旨本身要根据这些标准来判断。此要求已成为实证主义很大的优点之一。它对它的敌对者说:假若你断言有其他形式的知识,以及其他检验知识主张的方法,则必须清晰而严谨地陈述这些到底是什么,并对于他们的正当性提供令人信服的证成。

然而,正是实证主义此一核心的优点导致它的没落。以实证主义者自己对哲学论证的标准来衡量,19世纪的实证主义者或维也纳学派所提出的主要论旨,没有一项未受到严厉批评。分析—综合二分法原来的表述方式,以及意义的可检证标准已经被抛弃了。实证主义者对于自然科学与形式学科的了解显然过分简化。不论一个人对于后经验主义之科学哲学和科学史中的当前争论——库恩学派、波普学派与持异议者如费耶阿本德、拉卡托斯、图尔明以及一些中庸立场者如夏佩尔、阿钦斯、赫西、麦克马林——最后判断如何,一般对于原来实证主义的科学观、知识观及意义观的不恰当处,皆有理性的共识。但是假若实证主义根本是错误的,则科学及知识的恰当说明是什么?这在强调科学探究的不同特征者之间,有激烈的争议。*

* 除了上述相关学者之外,哈贝马斯、英国的吉登斯及本书作者也都是后经验主义、后实证主义的主要理论家之一。——译注

上文我提议要认识库恩对本讨论之贡献最好的方式，就是去理解 207
他所提出的新问题以及他所开启的探究路线的意义——而不是指责他所提出的答案有没有解决问题。这些重要问题有许多是环绕着理性的本质。要陈述库恩关于“范式转换”或竞争的理论取向间的抉择的核心洞察，最清晰的方式莫过于说：这虽然牵涉到理性的过程——而不是莫明其妙的念头、任意的命令或非理性的决定——但我们（目前所有的）标准的理性理论尚不足以恰当地阐明这些过程。库恩虽然强调“说服技巧”和“信仰转变”的重要，他显然想要区别理性的说服方式与非理性或反理性的（说服）方式。

库恩的探究若从这个观点来看，也可以视之为晚近哲学中一个较大的运动和转向的一部分。当前问题的焦点并不局限于自然科学中范式或理论的地位和选择。在厘清我们所谓的一般的另类概念架构以及一个概念架构取代另一概念架构所涉及的过程，同样的或类似的问题会产生出来。在晚近讨论的许多领域里——包括心灵—身体问题、科学唯物论和实在论、行动理论以及意义与指涉的理论——哲学家都遇到类似的根本问题：理性理论的问题。[1]

哈贝马斯沟通能力的理论（他称之为“普遍语用学”）旨在有系统地探究“出现在任何可能之说话情境里的普遍结构，此说话情境本身由特定类型的语言表述行为产生，而把具有语言能力的说话者所说的话加以语用上的定位”。为了符合我到目前为止检视哈贝马斯著作的精神，

---

① 近年来对于罗尔斯的《正义论》的兴趣及争议直接与理性理论有关。罗尔斯描述这个正义理论的主要观念的特征环绕在“自由和理性的人关注促进他们自己的利益时，会接受平等为初始的位置，来界定他们结合的基本条件”。（第11页）罗尔斯也抨击关于人类理性本质的流行教条。虽然我不想低估罗尔斯与哈贝马斯之间的根本差异，但他们共享一个共同的基本主题：在理性、自由与平等等概念间有相互的逻辑蕴涵关系。

我要集中于此理论底层的一个主题上，因为此一主题直接与社会批判理论在认识论上的理解和证成有关。这个主题可以借由陈述对哈贝马斯知识的社会理论的一个主要反对意见,来加以厘清。

哈贝马斯分析技术兴趣和实践兴趣所引导的那些学科，似乎与他分析解放兴趣所引导的学科并不对称。在前二者中,哈贝马斯主要对所
208 涉及之知识类型的形式条件有兴趣。例如,他宣称经验性—分析性的科学为一种技术兴趣所引导，此技术兴趣要求所研究的对象要以某种方式来构成,以便建立假设—演绎的系统,而对于理论架构在科学探究进程中将会被证实或推翻的议题,并不怀有偏见。再者,注意到历史性—诠释性学科在研究的“对象”、研究方法及用来评判各种竞争的解释的判准等方面,和经验性—分析性科学的不同处,对于我们如何判断各种解释的议题,并未怀有偏见,也未加以阐明。

但是解放兴趣及其所引导的学科,似乎十分不同。此一认知兴趣不仅仅是**形式性的**,它乃是**实质性的**和**规范性的**。它指出何者应当是我们研究社会的目标以及社会本身的目标——人类的解放。哈贝马斯所做的似乎正是他责备其他人的，即在把理性当作自我反思的客观分析掩护下,偷偷引入他自己规范性的偏见。不论我们对批判的角色这种理解是否同情,我们必须承认:实质性的规范理论不能以诉诸理性和知识的形式条件,来加以证成。

这种反对理由其实是下述主张的一个变体,即事实与价值、实然与应然、描述性话语与规约性话语之间,有一种范畴性的且不可跨越的区分。对于接受某种形式的此类二分法的人而言,尽管他们宣称要“克服”它们,却总是认为黑格尔学派者和马克思主义者犯了概念上的混淆。这种反对意见经常被提出来对抗马克思本人。他们宣称马克思的著作乃是要提出社会应当如何的规范性蓝图，而此一规范性偏见乃是他的政治经济学批判的基础。在另外一个脉络中我已论证过以这种方式来看

马克思——不论是批评他或替他辩护——乃是一个根本误解。[①]

哈贝马斯在沟通能力理论中所要建立的，类似于马克思政治经济学批判所要完成的，而哈贝马斯是在一个更为抽象、更有自觉的认识论层次上。马克思论证，在现存的异化和剥削的具体历史形式中，隐含着真正能动的潜在可能，以彻底转变此既存的历史情境。马克思的取向和黑格尔相似，与古典的思想——尤其是亚里士多德——有较强的关联，而与如休谟之类的现代思想家的关联则较弱。正是借着研究实然——现存于某一特定历史形式中的——我们才能发现人类真正的历史潜 209
能。我们能够如此做乃是因为我们并未设定现存事态是晦暗不明的，必须当作铁定的事实；我们认为现存事态乃是本质性的东西的一种历史表现。黑格尔说本质通过表象来彰显它自己；马克思认为现存事态本身乃是一种历史上异化生产的结果，是可以根本改变的。假若用规范语言——黑格尔和马克思对此种语言都深表怀疑，因为它暗示着规范从实然中被"切除"——则我们会说：规范并非与人类实际上所作所为外在地关联，而是在特定的异化行动形式中被**预设**和被**期待**，而人现在正借此形塑着他们自己。

哈贝马斯以一种类似的方式论证：人类的言谈或话语——甚至在它有系统地扭曲的形式中——**预设**且**期待**一种理想的言说情境，在此情境中自由沟通和对话所需的理论条件和实际条件都存在。为了说明这个意思，需要厘清在哈贝马斯近作里日益扮演重要角色的一个区分：行动与理性**讨论**之分。

沟通**行动**——也许涉及言语和非言语的沟通——需要一种被接受或视之为当然的背景共识，一旦此背景共识受到干扰或被质疑，则理性**讨论**就产生了。

① 参阅《实践与行动》，第一部分。

> 理性讨论帮助检验说话者不再视之为理所当然的意见（及规范）的真理声称。在理性讨论里，论证的“力量”乃唯一可以允许的强制力，共同合作追求真理乃唯一允许的动机。理性讨论由于其沟通结构之故，并不迫使其参与者去行动。它们也不适合借以获取讯息的过程。它们被排除掉了行动与经验。理性讨论与讯息之间的关系乃是后者被输入前者之中。理性讨论的产品……乃承认或驳斥发生疑问的真理声称。理性讨论只有制造论证。①

哈贝马斯充分了解这种对于理性讨论的描述乃是一种理论性建构；在实际生活里，沟通行动与理性讨论之间的区别变动不居，并非固定不变的。他用此建构使经验、行动与论辩的区别比在他早期著作里更为明显。哈贝马斯宣称所有理性沟通有些一般性的特征——构成对话的普遍元素——以及使我们能区别理性讨论的不同类型和不同层次的一些特征。因此有不同类型的理性讨论与不同类型的知识相对应，而此
210 不同类型的知识受几种主要的认知兴趣引导。

基于维特根斯坦对于语言游戏的理解以及奥斯汀与塞尔对言说行为（speech act）的分析——及前述乔姆斯基对于语言能力的分析——哈贝马斯注意到：所有的语言沟通都预设了一个背景共识。此共识可根据四种不同的不可化约的有效性声称（validity claim）来加以分析。其中前面引文中所强调的真理声称只是其中之一。这些声称也包括言说的**可理解性**；（当下达断言时）其命题内容的真理；其作言内容(performative content)的**正当**或得体；及说话者的**真诚**。在沟通行动的正常脉络中，这四种声称并未受质疑；但是当一个语言游戏受到干扰或背景共识崩溃了，则需要适当形式和层次的理性讨论，以便评估隐含的

① 参阅哈贝马斯，“A Postscript to *Knowledge and Human Interests*”，《社会科学哲学》，第三期（1973），第168页。

有效声称。四种声称都可能被质疑。[1]

此种质疑需要一种理性讨论，以便相关的有效声称可加以检讨和检验。此种讨论的目的是要区别被人接受的共识——目前受到挑战的——与理性的共识。隐含在最初之言说情境里的有效声称,必须借适当之理性讨论的辩论,来加以判定。辩论本身才是判定一种共识是理性或不是理性的基础。这并不否认在任何既定事例中,我们可能会犯错：我们也许判定一种共识为理性共识，然而进一步的反思和辩论却显示它并不是理性共识。

判定已达到的共识是否为一种理性共识,其标准是什么呢?辩论本身的标准是什么呢?哈贝马斯宣称:没有固定的决定程序或明确标准可以毫无疑义地区辨理性的共识与不是理性的共识；我们只能仰赖辩论本身。但这种说法可能会被驳斥,即这只是把问题再向后推一步而已。辩论预设了一种共识：否则我们如何能理性地同意什么算是健全的论证与不健全的论证,或者较佳的论证与较劣的论证呢?我们似乎处于一个恶性的无限倒退或一个恶性循环的边缘。哈贝马斯不仅晓得这个可能性,而且发展他的论证以显现其充分的力量。

是否有一个解决的办法?哈贝马斯认为有解决办法:需要理解就何种意义而言,在任何的言说行为中都预设且期待一个理想的言说情境。

> 不论相互理解的主体间性如何遭毁损，一个理想言说情境的**设计**必然蕴涵在潜在的言说结构里,因为所有的言说(即使是蓄意欺骗)都适应于真理的观念。这个观念可以根据自由的和普遍的讨论中所获致的共识,来加以分析。我们若能掌握建构理想言说情境 211

① 关于四种有效性声称,参阅《理论与实践》的新版导言,第18页;“Vorbereitende Bermerkungen zu einer Theorie der kommunikativen Kompetenz”,*Theorie der Gesellschaft oder Sozialtechnologie—Was Leistet die Systemforschung*?

> 的工具，就能构思真理、自由与正义的理念，这三个理念是交光互影的——当然只是作为观念而言的。单单仰赖沟通能力，且独立于我们所属之社会体系的经验结构，完全不能实现理想言说情境，我们只能期待它。[①]

哈贝马斯的沟通能力理论可以理解为是一种阐明上述陈述并为之证成的尝试。他的目标乃提供对言说行为的一个分析，表明蕴涵在言说里的是理想言说所需要的规范基础。宣称“一种理想的言说情境的**设计**，必然蕴涵在潜在的言说结构里”，即宣称任何言说行为都隐约地做了一种有效性声称——此种有效性声称在理想言说里能够理性地评估。在正常沟通互动中，我们不会质问这些有效性声称，但是任何一项有效性声称都可加以质问，在那样的情况下，该声称的正确性必须加以建立。而这又需要辩论，辩论本身预设和预示了理想的辩论或理想的言说。

但是“理想言说”到底是什么？理想言说乃是一种讨论形式，在这种讨论中除了论证本身的强制力量之外，没有任何其他的强制力量；而且在参与者之间有一种真正的对称性，允许对话角色有一种普遍的可互换性，而且没有宰制的形式存在。理想言说的力量乃是论证本身的力量。哈贝马斯所谓的理想言说与皮尔斯所谓探究者的理想共同体相当接近——哈贝马斯欣然承认这种相似性。和皮尔斯一样，哈贝马斯认为此一理想预设和预示在**一切**探究中——即使是不健全的探究——而且作为任何既定探究的批判标准。

但在哈贝马斯庞大的论证里，我们也应注意到实践性的转向。这显示在哈贝马斯前面引言中把真理、自由与正义连结在一起。假若我们追

① 参阅哈贝马斯，“Towards a Theory of Communicative Competence”，《探究》，第十三期（1970），第372页。

求的只是趋近此理想言说和理想对话所需要的条件，那么我们就意识它需要一种“理想的生活形式”——存在有客观的社会制度和实践，容许自由的、对等的、负责的、无束缚的理性讨论。理想言说情境要求一个理想共同体存在，且通过言说与理性讨论，此一生活形式显现出来了。[①] 这就是为什么哈贝马斯坚称“单单仰赖沟通能力……且**独立于**我们所属之**社会体系的经验结构**（黑体作者附加），我们全然不能实现理想言 212
说情境，我们只能期待它”。

虽然哈贝马斯对于把此一理想说成规约性的（regulative）有所保留——因为它可以成为人类互动的**构成**要素——不过他对于其地位的思考，非常近似康德，所以他强调此一理想在言说中被预设和期待，而可以对人施予一种规约性的力量。引导哈贝马斯到此结论的推理链，麦卡锡有简洁的撮述：

> 分析言说显示言说适应于真理的观念（更一般地说，适应于有效性的观念——伯恩斯坦按）。“真理”的分析导致通过辩论而获致共识的观念。分析“共识”显示此概念涉及一个规范性的向度。分析有根据之共识的观念，使它与一种免于所有外在和内在限制的言说情境连结在一起，在此言说情境中，结果的共识只是由于较佳的论证的力量。最后，分析理想言说情境显示其涉及言说所在之互动脉络的假定。此论证之链的最终结果乃是言说结构涉及期待一种使自主与负责成为可能的生活形式。“社会批判理论以此为其出发点。”它的规范基础因而不是随意决定的，而是内在于它所分析的

① 关于“理想言谈”的意义和条件的澄清，参阅哈贝马斯之“Wahrheitstheorien”。

社会行动结构中。①

假若上述庞大的论证要在理性上具有说服力，每一个环节都需要更仔细、更详尽的阐明、厘清及证成。②但必须正视哈贝马斯所提出的问题，使得理性的理论和对社会批判理论的证成都能有所进步。现在我们可以看出哈贝马斯会如何来回应别人的反对意见，即他偷偷引入他自己的实质的规范偏见。他一定不会否认解放兴趣所引导的批判理论是实质性的和规范性的；但此一规范基础并不是任意决定的，也不是没有道理的。批判理论的规范基础隐含在它所分析的社会行动结构之中。③

理论与实践

哈贝马斯对于理论与实践之间关系的理解——尤其是根据他对于

① 参阅麦卡锡，“A Theory of Communicative Competence”，《社会科学哲学》，第153—154页。

虽然基于当代语言哲学和理论语言学，哈贝马斯的论证与苏格拉底于《斐德罗篇》中的发展显示出某些明显相似处。苏格拉底也关注言谈的条件，并且认为言谈的分析立足于真理的理念——即使当言谈试图去欺骗别人时亦然。再者，分析真理导致理想言谈条件的分析——真正哲学朋友的言谈特征类型。甚至有一个与哈贝马斯详述的四种有效性声称的相似处，当苏格拉底分析言谈的必要条件时，他强调每一个特征的重要性。苏格拉底的论证意图显示所有言谈——即使是吕西亚斯的欺骗言谈亦然——都预设且预期了理想言谈。并且如同哈贝马斯的论证路线导致他承认理想言谈间的相互关系一样(此理想言谈本质上是对话式的，且是一种理想的生活形式)，对苏格拉底而言主要的实践问题因此变成了建构或重建一个城邦，这种理想言谈能够在其中实现。

② 参阅麦卡锡批判性的评论：“A Theory of Communicative Competence”，第148页及以下。

③ 参阅哈贝马斯，《理论与实践》的新版导言，于其中他面对“批判社会学的规范基础被走私进来”(《理论与实践》，第15页)的指责。

行动与理性讨论的区分——比原来乍看之下复杂多了。我可以回到此主题来完成对于哈贝马斯学说的阐明与诠释。这也将提供一个基础来衡量对哈贝马斯已放弃尝试统一理论与实践的指责论调。 213

哈贝马斯在他的《理论与实践》第四版新的导言中说：

> 我们只有在一开始时区别三种功能，才能厘清理论与实践的中介，而此三种功能是根据三种标准来衡量的：第一，批判原理的形成和引申可以经得起科学讨论；第二，启蒙历程的组织，上述原理运用在其中，而且可以通过触发某些团体进行反思的历程，来加以验证，此反思历程原来即针对那些团体的；第三，选择适当的策略，解决战术上的问题，以及从事政治斗争。在第一层次，目标在于真实的陈述，第二层次在于真知灼见（洞见），第三层次在于慎重决策。（《理论与实践》，第32页）

哈贝马斯现在寻求仔细区别在他早期作品中混合在一起的东西。由于引用了理性讨论的概念，在其中“意见和规范所包含的有争议的有效性声称”，通过适当的讨论形式，被分析、验证以及评价，我们让“一切动机都不再发挥作用，只剩下合作达成一种理解的动机而已”。“理性讨论因此要求把对行动的约束搁置起来。”（《理论与实践》，第18页）在这方面哈贝马斯强调古希腊理论传统的一个层面，要求在追求真理时，要把对行动的约束悬搁起来；主要的规范将追随最好的论证。

哈贝马斯对于理论讨论的理解的特点在于，这不能根据一个孤立的自我或意识来理解，而主要是在一个研究者共同体中所进行的主体间的语言过程。他和皮尔斯一样，也坚持这主要是一种容易发生错误以及能自我修正的过程，永远无法达到定论。辩论的真正性质预设了进一步辩论的可能性。此种理论讨论的目标乃“真实陈述”，而用来检证和评估此真理声称的标准，乃一个自由无拘束的探究者共同体所接受的那些主体间的规范。

上文我曾区别弗洛伊德的心理分析和马克思的意识形态批判所示范的知识形式,与这两门学科的实质主张之间的区别。现在我们可以看出为什么这个区别那么重要。心理分析和意识形态批判都是基于有关人类心理和政治经济的“批判原理”。这些批判原理都有待在理论讨论中进一步辩论。哈贝马斯对马克思意识形态批判及弗洛伊德心理分析的批评的确可看作是在推进理论讨论,以便验证、评估、修正甚至抛弃那些不再能理性地保证的东西。

假若哈贝马斯所说的关于理论和理论讨论仅止于此，那么他的主张与自然主义者、概念分析者及现象学者就没有什么差别了。以上三个探究途径都强调当我们要评估社会政治学说时，必须把对行动的约束加以搁置;只有辩论本身可以厘清、阐明和证成知识的主张。若说哈贝
214 马斯否定此种理性探究的理想或有所妥协，那显然是严重曲解了他的思想。恰恰相反,他显示有些社会政治探究宣称服膺于此一理想而其实并未达到。陈述哈贝马斯的论点最清楚的方式就是:把社会政治理论观限于理论讨论的理想条件中，会造成理论与实践之间关系的一种近视观点。

理论与实践的中介的第二个功能乃“组织启蒙的历程，在其中此(批判的)原理被运用,并且以指导启蒙历程所针对的某些群体产生反思过程,来加以验证”。这第二个功能有一个理论的向度和一个实践的向度。理论的向度指出需要替这种知识形式(即批判)提供一种认识论上的厘清和证成。那么理论讨论的结果相对于行动而言就不是中立的了。而一方面在说明、理解与解释之间,另一方面在实践与行动之间,都没有绝对的和无可弥合的鸿沟存在。正是运用已经证成的批判原理在启蒙历程中来联系理论与实践。

此种启蒙获致成功，遂在那些原来启蒙历程所针对的人之间唤起

自我反思和自我理解的历程，因此瓦解了僵化的权力关系和抗拒。[①]此种启蒙若遭遇失败，可能是由于许多因素，甚至需要重新检讨那些被认为已经证成的批判原理。结果在着眼于建立批判原理的理论讨论与在启蒙的脉络中运用和检证这些原理之间，有一种相互的和动态的关系。
批判是一种"治疗性的知识"——不是当代时尚所特有的贬损义，而是 215
希腊古典意义的教育（paideia），针对人心的教养、塑造以及"转化"。

哈贝马斯致力于理论上厘清及证成"批判"。这个理由现在应该明白了：许多现代思想都或明或暗地攻击这种知识形式的正当性。不过关于实践的层面，即在具体的政治环境里如何组织"启蒙历程"，哈贝马斯并没有说得很清楚。

在他的近著里，哈贝马斯强调理论与实践的中介的第三个功能："选择适当的策略，解决战术性的问题，以及进行政治斗争。"有人批评他已放弃寻求理论与实践的统一，关于这第三个功能就是他对这个批评最直截了当的回答。哈贝马斯和黑格尔、马克思一样——而和他们的一些门徒不同——他并不认为趋近具体历史情境中的一种变革意识，就自动地会导致有效的政治行动。他的主张甚至更强烈：理论绝不能直接用来证成政治行动。一旦对理论作这种要求——一旦认定理论可提供绝对权威以决定要做什么——理论和实践都会受到损害。"斯大林式的实践已提供决定性的证明，一个工具性地运作的党组织与一种堕落

① 在《知识与人类兴趣》之后的著作，哈贝马斯引介了一个"就批判意义而言，介于重建与'自我反思'"之间更为精致的区别。在"A Postscript to *Knowledge and Human Interests*"中，他写道："只有在完成此书之后才让我想到，传统上使用'反思'一词（可溯及德国观念论）掩盖（及混淆）了两件事情，一方面，它指对于一个认知、言谈和行动的主体本身之潜能的条件加以反思；另一方面，它指对于一个特定主体（或一个特定的群体主体，或特定的物种主体）于其自我塑造过程中之限制条件的反思。"（第182页）关于"重建"与"自我反思"之间区别的重要性请参阅该后记第6节。

成为辩护工具的主义，二者可说是绝配。”（《理论与实践》，第36页）

> 理论对于行动的组织、政治斗争的组织所具有的功能，和对于启蒙的组织所具有的功能，不可能是一样的。自我反思的实践上的后果乃是态度上的变化，这是由于对过去的因果有所洞察，而且事实上是它们自身的结果。相对照，策略行动朝向未来，这是为了（前卫）团体的内部讨论而准备的，他们预设了已完成的启蒙历程。策略行动不能以同样的方式根据反思性知识来加以证成。（《理论与实践》，第39页）

上述自由不羁的理论讨论脉络、启蒙和策略性政治行动三者的区别不能忽视。以某种意义而言，哈贝马斯是更为接近黑格尔——和弗洛伊德——而非马克思。我们可以解释他的思想是从马克思退回到黑格尔，因为现在很清楚的，批判的直接目标乃透视过去的因果关系。因此这是一种回顾式的，其目标是要引发自我反思，借此我们知道过去的历
216 史性限制，而由此解放出来。但此种“解放”并未解决要做什么的问题。诚如黑格尔本人深为了解的——这一点经常为他的诠释者所忽略——奴隶体认到他有一颗属于自己的心灵而获得的自由，只是最抽象而空洞的自由。这还不是具体的自由，可以在一个没有任何实质改变的世界里产生。

但是说哈贝马斯只是从马克思退回到黑格尔是错误的，因为他强调一个核心问题，任何严肃看待马克思的人都必须面对的问题。批判理论的旨趣乃对我们的历史情境给予一种精准的深度理解，此种理论只有在它能正确诠释此情境，并引发自我反思，才成为有效的，一种实质力量。虽然这种意义的理论和在那些从事策略行动的人之间政治共识的形成有密切的关联，但它并未而且不能为我们要做什么提供合法化说明和证成。

> 行动的组织必须和这个启蒙历程加以区别。虽然理论正当化启蒙的工作,以及当沟通失败时,理论给予其自己否证,而且无论如何理论能被修正,然而理论绝不能使策略行动的冒险决定正当化。政治斗争的决策不可以一开始就以理论来证成,然后以组织来执行。在这一个层次上,唯一可能的证成,即在参与者之间的实践性讨论所达到的共识。这些参与者意识到共同的利益和他们对环境的知识、可预见的后果和第二级后果,只有他们知道他们愿意冒甚么险,怀着什么期望。没有一套理论一开头就可以保证潜在的牺牲可换得世界史使命的完成。(《理论与实践》,第33页)

这种坚持理论证成与政治或策略行动之间的鸿沟,可能会被某些人解释为一种严重的"逃避"。这些人会认为理论与实践统一意指——或应该意指——理论将告诉我们确切"如何改变世界"。他们无法理解——不管他们是"庸俗马克思主义者"或"资产阶级"工程师——他们正试图把政治行动化约到技术控制和操纵。他们所要求的是一套理论或科学,非常稳固,可以替要做什么的问题提供具有权威性的决定程序。很讽刺的是,宣称可能获得此种科学——或我们已拥有此科学——的"马克思主义者",乃伟大的资产阶级思想家真正的后裔,霍布斯。他 217
们并不驳斥霍布斯思想中所蕴涵的理念:有可能获得有关人和社会的科学理解,将为社会的重建或变革提供一个稳固基础。他们宣称马克思主义一旦"恰当地"加以理解,就已经实现或正在实现这种理想;这是"真正的"科学,与所有形式的意识形态相对立。他们无法理解这种想法使得科学变成了意识形态。

哈贝马斯和所有这类"狂热信徒"——不论是左派或右派——的彻底对立,带我们绕了一圈回到他一开始所提的核心问题。理论与实践的中介的三个功能显示哈贝马斯如何回答这些问题。"现代社会哲学要求的科学知识的严谨”，和理论性讨论的层次有关。在理论性讨论里，我们寻求对社会政治实在作出一种解释，此解释立足于形塑此实在的结构规律性和因果决定因素的理解。我们寻求规范性知识，但我们的目标乃“决定理论陈述何时掌握社会行动不变的规律性本身，何时表达意识形态所冻结的依赖关系，而此种关系原则上是可以转变的”（《知识与人类兴趣》，第310页）。此种理论解释只受较佳之论证的强制性支配。理论性讨论是容易发生错误的且能自我修正的；通常对进一步的检证和批评保持开放，没有解释具有绝对的确定性和权威。理论性讨论本身预设并期待在探究者的理想共同体中所进行的理想讨论。

理论性讨论与启蒙历程之间有密切且动态的关系，这是系统性批判的特征，提供深度解释的基础，借此深度解释我们可以洞察“过去的因果关系”并引发自我反思。这会造成理论所针对的主体在认知、情感及实践上的变化。如果此种批判在引发真正的自我反思上有成效的话，可以提供理论性讨论中所建立的批判原理的部分证实。假若失败了，它或许需要对批判性解释的有效性再进行检视。在此，哈贝马斯再度唤起对人类处境一个基本的内在歧义性的注意。我们永远无法确切得知批判性启蒙是否已经产生效果了，即它是否把我们从过去意识形态所冻结的束缚中解放出来，并且引发真正的自我反思。抗拒之形式的复杂性、强度及迂回弯曲；仅靠“知性的理解”来引发彻底转变的不恰当；以
218 及任何主张启蒙的理解也许本身就是一种更深的和更精细的自欺形式。以上这些障碍在我们衡量批判的成败时，绝不能完全忽略。

当我们转向那些具体情境，此情境需要针对政治行动的实践性讨论时，我们可以看得最清楚哈贝马斯如何寻求恢复古典实践观——特别是亚里士多德的实践观——的承诺。此种实践性讨论立基于理论性讨论和启蒙历程。虽然理论和启蒙可以提供实践性讨论参考，没有理论能使“策略行动的冒险决定”正当化，或分派一个世界史使命给政治行动者。“在这一个层次上，唯一可能的证成，就是在参与者之间的实践性

讨论中达到的共识。"(《理论与实践》,第33页)*

这是需要实践性判断和审慎的实践层次。针对政治行动的实践性讨论不能被化约为技术控制或理论知识的技术应用，因为这会扭曲了人类社会生活和沟通行动的媒介。哈贝马斯探究的所有理路都汇合于强调这一点上：当代最急迫的实践性问题乃是要去反抗所有那些破坏或压抑实践性讨论的思想趋势和实际趋势，并致力于建立一些客观制度,在其中此种实践性讨论可以具体实现。哈贝马斯自己承认他尚未证明在先进科技社会中这要如何达成。但少有当代思想家像哈贝马斯那样敏锐和有系统,对于共谋危害此种实践的一些强大趋势,加以揭露和无情批判,并且把我们的注意力聚焦于恢复古典政治学的承诺,而仍不放弃科学知识的严谨性要求。

哈贝马斯学说中尚未解决的困难

哈贝马斯尝试发展一套综合性的社会批判理论极富雄心壮志、极具启发性，同时挫折感也极大。我们不得不佩服他的百科全书式的知识、渊博的历史观点以及对于在哲学和社会政治学科当前研究的掌握能力。他具备一种可以入乎其内理解很多种冲突立场的罕见的能力。即使一个人全然不同意他的解释,他的解释也都是犀利而有启发性的。他对核心问题有一种敏锐感觉，这些核心问题乃社会政治理论进一步发展一定会遭遇到的。他把解析技巧与综合性和整体性的趋向结合起来，寻求对人类社会生活一种批判性的理解。

但是哈贝马斯的弱点乃上述优点的另一面,在他的探究里,有一种 219
令人无法满足的抽象性和概略性。此困难部分是由于这些议题的复杂

---

* 本节哈贝马斯界定理论与实践的关系，以及理论性讨论与实践讨论的分际及定位。——译注

性以及他不断地尝试开辟新领域所致。哈贝马斯经常从一个领域转换到另一个领域。他从聚焦于认知兴趣优位性的认识论重建,转移到沟通能力理论和普遍语用学，然后再转到社会演化和发达资本主义之危机潜能的理论。当然此种过程有理则可寻:在辩证思维的最佳传统里,哈贝马斯证明为了厘清并解决某一研究领域的议题，一个人必须在相关议题上获得进展。但是哈贝马斯的概观有时会让人感觉十分惊讶,以致一些关键性的歧义都悬而未决,而且令人信服的具体表述付之阙如。

例如想想看他的社会知识论的核心:基本的知识构成兴趣。哈贝马斯并没有确定这些兴趣确切的认识论地位，甚至没有确定这三个基本兴趣存在这一主张的地位。他显然想避免两个极端:第一,他们仅仅是偶然的经验性兴趣,或者第二,他们是根植于人类历史以外的一个超验自我。他努力要证明这些兴趣是根植于人类社会生活条件本身中的,而说他们是“准超验的”。但是这个名称在厘清他们的积极地位时并没有非常有用。许多批评者对于他的认识论重建提出各种反对意见,而哈贝马斯也寻求回应这些反对意见。但是他的回应所提出的问题比解决的问题更多。哈贝马斯致力于一个不断自我批评的历程,他在提出相关问题上要比提供清晰解答上更为犀利。

哈贝马斯的限定性概念——超验或“准超验”——如此地偏离从康德到胡塞尔以来的超验哲学传统,以至于使用这些词汇只会模糊问题,而不能厘清问题。我对哈贝马斯的质疑远超过哲学术语的使用问题。哈贝马斯想要保留超验哲学的核心主张,即有**绝对**区别的对象界域、经验类型和对应的探究方式。但他在建立此核心论旨上并没有成功。

我所指出的困难和未解决的歧义并不限于精深的认识论关注,而对哈贝马斯所有的思想都有极重大的后果。他批评过去思想家的典型
220 策略,即证明他们混淆了有绝对区别的行动层次。因此按照哈贝马斯的意见,马克思的错误在于扩张实践概念以包含工具行动和象征互动。黑格尔的错误在于一元化的趋势,模糊了不同行动层次之间的区别,并且

主张它们可以摆在一个无所不包的精神辩证中来理解。皮尔斯或许也屈从于把所有行动都“化约为”工具行动的诱惑。[①] 但是这些批评的有效性都有赖于接受哈贝马斯的范畴区分。我们同样可以批评他引进了一些僵硬的区分，然而实质上却都是连续的。从他使用各种认知兴趣及其对应的对象界域，来划分绝对不同的探究类型，他的这个问题我们可以看得很清楚。不管他同意与否，哈贝马斯似乎也犯了他批评别人的那种实体化（hypostatization）的谬误。

哈贝马斯主张有绝对不同的但又互相关联的知识类型和探究方式。上述两个强调都必须注意，因为他不仅想要维持理性讨论的统一性，而且要显示它如何分化为种种不同的方式。然而哈贝马斯真的证成了他的重要主张，即有截然不同的知识类型和探究方式吗？我不认为如此，基于下述两个主要理由：第一个主要是关于他对于各种学科的后设理论的理解上；第二是关于这些学科内部的实践和争议。

我们不需要否认，技术性认知兴趣在塑造经验性—分析性科学的历史和形式上已扮演重要角色；我们也不需要否认，我们生活在一个时代里，这个时代有一种无情的驱力，使所有的知识主张都要满足技术兴趣的要求。哈贝马斯在追溯此一计划所涉及的扭曲性的理论后果和实践后果上是极为敏锐的。但是这和“经验性—分析性科学受技术性认知兴趣所引导，而决定此种探究所产生之知识形式”的说法大不相同。在本书好几处，我都指出，后经验主义哲学和科学史深切质疑自然科学与哈贝马斯所谓的历史性—诠释性学科之间有绝对的区别。从这类研究中学习到的教训之一，乃历史性—诠释性学科所特有的一些争议，在自然科学研究中也有类似的争议。参照技术兴趣不足以描绘经验性—分析性科学，因为在它们的基础上，需要解释原则，当解释发生冲突时也 221

① 关于哈贝马斯对皮尔斯的解释的评论，参阅我在德文版《实践与行动》中的新版导言。

需要一种理性解决。

与此类似，当哈贝马斯主张历史性—诠释性学科系在一个独特的“方法论架构”中运作时，他的主张令人怀疑。在欧陆尤其是德国思想的脉络中，以其解释学的理论与实践的重要传统，或许可以宣称此一学科在一个独特的方法论架构中运作。但是哈贝马斯从未充分说明此架构究竟是什么，有些人主张在一切理性探究的形式中有一种连续性——不必然是一种化约——哈贝马斯也从未对这种挑战回应过。

在此，我们可以看到第二组考虑如何与后设理论的问题汇合，来质疑哈贝马斯的范畴区分。在历史性—诠释性学科过去十年左右的时间中，最显著的就是试图把经验性—分析性学科使用成功的方法，应用到文本和历史的研究。无疑有一些夸大的说法如：在那些倡导“新”历史或“新”考古学者的主张中，科学主义甚为猖獗。哈贝马斯并不否认经验性—分析性科学应该被推展到它们的极限，并且一个人永远不能预料此种学科对于批判性地理解人类生活所具有的潜在意义。但是在许多这些内部争议中，主要的议题乃事实上是否有任何截然有别的范畴性区分。我看不出来这些议题如何能使用任何类型的“准超验的”或超验的分析来解决。在“信息”——哈贝马斯对经验性—分析性科学之认知产物的称呼——与实践性知识之间并无清楚的界线。

晚近关于心理分析与心理治疗的争议可以更清楚地阐明一个类似论点。我们已经看到哈贝马斯主张一种独特的自我反思的知识，受解放兴趣所引导，有多大程度是他诉求心理分析和意识形态批判来加以保证的。但是哈贝马斯实际所做的是向我们提供了心理分析的一个诠释，这个诠释强调这些解放的和自我反思的主题。这种对心理分析情境的诠释本身已受到严厉抨击。依据行为心理治疗者的意见，古典心理分析在治疗病患上不管有多么成功，都不是由于诸如哈贝马斯所强调的自我反思历程和分析的洞察之类的东西。他们主张实际进行的，乃是一个负面增强和正面增强的复杂模式。再者，他们断定，一旦我们对病患与

分析者之间的制约类型有了更好的理解，就可以改善此种制约的技术 222
和效力。我并不是要认同这种诠释*，只是强调关于治疗情境的动态和结构的复杂争议不能借范畴分析来解决。

然则，在哈贝马斯思想里有一个深层未解决的冲突存在，一方面是他思想中超验的一端，强调先验的范畴区分；另一端是更实际的趋势，强调一切理性探讨方式中的连续性与重叠的类似性和差异性。他在揭露化约主义的种种形式方面极为敏锐且有力，不论它们采取的是物理主义还是历史主义的形式，但是他所提议的选择方案则是可疑的。有全然不同的探究和知识类型的提议乃是一种虚构——不是有用的方法论虚构。然而，看互相竞争的技术的、实践的及解放的认知兴趣之间的争论如何进行则不是一个虚构，而是有关社会政治探究之知识的性质和限制的最重要的争议点。

在介绍哈贝马斯综合性沟通能力理论的轮廓时，我试图展示他的理论并不是一种偶发的思考，或偏离他的核心问题。恰恰相反，正是在这里，哈贝马斯试图厘清及证成社会批判理论的基础。他的构想的雄心不可低估：依哈贝马斯之言，此一理论试图厘清一切言说行为的形式特征。我已指出哈贝马斯到目前为止所发表的研究，顶多只是此一理论之概念的展示——普遍语用学看起来像是什么样子——以及为了发展此一理论的若干提要。但是在此我要集中在一个主要困难上，这个困难从最早期开始就以不同形式一直困扰着批判理论家。

现在假定哈贝马斯能厘清及证成其庞大论证的复杂阶段，即一切潜在的或实际的言说预设和预期理想言说，而理想言说需要物质条件——理想的共同体生活形式——才能具体实现。假若上述的论证理路可以证成，则一个清楚的后果就是这一连串论证在**任何**经验条件下都是真的。这对于有意去欺骗的个人固然如此，对于自欺或系统地扭曲

---

* 意指前引反对哈贝马斯论点的“行为心理治疗者”的诠释。——译注

沟通的群体也是如此。然则,必须要问:此一理论对于何者引导人去克223 服扭曲沟通的形式,进而迈向理想言说的条件是否有所启发。在此,欠缺的似乎是人的行动及动机的阐明。在此,我们碰到的是每个批判理论家都会面临的老问题,以一种新的形式出现:在何种条件下,清楚认识他们的历史情境的行动者会被推动去克服扭曲的沟通以及迈向一种理想的共同体生活形式?这个历程的具体动态是什么?谁是或将成为它的行动者(执行者)?

哈贝马斯或许会回答:要求一套综合性沟通能力理论来回答这类问题乃是一种不合理的要求。此一理论的目标乃对于沟通能力所需之形式条件提供一种理性重建。我们只有清楚理解沟通能力所需要的,我们才能检视社会演化的历史形式和未来发展的真正潜力。但是我不认为此一回答能让人完全满意。

依哈贝马斯之意,在社会形式中有截然不同的行动类型和行动层次,不同类型的危机在社会发展中可能会爆发。再者,有各种不同方式可以克服这些危机。但是危机的解决不**必然**会迈向理想的共同体生活形式。当然,依哈贝马斯之意,这通常是一个真实的可能性。他尖锐地抨击那些引证现代科技社会之复杂性而又相信相反(道理)的人。不过即使我们相信哈贝马斯对于此一理想的辩护及其与我们的历史情境的相关性,我们也想要知道现在的社会形式是否显示此一理想能被接近。我们有没有理由认为个人将致力于克服扭曲的沟通形式?我们有没有理由相信哈贝马斯所宣称的在任何沟通形式中所预设和预期的理想将会实现,而不是将遭遇更险恶的可能性?以及对于何种形式的政治活动能够促进此理想的实现或接近,我们想要获得某种启发。

稍早,我曾提过哈贝马斯思想里有一种趋势可以被解释为从马克思到黑格尔的转移。但是,现在看来似乎是回归到康德。看起来似乎在这个重要关头,哈贝马斯重新表述康德的绝对命令。一个人应该如此行动以促进此理想的实现,而此理想是理性生活的基础。一个人应该去行

动以促进理想共同体生活形式的实现(目的王国?)。但是,假若这是哈
贝马斯思想的方向,则他必须面对严厉的挑战,即当黑格尔和马克思揭 224
露一种“高贵”理想在具体的历史进程中如何会变得软弱无力时,他们
向康德式的取向提出的挑战。

我们又回到理论与实践之关系的核心问题。假若一个人要履行“发展具有实践意图之批判理论”的承诺,则恢复由解放兴趣引导的自我反思的理念是不够的。要发展对意识形态和当代社会的批判,去揭露压抑实践性讨论和迫使所有理性变成工具理性的强大趋势是不够的。甚至去证明一套批判理论可用来促进启蒙并造成政治行动者的转变也是不够的。

所有前述的东西都是必要的。但是,诚如哈贝马斯敏锐地证明的,实践性讨论的理念本身——个人参与关于理性意志的形成的讨论——可能很容易堕落到“仅仅”是理想,除非并且直到此种实践性讨论所需的物质条件具体地实现且客观地设立。哈贝马斯很清楚地告诉我们这个道理,却没有告诉我们这要如何完成。在此具体问题贴上“策略性的”标签没什么帮助,因为这只是我们的无知的一个代名词。[1] 我并不是批评哈贝马斯,说别人已经做到了而他没有做到。而是我们终究必须诚实地面对此一社会批判理论的理念与其具体实现二者之间过去已经存在——现在仍然存在——的鸿沟。

① 也可参阅Dick Howard对哈贝马斯的批评,“A Politics in Search of the Political”, *Theory and Society*, 第二期(1974);以及Boris Frankel对哈贝马斯的访谈,“Habermas Talking: An Interview”, *Theory and Society*,第二期(1974)。

社会政治理论的重构

在本研究伊始，我就宣称在对于主流社会科学和自然主义观的各种批判之中,乍看好像分歧散乱,其实有一种统一性、力量和方向在其中。现在我已处理过各种数据,尝试评估其优点和弱点,并区别出正确的和错误的成分。但是我的主要目的乃显示:我们如何可以把迄今所表
225 述的东西批判地诠释为对于社会政治理论重构的贡献。在此结论中我要回顾一下这个重构中的一些主要阶段或环节。

让我们回到主流社会科学家广泛抱持的关于社会政治探究的概括图像上。我们不要把他们的自我理解化约为讽刺性的漫画,也不要把主流社会科学说成比真实的情况更为单一、更为同质,不过我们还是发现了他们共同的设定、态度和期待作为共同的架构。关于此学科的性格是什么,应该是什么,以及关于何者构成科学知识及说明有某种共识。此一自我理解反映出一种总体取向,对于理解经验知识的性质、理论与实践、事实与价值的关系、经验理论与规范理论的二分法以及理论家的教育和角色等,都有实质的后果。在社会科学中关于可以达到什么以及将会达到什么的乐观和自信比几十年前更为沉默、审慎了,但是若低估了主流取向的架构假定和范畴区分被广泛接受的程度就显得天真了。

一个人对于此一取向如果只诉诸其智识根源或诉诸支持它的认识论和方法论之理由的分量,则不能恰当地说明该取向的普及性和优势。不必接受过分简化的观念与底层的社会政治实在之间关系的反映理论,不过我们必须承认我们所思、所信甚至所感被我们的社会政治生活形塑到何种程度。当社会政治世界运作越来越像一个庞大复杂的连锁系统,当科技和科层制散播开来,当技术的、工具的或系统的"理性"影响到人生所有层面,则此一主流取向会继续增强。在这方面主流观点反映我们的社会政治生活正在变迁过程之中。这是为什么此一取向——

尽管受到许多批评——对基本变迁还有如此抗拒性的一个基本的理由。正如同主流取向乃根植于现代社会政治，所以对它的抗议和挑战也是如此。其后的历史并没有否定而是证实了马克思的洞察，即现代社会的结构和动力本身产生了基本的冲突和矛盾。今天变得更加模糊的是，我们对这个危机潜能的理解以及危机能被扩散、压制或处理的方式。

我们遇到太多对我们时代危机及其适当反应的描述。诚如我早先 226
指出的，甚至我们谈论“危机”倾向于堕落成为陈词滥调。对此情境最典型的反应即绝望，表现为各种不同的形式。有一种文化悲观论的诱惑，相信在当代，科技社会作用的力量是如此强大且像定律一般，因而对生活质量尝试集体的理性自决就显得天真或有些乌托邦了。浪漫抗议的绝望、“大拒绝”的绝望、退缩到纯理论的绝望、对一个从未存在过的黄金时代的怀旧的绝望、借着生理或“精神”的麻醉药物狂乱地寻求个人新的解放形式的绝望，各种绝望都存在。有一种行动主义式的绝望，对于任何尝试理解我们所作的及其原因都嗤之以鼻，还有它的反动，即冷漠的绝望。

在本书中，对当代情境我采取另一种反应：那些不愿意屈从于绝望者的反应，虽然他们不满社会政治现实，也不满我们思考此现实和尝试去理解并说明此现实的一些典型方式。他们要求彻底再检视我们用来理解人类行动的范畴本身，并寻求连结理论与实践。根源性的议题关注一些最基本的问题，关于人是什么？他们在变迁过程中是什么？他们会变成什么？

本书的特点是从批判主流社会科学的负面环节开始论述的。社会政治探究的自然观的核心要求关于人类行为的经验性说明理论。当这个经验理论的理念被充分表述时，就需要我们去发现不变因素、结构或规律，可以当作理论说明的基础。这说明将采取一种演绎说明的形式，从此说明中我们可以推演出关于自变量与因变量之间关系的陈述。有人预测当社会科学成熟时，将会发现一些检验过的经验理论，最后这些经验理论将合并到更为适当且更为广博的理论当中。然而,假若我们判断迄今努力发现此种理论的成果，那么并无确切证据显示这个期望正在被实现。许多谈论关于这种理论、精细的分类架构、事后说明和研究计划,但是甚至像“中程”理论那样,不是琐细无足轻重的理论都是凤毛麟角的。

这种期望与成就之间不一致的合理化说词常玩弄一些隐喻:如“年
227 轻”“不成熟”科学研究“前范式的”与“范式的”阶段,这种合理化已变得浅薄而无法让人信服。这类说辞其实是在兜圈子,他们已经预设了争论点应该是什么:不论我们是否有良好理由,认定社会政治探究应该跟随自然科学的发展。

前已述及,社会科学的自然观乃基于对自然科学的可疑解释。这些解释在素朴的经验主义(即强调搜集和处理数据,即从地基建起)和比较精致的经验主义形式(即强调假设演绎的说明系统的建构)二者之间摇摆不定。不过这些关于自然科学中什么是最重要、最核心的观念，由于科学哲学和科学史里出现的后经验主义分析，而受到挑战并被修正了。

当我们审视那些已发展的经验理论，我们一再发现他们不是价值中立的，而是反映深层的意识形态偏见和私密的、富争议性的价值立场。认为我们可以截然区分这些理论中描述成分与评价成分的想法是虚妄的,因为隐藏的评价成分根植于它们的架构本身中。再者,对于一些基本范畴区分,如经验理论与规范理论、事实与价值、描述与评价、私密的主观态度与公众可观察行为进行严密分析，即可显示他们如何破坏和误解我们实际描述、说明以及理解人类行动的方式。

我们察觉到对于规范理论的地位有一种基本的矛盾情感。(官方)正式观点主张一旦我们谨慎地把规范理论与经验理论的目标、方法和主张加以区别,当然会有一个适当地位给规范理论。但是这个观点的容忍度是和一种趋势结合在一起的，即质疑评价社会和政治生活质量之规范理论的合理性，甚至可能性本身。

这种矛盾情感也反映在面对经验知识与其实际应用之间关系的典型态度上。我们不断地被告知：我们对社会政治生活中的变量如何相互影响的理解越适当，我们就越能运用此知识，从事明智决策，以及解决实际的问题。但是我们也被告知任何此种运用都牵涉到科学探究本身无法证成的目标和目的。虽然我们相当确定经验研究和明智决定是如 228
何相关，但我们遇到要如何决定追求的目标或目的时，就会遇到一般性的信念或者明显的怀疑主义。对于经验研究的性质和限制的一种坦率谦虚的态度经常和一种危险的傲慢态度结合在一起，这种傲慢态度认为“专业”知识可决定政策，并且作为局部的或整体的社会工程的基础。

基于这些理由，我想哈贝马斯是正确的，我们面对一种不断地要把社会政治生活“真实的”议题转变为技术问题的倾向，所谓技术问题即专注于手段与目的之间的关系，或有助于技术控制之变量间的关系。这个趋势必须摆在一个较大的政治社会脉络下来看，即“对自然的技术控制继续扩张，借着社会组织对人及其间关系的管理继续改良”。[①] 对于许多主流社会科学家而言，唯一合理的人的形象就是完全去追求个人的私人需求、欲望及利益，不论这些是什么。

虽然在对主流社会科学的批判中，这些抨击点最为明显，对人的行动和社会政治实在的性质也产生出另外不同的理解。随着这个转移——这个强调的转变——新类型的问题遂进入前台，对社会政治理论的任务也产生了一种新的理解。前已述及，在盎格鲁—撒克逊思想家中，从伯林到温奇和洛奇，到沃林、麦金太尔、泰勒、彼特金、瑞安以及许多其他人的著作里，都有些共同主题一再出现，且以种种不同的方式加以探讨。不仅继续质疑在主流取向里根深蒂固的范畴，而且在观点和范畴架构的转移方面也有累积的论证。

---

① 参阅哈贝马斯，《理论与实践》，第254页。

有一种观点认为我们可以把所有相关的社会政治现象划归一方面是公开可观察的,像任何其他的物理现象一样;另一方面则是私密的、主观的。他们反对这种观点,认为这误解了人的行动。除非我们考虑到意向性描述,此行动对于当事人所具有的意义,他们解释自己的行动和他人的行动的方式,否则人的行动不能被恰当地辨认、描述或理解。这些意向性描述、意义及解释不仅仅是主观的心理状态,而且可以与外在
229 行为互相关联;这些乃是我们社会政治生活的活动和实践的构成要素。如果我们要理解人是什么,我们就必须发掘那些渗透着人的思想和行动的模型、解释架构及隐含的理解。任何关于什么是"严格而言"经验的或可观察的,从而排除了人生的这个层面,或仅归诸主观意见的领域的观念,都是被阉割的,从而在认识论上没有保障。

坚持理解人的行动需顾及行动对当事人所具有的意义,并不是向放纵无忌的主观主义发一张许可证;不过对于把所有现象都区分为客观的和物理的,或主观的和心理二者的人而言,的确是如上所述。在分析哲学里,一个最重要的主题就是:人的语言和行动都是根植于主体间的沟通脉络,根植于主体间的实践和生活形式。

这个强调上的转移影响了我们理解事实/价值二分法的方式。我们无需否认在有些情况里,区别偏颇的价值判断与事实陈述是重要的事。但是固执于这种情况,并由此做过度的概推,已蒙蔽了许多人关于构成社会政治实践的诠释,这种诠释牵涉到评价范畴。在主流社会科学里一贯地忽略、压抑或低估社会政治实践的这个重要特征。被视为经验研究理所当然的起点、视为经验研究之基础的"残酷事实"的领域本身乃是复杂之诠释过程的产物,而此诠释过程有其历史根源。*

转移注意力到分析实践、生活形式和主体间的意义上,并且去理解社会政治生活如何由道德范式所组成,都使我们看到规律性和相关的

* 本书援引分析哲学和现象学来批判主流社会科学。——译注

研究到底预设了些什么。关于描述和理解社会政治生活所需的概念与研究非人的自然现象之间是否有一种逻辑上的不相容性的争辩，已变得越来越贫乏了。

社会政治实践显现规律性和相互关系，且有必要去理解这些以便理解社会政治生活。再者，我们必须问这些实践是如何产生、持续及改变的。但是我们要如何理解发现到的规律性和相关的意义？它们显示了社会行动不变的规律吗？还是表现了意识形态所冻结的依赖关系？甚至 230
运用我们所建构的模型和理论来说明社会政治的运作预设了：行为者接受了何者为适当合理的行为的应然标准。这些标准或许显得如此明显且基本，以致我们不能体认到他们通常都是可接受理性批评的。

理解社会政治生活而忽略规律性和相互关系研究的任何尝试，本身即有意识形态扭曲的危险。对于社会政治生活的一个恰当理解必须寻求发现及揭露行为者自我理解和自我诠释的方式。这个工作本身需要探讨显现在人类实践中的规律性和相互关系。再者，建构一个人类行动的模型或理念型而仅仅反映日常生活的常识建构是绝不足够的。我们必须也要问在行为者的自我理解中，是否有系统的曲解或意识形态的神秘化。我们必须探讨曲解和神秘化的原因。我们甚至无法区辨人们认为他们在做什么和他们实际正在做什么二者间的差别，除非我们诉诸独立的证据以显示此不一致。而我们所引用的证据则需求助于规律性和相互关系。然而这个区别不能解释为是行动者主观心理信仰与他们实际的形体行为二者的区别，而是行动者的自我理解——此自我理解乃主体间的解释架构所形塑的——与那些被认为是理所当然的实践和活动之间的区别，那些实践和活动显得如此基本，以至于我们经常忘记了他们涉及默然的诠释和评价。

我也试图显示：在盎格鲁—撒克逊学术界对于主流社会科学的批判之中，有些主要的题目和关怀如何在现象学探究中出现、增强并进一步表述。在此，也对于渗透许多现代思想以及形塑主流社会科学之范畴架构的认识论上的二元论,进行批判。在此也有一个观点上的转移,从而聚焦于参照行动对于行动者的意义来理解人的行动。诚如舒茨所大力论证的,意义并非简单地附着在或关联于形体行为上;意义乃构成人的行动的一部分。诚如分析哲学所教导的,要理解人的行动,必须理解语言和行动是如何立基于主体间的实践和生活形式之中，舒茨的现象
231 学探究也显现了雷同的强调。

现象学在理解社会政治生活上的价值不在于精致的知识架构中：不同类型之存而不论的层级,或不同层次的现象学分析,最高层达到超验现象学,企图揭露超验主体性和主体间性基本的先验结构。现象学对社会政治理论重构的主要贡献却是在于：强迫我们批判性地检视社会政治世界中被视为理所当然的事情。现象学把我们的注意力转移到社会政治意义的构成上,因此启发新类型的问题。它提出了一种挑战,要我们发展经验技术以便揭露在日常生活中显现的常识建构、解释架构、类型化方式及相关系统。它显示我们的社会政治世界的模型和理论必须立基于这些第一层级的常识建构之上。

但是在现象学的方案中,有些严重的缺陷和紧张存在。关于生活世界之结构的意义有一种基本的歧义存在，关于如何区别哪些是基本的和先验的结构,哪些是社会政治生活的历史形式的产物,并不清楚。关于影响常识建构和解释架构性质的因素的确切性质,并不清楚。关于社会政治现象互相竞争的第二层级的诠释当中,未能指出要如何去评判,也未能指出要如何避免建构一些仅仅是反映我们所研究的行动者的意识形态偏见的模型和理论。

这类困难有许多都可追溯到要把社会政治实在的诠释孤立地隔离于规律性、相互关系和历史因素的研究的错误尝试。舒茨认为真原因动机和目的动机二者的分析乃是两个独立的却又是互补的探究形式,二者是辩证地关联在一起。除非我们对行动者的目的动机有预先的理解,否则无法说明人的行动。不过假若我们要区别真的与假的目的动机,必

须理解此种动机形成的因素。在这方面现象学有一种趋势——如同温奇所倡导的概念分析——即孤立和分离某些不可分离的和辩证地关联的事物。*

因此很明显的，对于社会政治一种恰当的理论性理解必须是批判性的。此一批判的向度在社会批判理论的倡导者中最明显。我对哈贝马 232
斯的数种截然不同的知识和探究形式的主张提出了质疑，然而，我的确认为他有力地揭示了一个辩证发展，即从系统研究规律性和相互关系到寻求对社会政治实在的历史形式加以诠释的必要性的发展，此诠释向具有批判性自我反思和自我理解的行动者揭露了社会过程中隐藏的因果关联。我们在他的研究工作中发现一个最为系统的尝试，来探讨批判的意义、厘清它的预设及探究其认识论基础。但是重点是哈贝马斯已表述了一个具有更为深远后果的思想辩证发展——此一辩证发展也显示在许多人的著作里，不过他们从不同的出发点开始，并在不同的思想传统中进行研究。

重构社会政治理论最重要的特征就是重申理论之批判功能的必要性和正当性。在这方面社会政治理论的重构反映了当代一个较大的思想运动，并对此思想运动有所贡献。我们越来越体认到人的理性不能局限于技术理性和工具理性上；人可从事理性辩论，致力于生活质量的评判；我们可以培养理论性的辩论，在其中对批判性诠释之间的冲突进行理性的讨论，也可以培养实践性的辩论，在其中人不仅仅试图操纵和控制他人，而且试图真正互相理解，共同努力朝向实践性的——而非技术性的——目的。

---

* 本书宗旨乃经验理论、现象学及批判理论应该辩证地统合在一起，所以在讨论经验理论时，从现象学和批判理论观点来照显它的缺点，而讨论现象学时，则从经验理论和批判理论观点来照显它的弱点。批判理论同样需要经验理论和现象学的辅助，而以批判为依归。——译注

“对于社会政治的一种恰当的理论性理解必须是批判性的”的体认,在本书探讨过的对主流社会科学各种不同的批判中,已经是很明显的了。伯林已经提议过了,他主张“理解人的第一步是发觉主导并贯穿其思想和行动的模型”,“第二个任务乃分析模型本身,而这让分析者去接受或修正或抛弃它,如果是抛弃的话,要提供一个更适当的模型来取代它”。[①] 这个批判性主题在主流社会科学的盎格鲁—撒克逊批评者的著作中一再出现,有如一首主旋律。沃林也写道:

> 233 系统理论、沟通理论、结构功能论都是些非政治性的理论,企图说明非政治现象的诸种形式。它们并未提供重要的选择,也未对于公共生活的质量、方向或命运提供批判性的分析。虽然它们并非陌生的侵入者,它们共享流行意识形态的一些非批判性——因而是非理论性——设定,证成我们社会目前的“权威性价值分配”。[②]

我们可以把温奇、洛奇、麦金太尔、泰勒、瑞安和彼特金的著作理解为一项论证的不同阶段,这项论证要证明:政治社会理论应被视为真正的道德理论——在此,“道德理论”的意义很接近18世纪把人文科学理解为“道德科学”的意思。他们证明我们不能把人性的经验研究和对“公共生活的质量、方向和命运”的批判性评价完全分开。例如,当彼特金面对“维特根斯坦对政治理论本身的意义——政治理论的实质,有别于它的历史研究”的问题时,她指出维特根斯坦对“我们客观的自我知识有所增益”,“如同尼采和马克思,维特根斯坦主张我们的思想是我们活动

---

① 参阅伯林,“政治理论仍然存在吗?”,《哲学、政治与社会》(第二辑),拉斯利特与朗西曼合编,第19页。

② 参阅沃林,“Political Theory as a Vocation”, *Machiavelli and the Nature of Political Thought*,第26页。

的一个反映”；如同弗洛伊德，他关注的是要把我们从妄想中，从“俘虏我们”的心理图像中解放出来。

> 自我的知识、对我们自己的观点、对人之局限性的真理的接受是异化的，如果这只是局限于知识的领域的话，就无法触及我们真正的、内在的自我以及我们真正的外在生活。如同弗洛伊德学说，它可能被扭曲为一种新的、极端精致的宣传操纵的武器；但是和弗洛伊德一样，他可以是一种人性化和解放的力量，具有真知灼见，而非只有肤浅的知识支配力。①

显然上述思想，甚至表述用的语言都可以补充并强化哈贝马斯的批判观的中心思想。

乍看之下，或许有点奇怪的是：在政治理论中，彼特金声称维特根斯坦和语言哲学能帮助我们获致的，恰恰是其他人声称在胡塞尔和现象学中所发现的。诚如在语言哲学里，早期纯粹的描述主义已逐渐意识到理论的批判功能，在现象学里也发生同样的辩证运动。在现象学里也逐渐体认到理论变成批判的乃是内在的必然性。舒茨的一位学生，詹纳支持彼特金的说法：

> 假若社会科学知识同时是自我知识、社会科学家本人的知识，反之亦然——在此要求行为者把视为理所当然的类型化（信仰、价值、概念等等）变成主题（意义的主观诠释准则）——那么这个研究 234
> 工作显然开启了一些更为基本的问题。“视为理所当然”的事实本身，“类型化甚至在人的意识里产生”的事实，人本身根据这些类型化而理解社会世界、生活在社会世界中、在社会世界行动（这个社

① 参阅彼特金，《维特根斯坦与正义》，第316页。

> 会世界作为他们生活的共同母体)——所有这些都指向了社会科学系统预设的议题。我已论证过了,这些议题形成现象学批评的主题。然则,一门真正彻底的批评学科是有解释任务的,它与社会科学的关系就如同土壤与树木的关系,在土壤上及通过土壤,树木可以繁茂。①

从如此不同的思想家引述这些文字，我并不是要表示他们真的都说同样的事情;他们并不是。关于批判的确切意义还有许多不确定的成分,而且还有一大堆工作要完成,才能表述它所牵涉到的东西。不过我的确能断定在各种哲学风格和关注的表面差别底下，显示了一个相似的辩证模式。

有一个共同的错觉以为思想史是根据清楚界定的智识立场进行的——可根据非此即彼来描述的立场。在当代社会政治探究观里,这个错觉扮演了重要角色。它认为社会政治理论必须是说明性的和经验性的,否则就不是真正的理论。社会政治世界的理论观必须是诠释性的,否则就完全不对。理论必须对社会政治生活的质量有一种批判,否则就不是理论。但诚如黑格尔教导我们的,文化史是借着主张和追求表面上不可调和的冲突和对立的立场而发展的。我们可以在这些"环节"里发现一个模式,显示我们如何掌握他们的"真"和"假"。当我们追溯这些环节之际,我们就学会了如何把每一环节中真的成分,整合到一个更为博大的理解里,此一理解使我们能抛弃假的、局部的、片面的以及抽象的成分。黑格尔的洞见能帮助我们理解何者正在进行,特别是包括正在进

---

① 参阅詹纳,"Solitude and Sociality: The Critical Foundations of the Social Sciences", *Phenomenological Sociology: Issues and Applications*,George Psathas编，第42页。John O'Neill,"Can Phenomenology be Critical?",*Sociology as a Skin Trade*以及Paul Piccone,"Phenomenological Marxism",*Telos*,*no*. 9(1971)。

行中的社会政治理论的重构。分析到最后，我们并非面对着互斥的选择:**要么**是经验理论,**要么**是诠释理论,**要么**是批判理论。在社会政治理论的重构中其实有一个内在的辩证:当我们从事任一环节时,发现涉及其他的环节。一套恰当的社会政治理论必须是**经验性的、诠释性的**以及**批判性的**。*

对于社会政治理论之性质、目标及任务这个新的共识,任何人都必 235
须小心,不得夸大或诋毁。以为智识批评本身就足以带来基本变革乃经常都会有的危险。我们必须一再意识到并不是这样的。任何人都不能低估批判事业的易误性和抗拒力,但也必须小心提防下述想法:历史总是在人的背后发生作用,批判从来没有功效,从未变成一种“物质力量”。我们可以承认:除非社会政治实践和制度有一个转变,否则没有朝向解放的重要运动可言。但是我们也必须承认:人能意识到他们未明说的解释、评价及标准,且能将它们付诸理性批评。对于批判要在社会政治实在的变革中扮演一个角色所需的物质条件,我们大多仍然一无所知。

但是我们的确知道,或者应该知道,假若批判计划的尝试失败;假若我们不寻求对现存社会政治实在的深度理解；假若我们不愿意从事评价所需要的论证；假若我们不努力实现实践性辩论所需的条件——
则我们确定将不能达到充分的人性。 236

---

* 本书基本的逻辑或架构是黑格尔的辩证法，上文把黑格尔辩证法如何与本书主旨结合在一起表述得清晰、简洁。——译注

参考文献

Adorno, Theodor W., ed. *Der Positivismusstreit in der deutschen Soziologie*. Damstadt und Neuwied: Hermann Luchterhand Verlag, 1972.

Almond, Gabriel A. "Political Theory and Political Science." *American Political Science Review*, 60 (1966), 869—879.

Althusser, Louis. *For Marx*. New York: Vintage Books, 1970.

Apel, Karl-Otto. *Analytic Philosophy of Language and the Geisteswissenchaften*. Dordrecht, Holland: D. Reidel Publishing Co., 1967.

——. "Szientifik, Hermeneutik, Ideologie-Kritik: Entwurf einer Wissen-schaftslehre in erkenntnis-anthropologishcher Sicht." *Man and the World*, 1(1968), 37—63.

Arendt, Hannah. *The Human Condition*. New York: Doubleday Anchor Books, 1959.

Armstrong, David M. *A Materialist Theory of Mind*. New York: Humanities Press, 1968.

Berger, Peter L., and Luckmann, Thomas. *The Social Construction of Reality*. New York: Anchor Books, 1967.

Berger, Peter L., and Pullberg, S. "Reification and the Sociological Critique of Consciousness." *New Left Review*, no. 35 (1966), 56—77.

Berlin, Isaiah. "Does Political Theory Still Exist?" In *Philosophy, Politics and Society*, Second Series. Oxford: Basil Blackwell, 1962.

Bernstein, Richard J. "Einleitung." In *Praxis und Handeln*. Frankfurt am Main: Suhrkamp Verlag, 1975.

——."The Frankfurt School." *Midstream*, September 1973, 55—66.

——. "Herbert Marcuse: An Immanent Critique." *Social Theory and Practice*, 1 (1971), 97—111.

——." 'A Philosopher's Perspective' on Neil Smelser's *Essays in Sociological Explanation*." *Sociological Inquiry*, 39(1969), 207—213.

——. *Praxis and Action*. Philadelphia: University of Pennsylvania Press, 1971.

——. "Sellars' Vision of Man-in-the-World." *Review of Metaphysics*, 20 (1966), 113—143, 290—316.

Birnbaum, Norman. *Toward a Critical Sociology*. New York: Oxford University Press, 1971.

Borger, Robert, and Cioffi, Frank, eds. *Explanation in the Behavioural Sciences*. Cambridge: Cambridge University Press, 1970.

Buchdahl, Gerd. "A Revolution in Historiography of Science." *History of Science*, 4 (1965), 55—69.

Carr, David. "The 'Fifth Meditation' and Husserl's Cartesianism." *Philosophy and Phenomenological Research*, 34 (1973), 14—35.

——. *Phenomenology and the Problem of History*. Evanston, Ill.: Northwestern University Press, 1974.

Cicourel, Aaron V. *Cognitive Sociology*. Harmondsworth, Middlesex, England: Penguin Books, 1973.

——. *Method and Measurement in Sociology*. New York: The Free Press, 1964.

Dahl, Robert A. "The Behavioral Approach in Political Science: Epitaph for a Monument to a Successful Protest." *American Political Science Review*, 55 (1961), 763—772.

Dallmayr, Fred R. "Critical Theory Criticized: Habermas's *Knowledge and Human Interests* and its Aftermath." *Philosophy of the Social Sciences*, 2 (1972),

211—229.

——. "Phenomenology and Marxism: A Salute to Enzo Paci." In *Phenomenological Sociology*, edited by George Psathas. New York: John Wiley & Sons, 1973.

——. "Reason and Emancipation: Notes on Habermas." *Man and the World*, 5 (1972), 79—109.

Davidson, Donald. "Actions, Reasons, and Causes." *Journal of Philosophy*, 60 (1963), 685—700.

Douglas, Jack D., ed. *Deviance and Respectability: The Social Construction of Moral Meanings*. New York: Basic Books, 1970.

——. *The Social Meanings of Suicide*. Princeton: Princeton University Press, 1967.

——. "The Sociological Analysis of Social Meanings of Suicide." *Archives européennes de sociologie*, 7 (1966), 249—276.

Easton, David. *The Political System: An Inquiry into the State of Political Science*. New York: Alfred A. Knopf, 1967.

Ekeh, Peter. *Social Exchange Theory: The Two Traditions*. Cambridge: Harvard University Press, 1974.

Euben, J. Peter. "Political Science and Political Silence." In *Power and Community: Dissenting Essays in Political Science*, edited by Philip Green and Sanford Levinson. New York: Vintage Books, 1970.

Feyerabend, Paul K. "Against Method: Outline of an Anarchistic Theory of Knowledge." In *Minnesota Studies in the philosophy of Science*, Vol. 4, edited by Michael Radner and Stephen Winokur. Minneapolis: University of Minnesota Press, 1970.

Filmer, Paul; Phillipson, Michael; Silverman, David; and Walsh, David. *New Directions in Sociological Theory*. London: Collier-Macmillan, 1972.

Fishman, Joshua A., ed. *Advances in the Sociology of Language*. The Hague: Mouton, 1971.

——, ed. *Readings in the Sociology of Language*. The Hague: Mouton, 1968.

Frankel, Boris. "Habermas Talking: An Interview." *Theory and Society*, 1 (1974), 37—58.

Friedrichs, Robert W. *A Sociology of Sociology*. New York: The Free Press, 1970.

Frisby, David. "The Frankfurt School: A Critical Theory of Society." In *Approaches to Sociology: An Introduction to the Major Trends in British Sociology*, edited by J. Rex. London: Routledge & Kegan Paul, 1974.

Garfinkel, Harold. *Studies in Ethnomethodology*. Englewood Cliffs, N.J.: Prentice-Hall, 1967.

Gadamer, H. G. "Rhetorik, Hermeneutik und Ideologiekritik," *Hermeneutik und Idealogiekritik*. Frankfurt am Main: Suhrkamp Verlag, 1971.

Geigel, H. J. "Reflexion und Emanzipation," *Hermeneutik und Ideologiekritik*. Frankfurt am Main: Suhrkamp Verlag, 1971.

Geras, Norman. "Althusser's Marxism: An Assessment." *New Left Review*, no. 71 (1972), 57—86.

Giglioli, Pier Paolo, ed. *Language and Social Context*. Baltimore: Penguin Books, 1972.

Glucksmann, André. "The Althusserian Theatre." *New Left Review*, no. 72 (1972), 68—92.

Gouldner, Alvin W. *For Sociology: Renewal and Critique in Sociology Today*. New York: Basic Books, 1973.

Gumperz, John, and Hymes, Dell, eds. *Directions in Sociolinguistics*. New York: Holt, Rinehart and Winston, 1972.

Gurwitsch, Aron. *Studies in Phenomenology and Psychology*. Evanston, Ill.: Northwestern University Press, 1966.

Habermas, Jürgen. *Erkenntnis und Interesse*. Frankfurt am Main: Suhrkamp Verlag, 1968.

——. *Knowledge and Human Interests*. Translated by Jeremy J. Shapiro. Boston: Beacon Press, 1971.

——. *Legitimation Crisis.* Translated by Thomas McCarthy. Boston: Beacon Press, 1975.

——. *Legitimationsprobleme im Spatkäpitalismus*. Frankfurt am Main: Suhrkamp Verlag, 1973.

——. "On Systematically Distorted Communication." *Inquiry*, 13 (1970), 205—218.

——. "A Postscript to *Knowledge and Human Interests*." *Philosophy of the Social Sciences,* 3 (1973), 157—185.

——. "Rationalism Divided in Two: A Reply to Albert." In *Positivism and Sociology*, edited by Anthony Giddens. London: Heinemann Educational Books, 1974.

——. *Technik und Wissenschaft als 'Ideologie.'* Frankfurt am Main: Suhrkamp Verlag, 1968.

——. *Theorie und Praxis.* Frankfurt am Main: Suhrkamp Verlag, 1971.

——. *Theory and Practice*. Translated by John Viertel. Boston: Beacon Press, 1973.

——. *Toward a Rational Society*. Translated by Jeremy J. Shapiro. Boston: Beacon Press, 1970.

——. "Towards a Reconstruction of Historical Materialism." *Theory and Society*, 2 (1975), 287—300.

——. "Towards a Theory of Communicative Competence." *Inquiry*, 13 (1970), 360—375.

——. "Der Universalitätsanspruch der Hermeneutik." In *Hermeneutik und Ideologiekritik*. Frankfurt am Main: Suhrkamp Verlag, 1971.

——. "Wahrheitstheorien." In *Wirklichkeit und Reflexion: Walter Schulz z. 60. Geburtstag*. Edited by H. Fahrenbach. Pfullingen: Neske, 1973.

——. *Zur Logik der Sozialwissenschaften.* Frankfurt am Main: Suhrkamp Verlag, 1970.

Habermas, Jürgen, and Luhmann, Niklas. *Theorie der Gesellschaft oder Sozialtechnologie—Was leistet die Systemforschung?* Frankfurt am Main: Suhrkamp Verlag, 1971.

Harré, R., and Secord, P. F. *The Explanation of Social Behaviour*. Oxford: Basil Blackwell, 1972.

Hauser, Philip M. "The Chaotic Society: Product of the Social Morphological Revolution." *American Sociological Review*, 34 (1969), 1—18.

Hegel, G. W. F. *The Phenomenology of Mind*. Translated by J. B. Baillie. New York: Macmillan, 1949.

Hempel, Carl G. *Aspects of Scientific Explanation*. New York: The Free Press, 1965.

——. "Problems of Concept and Theory Formation in the Social Sciences." In *Science, Language, and Human Rights*. Philadelphia: University of Pennsylvania Press, 1952. (Papers for the symposia held at the annual meeting of the Eastern Division of the American Philosophical Association.)

Henle, M.; Jaynes, J.; and Sullivan, J. J., eds. *Historical Conceptions of Psychology*. New York: Springer Publishing Co., 1973.

Hesse, Mary. "In Defence of Objectivity." In *Proceedings of the British Academy*, Vol. 58. London: Oxford University Press, 1972.

Hollis, Martin. "Witchcraft and Winchcraft." *Philosophy of the Social Sciences*, 2 (1972), 89—103.

Homans, George C. "Bringing Men Back In." *American Sociological Review*, 29 (1964), 809—818.

——. *The Nature of Social Science*. New York: Harcourt Brace Jovanovich, 1967.

Horkheimer, Max. *Critical Theory*. New York: The Seabury Press, 1972.

——. *Kritische Theorie*. Edited by Alfred Schmidt. 2 vols. Frankfurt am Main: S. Fischer, 1968.

Howard, Dick. "A Politics in Search of the Political." *Theory and Society*, 1 (1974), 271—306.

Hull, Clark L. *Principles of Behavior*. New York: Appleton-Century-Crofts, 1943.

Husserl, Edmund. *Cartesian Meditations: An Introduction to Phenomenology*. Translated by Dorion Cairns. The Hague: Martinus Nijhoff, 1960.

——. *The Crisis of European Sciences and Transcendental Phenomenology*. Translated with an introduction by David Carr. Evanston, Ill.: Northwestern University Press, 1970.

Hymes, Dell, ed. *Language in Culture and Society*. New York: Harper & Row, 1964.

——, ed. *Reinventing Anthropology*. New York: Pantheon Books, 1972.

Jarvie, I. C."Understanding and Explanation in Sociology and Social Anthropology." In *Explanation in the Behavioural Sciences*, edited by Robert Borger and Frank Cioffi. Cambridge: Cambridge University Press, 1970.

Jay, Martin. *The Dialectical Imagination.* Boston: Little, Brown and Company,1973.

Kolakowski, Leszek. "Althusser's Marx." *The Socialist Register*(1971), 111—128.

Kordig, Carl R. *The Justification of Scientific Change.* New York: Humanities Press, 1971.

Kuhn, Thomas S. "'Comment' on the Relations of Art and Science." *Comparative Studies in Society and History*, 11 (1969), 403—412.

——."Reflections on My Critics." In *Criticism and the Growth of Knowledge,* edited by Imre Lakatos and Alan Musgrave. Cambridge: Cambridge University Press, 1970.

——. "Second Thoughts on Paradigms." In *The Structure of Scientific Theories,* edited by Frederick Suppe. Urbana: University of Illinois Press, 1974.

——.*The Structure of Scientific Revolutions.* 2nd ed. enl. Chicago: University of Chicago Press, 1970.

Labov, William. *Sociolinguistic Patterns.* Philadelphia: University of Pennsylvania Press, 1972.

LaCapra, Dominick. *Emile Durkheim: Sociologist and Philosopher*. Ithaca, N. Y.: Cornell University Press, 1972.

Lakatos, Imre, and Musgrave, Alan, eds. *Criticism and the Growth of Knowledge.* Cambridge: Cambridge University Press, 1970.

Laslett, Peter, ed. *Philosophy, Politics and Society*. First Series. New York: Macmillan, 1956.

——, and Runciman, W. G., eds. *Philosophy, Politics and Society*. Second Series. Oxford: Basil Blackwell, 1962.

Leiss, William. *The Domination of Nature*. New York: George Braziller, 1972.

——. "Husserl's Crisis." *Telos*, no. 8 (1971), 109—120.

Lichtheim, George. *The Concept of Ideology and Other Essays*. New York: Vintage Books, 1967.

——. *From Marx to Hegel*. New York: Herder and Herder, 1971.

Louch, A. R. *Explanation and Human Action*. Berkeley: University of California Press, 1969.

——. "On Misunderstanding Mr. Winch." *Inquiry*, 7 (1965), 212—216.

——. "The Very Idea of a Social Science." *Inquiry*, 6 (1963), 273—286.

Lukes, Steven. *Emile Durkheim: His Life and Work*. London: Allen Lane, The Penguin Press, 1973.

McCarthy, T. A. "A Theory of Communicative Competence." *Philosophy of the Social Sciences*, 3 (1973), 135—156.

MacIntyre, Alasdair. *Against the Self-Images of the Age*. New York: Schocken Books, 1971.

Marcuse, Herbert. *Negations*. Boston: Beacon Press, 1968.

——. *One Dimensional Man*. Boston: Beacon Press, 1964.

——. *Reason and Revolution*. New York: Oxford University Press, 1941.

Marx, Karl. *Grundrisse*. Translated with a foreword by Martin Nicolaus. New York: Vintage Books, 1973.

——. *Writings of the Young Marx on Philosophy and Society*. Edited and translated by Loyd D. Easton and Kurt H. Guddat. New York: Anchor Books, 1967.

Mastermann, Margaret. "The Nature of a Paradigm." In *Criticism and the Growth of Knowledge*. Edited by Imre Lakatos and Alan Musgrave. Cambridge: Cambridge

University Press, 1970.

Merleau-Ponty, Maurice. *Phenomenology of Perception.* Translated by Colin Smith. New York: Humanities Press, 1962.

——. *Signs.* Translated by Richard C. McCleary. Evanston, Ill.: Northwestern University Press, 1964.

Merton, Robert K. *Social Theory and Social Structure.* Glencoe, Ill.: The Free Press, 1949. (Rev. and enl. ed., The Free Press, 1957; enl. ed., The Free Press, 1968.)

——.*The Sociology of Science*. Chicago: University of Chicago Press, 1973.

Mills, C. Wright. *The Sociological Imagination.* New York: Oxford University Press, 1959.

Nagel, Ernest. "A Formalization of Functionalism." In *Logic without Metaphysics.* Glencoe, Ill.: The Free Press, 1956.

——. "Problems of Concept and Theory Formation in the Social Sciences." In *Science, Language, and Human Rights.* Philadelphia: University of Pennsylvania Press, 1952. (Papers for the symposia held at the annual meeting of the Eastern Division of the American Philosophical Association.)

——. *The Structure of Science*. New York: Harcourt Brace Jovanovich, 1961.

Natanson, Maurice. *Edmund Husserl: Philosopher of Infinite Tasks.* Evanston, Ill.: Northwestern University Press, 1973.

——, ed. *Phenomenology and Social Reality: Essays in Memory of Alfred Schutz.* The Hague: Martinus Nijhoff, 1970.

——, ed. *Phenomenology and the Social Sciences.* 2 vols. Evanston, Ill.: Northwestern University Press, 1973.

Negt, Oskar. "Revolution und Geschichte: Eine Kontroverse mit Jürgen Habermas." In *Politik als Protest.* Frankfurt am Main: Suhrkamp Verlag, 1971.

Nell, Edward J. "The Revival of Political Economy." *Social Research*, 39 (1972), 32—52.

Nichols, Christopher. “Science or Reflection: Habermas on Freud.” *Philosophy of the Social Sciences,* 2 (1972), 261—269.

O’Neill, John. *Sociology as a Skin Trade*. New York: Harper Torchbooks, 1972.

Paci, Enzo. *The Function of the Sciences and the Meaning of Man.* Translated with an introduction by Paul Piccone and James E. Hansen. Evanston, Ill.: Northwestern University Press, 1972.

Parsons, Talcott, and Smelser, Neil J. *Economy and Society.* New York: The Free Press, 1956.

Peabody, Gerald E. “Scientific Paradigms and Economics: An Introduction.” *Review of Radical Political Economics,* 3 (1971), 1—16.

Piccone, Paul. “Phenomenological Marxism.” *Telos*, no. 9 (1971), 3—31.

——. “Reading the Crisis.” *Telos*, no. 8 (1971), 121—129.

Pitkin, Hanna F. *Wittgenstein and Justice*. Berkeley: University of California Press, 1972.

Plamenatz, John. *Ideology.* New York: Praeger, 1970.

Pocock, J. G. A. *Politics, Language and Time*. New York: Atheneum, 1971.

Popper, Karl R. “Normal Science and Its Dangers.” In *Criticism and the Growth of Knowledge,* edited by Imre Lakatos and Alan Musgrave. Cambridge: Cambridge University Press, 1970.

——. *Objective Knowledge: An Evolutionary Approach.* Oxford: Oxford University Press, 1972.

——. *The Open Society and Its Enemies*. 5th ed. London: Routledge & Kegan Paul, 1966.

——. *The Poverty of Historicism.* Rev. ed. London: Routledge & Kegan Paul, 1972.

Psathas, George. *Phenomenological Sociology.* New York: John Wiley & Sons, 1973.

Radnitzky, Gerhard. *Contemporary Schools of Metascience.* New York: Humanities Press, 1970.

Rawls, John. *A Theory of Justice*. Cambridge: Harvard University Press, 1971.

Review of Radical Political Economics: Special Issue on Radical Paradigms in Economics, 3 (1971).

Ricoeur, Paul. *Husserl: An Analysis of His Phenomenology*. Translated by Edward G. Ballard and Lester E. Embree. Evanston, Ill.: Northwestern University Press, 1967.

Roche, Maurice. *Phenomenology, Language and the Social Sciences*. London: Routledge & Kegan Paul, 1973.

Rorty, Richard M. "The World Well Lost." *Journal of Philosophy*, 69 (1972), 649—665.

Rosenthal, David M., ed. *Materialism and the Mind-Body Problem*. Englewood Cliffs, N.J.: Prentice-Hall, 1971.

Rudner, Richard S. *Philosophy of Social Science*. Englewood Cliffs, N.J.: Prentice-Hall, 1966.

Runciman, W. G. *A Critique of Max Weber's Philosophy of Social Science*. Cambridge: Cambridge University Press, 1972.

Ryan, Alan. "'Normal' Science or Political Ideology?" In *Philosophy, Politics and Society*, Fourth Series, edited by Peter Laslett, W. G. Runciman, and Quentin Skinner. Oxford: Basil Blackwell, 1972.

——. *The Philosophy of the Social Sciences*. London: Macmillan, 1970.

Scharr, John H. "Legitimacy in the Modern State." In *Power and Community: Dissenting Essays in Political Science*. New York: Vintage Books, 1970.

Scheffler, Israel. *Science and Subjectivity*. Indianapolis: Bobbs-Merrill Co., 1967.

Scholte, Robert. "The Structural Anthropology of Claude Levi-Strauss." In *Handbook of Social and Cultural Anthropology*. Edited by John J. Honigman. Chicago: Rand McNally, 1973.

Schroyer, Trent. *The Critique of Domination*. New York: George Braziller, 1973.

Schutz, Alfred. *Collected Papers*. Vol. I. Edited and with an introduction by Maurice

Natanson. The Hague: Martinus Nijhoff, 1962.

——. *Collected Papers.* Vol. II. Edited by Avrid Brodersen. The Hague: Martinus Nijhoff, 1964.

——. *Collected Papers*. Vol. III. Edited by I. Schutz. The Hague: Martinus Nijhoff, 1966.

——. *The Phenomenology of the Social World.* Translated by George Walsh and Frederick Lehnert. Evanston. Ill.: Northwestern University Press, 1967.

——. *Reflections on the Problems of Relevance*. New Haven: Yale University Press, 1970.

Schutz, Alfred, and Luckmann, Thomas. *The Structures of the Life-World*. Evanston, Ill.: Northwestern University Press, 1973.

Sellars, Wilfrid. "Metaphysics and the Concept of a Person." In *The Logical Way of Doing Things*, edited by Karel Lambert. New Haven: Yale University Press, 1969.

——. *Science and Metaphysics*. New York: Humanities Press, 1969.

——. *Science, Perception and Reality*. New York: Humanities Press, 1963.

——. "Science, Sense Impressions, and Sensa: A Reply to Cornman." *Review of Metaphysics*, 24 (1971), 319—447.

——. "... this I or he or it (the thing) which thinks. ..." *Proceedings and Addresses of the American Philosophical Association,* 44 (1970—1971), 5—31.

Sellars, Wilfrid, and Chisholm, Roderick M. "Intentionality and the Mental." In *Minnesota Studies in the Philosophy of Science*. Vol. II, edited by Herbert Feigl, Michael Scriven, and Grover Maxwell. Minneapolis: University of Minnesota Press, 1958.

Selvin, Hanan C. "Durkheim's Suicide and Problems of Empirical Research." *American Journal of Sociology*, 62 (1958), 609—619.

Shapere, Dudley. "Meaning and Scientific Change." In *Mind and Cosmos*, edited by Robert G. Colodny. Pittsburgh: University of Pittsburgh Press, 1966.

——. "The Structure of Scientific Revolutions." *Philosophical Review,* 73 (1964), 383—394.

Skinner, Quentin. "The Empirical Theorists of Democracy and Their Critics: A Plague on Both Their Houses." *Political Theory*, 1 (1973), 287—306.

Smart, J. C. C. *Philosophy and Scientific Realism.* New York: Humanities Press, 1963.

Smelser, Neil J. *Essays in Sociological Explanation.* Englewood Cliffs, N.J.: Prentice-Hall, 1968.

——. *Social Change in the Industrial Revolution.* London: Routledge & Kegan Paul, 1959.

——. "Some Personal Thoughts on the Pursuit of Sociological Problems." *Sociological Inquiry*, 39 (1969), 155—168.

——. "Some Replies and Some Reflections." *Sociological Inquiry*, 39 (1969), 213—217.

——. *Theories of Collective Behavior*. New York: The Free Press, 1963.

Sokolowski, Robert. *The Formation of Husserl's Concept of Constitution.* The Hague: Martinus Nijhoff, 1970.

——. "Husserl's Protreptic." In *Life-World and Consciousness,* edited by Lester E. Embree. Evanston, Ill.: Northwestern University Press, 1972.

Spiegelberg, Herbert. *The Phenomenological Movement.* The Hague: Martinus Nijhoff, 1965.

——. *Phenomenology in Psychology and Psychiatry*. Evanston, Ill.: Northwestern University Press, 1972.

Strauss, Leo. *Natural Right and History*. Chicago: University of Chicago Press, 1953.

Strawson, P. F. *Individuals: An Essay in Descriptive Metaphysics.* London: Methuen & Co., 1959.

Sweezy, Paul M. "Toward a Critique of Economics." *Review of Radical Political*

Economics, 3 (1971), 59—66.

Taylor, Charles. *The Explanation of Behaviour*. New York: Humanities Press, 1964.

——. "Interpretation and the Sciences of Man." *Review of Metaphysics*, 25 (1971), 3—51.

——. "Neutrality in Political Science." In *Philosophy, Politics and Society,* Third Series, edited by Peter Laslett and W. G. Runciman. Oxford: Basil Blackwell, 1969.

Therborn, Göran. "Frankfurt Marxism: A Critique." *New Left Review*, no. 63 (1970), 65—96.

——. "Habermas: A New Eclectic." *New Left Review,* no. 67 (1971), 69—83.

Toulmin, Stephen. *Human Understanding*. Vol. I. Princeton, N. J.: Princeton University Press, 1972.

Tribe, Laurence H. "Policy Science: Analysis or Ideology?" *Philosophy and Public Affairs*, 2 (1972), 66—113.

Truman, David B. "Disillusion and Regeneration: The Quest for a Discipline." *American Political Science Review,* 59 (1966), 865—873.

——. "The Implications of Political Behavior Research." *Items* (Social Science Research Council), 5 (1951), 37—39.

von Wright, George Henrik. *Explanation and Understanding*. Ithaca, N. Y.: Cornell University Press, 1971.

Waismann, F. "Language Strata." In *How I See Philosophy*. New York: St. Martin's Press, 1968.

Weber, Max. *Max Weber*. Edited by Denis Wrong. Makers of Modern Social Science. Englewood Cliffs, N.J.: Prentice-Hall, 1970.

——. *The Methodology of the Social Sciences.* Translated and edited by Edward A. Shils and Henry A. Finch. New York: The Free Press, 1949.

——. "Science as a Vocation." In *From Max Weber: Essays in Sociology,* translated and edited by H. H. Gerth and C. Wright Mills. New York: Oxford University

Press, 1946.

——.*The Theory of Social and Economic Organization*. Edited by Talcott Parsons. New York: The Free Press, 1947.

Wellmer, Albrecht. "Communication and Emancipation: Reflections on the 'Linguistic Turn' in Critical Theory." In *Stony Brook Studies in Philosophy*. Edited by P. Bryns, C. Evans, and D. Howard, 1 (1974).

——. *Critical Theory of Society.* New York: Herder and Herder, 1971.

Wilson, Bryan R., ed. *Rationality.* Oxford: Basil Blackwell, 1970.

Winch, Peter. *Ethics and Action.* London: Routledge & Kegan Paul, 1972.

——. *The Idea of a Social Science and Its Relation to Philosophy*. London: Routledge & Kegan Paul, 1958.

——. "Mr. Louch's Idea of a Social Science." *Inquiry*, 7 (1964), 202—208.

Wittgenstein, Ludwig. *Philosophical Investigations.* New York: Macmillan, 1953.

Wolin, Sheldon S. "Paradigms and Political Theories." In *Politics and Experience*, edited by Preston King and B. C. Parekh. Cambridge: Cambridge University Press, 1968.

——. "Political Theory as a Vocation." In *Machiavelli and the Nature of Political Thought,* edited by Martin Fleisher. New York: Atheneum, 1972.

Zaner, Richard M. "Solitude and Sociality: The Critical Foundations of the Social Sciences." In *Phenomenological Sociology: Issues and Applications,* edited by George Psathas. New York: John Wiley & Sons, 1973.

——. "Theory of Intersubjectivity: Alfred Schutz." *Social Research*, 28 (1961), 71—93.

人名索引

（条目后的数字为原书页码，见本书边码）

主题索引

（条目后的数字为原书页码，见本书边码）

译后记

一

20世纪60年代欧美学生运动风起云涌，对欧美社会、政治、文化、学术（尤其是社会科学）的冲击很大、影响深远。伯恩斯坦在本书导言一开头就说：“20世纪60年代我正在撰写《实践与行动》一书时，就深深感觉到有些新思潮正在蕴酿——学术思想的思考模式、强调重点以及关注对象都逐渐在改变。”《实践与行动》于1971 年出版。60、70年代随着欧美社会运动和社会政治变迁，学术界也充满活力，许多新思潮或新学派出现，诸如新左派、结构马克思主义、英国激进哲学团体（批判实在论）、分析马克思主义等等；许多激进的、批判性的学者及著作如雨后春笋，诸如美国的米尔斯、古尔德纳、库恩、本书作者伯恩斯坦等等，德国的阿多诺、哈贝马斯、阿佩尔、魏尔默等等，在英国有E.P.汤普森、霍布斯鲍姆、安德森、吉登斯等等；法国有阿尔都塞、普兰查斯、高兹等等。以上的列举挂一漏万，只是借此管窥当时学术思想界之鼎盛。

当时的社会运动与学术思想其实是互相呼应、互相影响的。众所周知，20世纪60年代欧美学生运动受法兰克福学派（尤其是阿多诺和马尔库塞）思想影响颇大，尤其马尔库塞的《单向度的人》一书几乎成为欧美学生运动的手册。

二

伯恩斯坦于1958年从美国耶鲁大学获得哲学博士学位，之后继续留在耶鲁任教。他的学术事业始于对美国实用主义的研究,博士论文是关于“杜威的经验形上学”，其后几年出版了几本关于杜威和皮尔斯的书。

上述的《实践与行动》一书,可说是他的成名作,70年代就有德文和西班牙文的译本了。该书是他对实用主义研究的进一步延伸,因为除了花相当多的篇幅(60多页)论述皮尔斯和杜威的思想之外,《实践与行动》还探讨马克思、黑格尔、克尔凯郭尔、萨特及分析哲学的相关思想。

本书《社会政治理论的重构》则是在1976年出版,获得更广泛的回响,目前已知就有德文、意大利文及西班牙文的译本,且(不知何时)在作者的网页履历著作栏注明中文译本即将出版。*

其后伯恩斯坦更是生产力十足,新作不断问世,如今已是著作等身了。除了上述美国实用主义之外,伯恩斯坦尚以批判理论、哈贝马斯、后经验论及后实证论的研究闻名于世，这些研究汇合于本书。除了吉登斯、麦卡锡、赫尔等人之外,伯恩斯坦是英语世界第一代探讨并倡导哈贝马斯批判理论的主要学者，也是沟通欧陆与英美两方学术思想的主要学者。

三

他在本书中花了四分之一篇幅(第四章)探究哈贝马斯,当作是当代社会政治理论的高峰。他在本书结论中写道:“一套健全的社会政治

* http://www.newschool.edu/gf/liberal/faculty/bernstein_r/RichardBernstein_CV.pdf

理论应该是经验性的、解释性的及批判性的。"这个结论及其隐含的架构其实是哈贝马斯的。在哈贝马斯综合性知识论架构中，知识的生产根据人类的认知兴趣，而认知兴趣则是根植于社会生活。人类社会生活有三种要素：劳动、互动以及权力宰制，这三种生活要素衍生三种认知兴趣：技术兴趣、实践兴趣及解放兴趣，由此又衍生出三种知识学科：经验性—分析性学科、历史性—诠释性学科及批判性学科，三种知识学科进而产生三种知识形态：信息、解释和批判。这三种学科和知识并不是互斥的，经验现象中的规律性或齐一性必须加以批判性的鉴别，以检定此规律性或齐一性到底是反映特定时空权力关系或意识形态所冻结的关系，还是人的行动中真正不变的关联，所以经验性—分析性学科也需要意识形态批判；而解释在顾及主观解释之际，也应慎防沦为行动者意识形态的反映而已，所以历史性—诠释性学科也同样需要意识形态批判。而批判性学科（以心理分析和政治经济学批判为范例）也需要因果分析和意义诠释，在解放兴趣的引导下让这二者放在同一架构中互相辩证，以提防盲目、错误的因果性和虚假的主观性，这样做本身就具有批判性了，对于恰当地理解对象不可或缺。所以三种学科和知识应当在解放兴趣的引导下适当地结合起来。*伯恩斯坦三十年后（2007）为中译本撰写的序中说，上述的结论在今天还是站得住脚的，而且更为相关。

本书在认识论上采取哈贝马斯的批判立场作为制高点，依次来检视经验理论（第一章）、分析性科学哲学和社会政治理论（第二章）以及舒茨的社会现象学（第三章），最后是哈贝马斯的社会批判理论（第四章）。虽然本书所检视的理论流派甚多，线索纷繁，然而在一贯的制高观点的梳理之下，当代社会政治理论脉络分明、条理清晰，而且隐然有一个辩证的轨迹存在。在辩证历程中，各个环节或阶段开始出现时尽情展

* 参阅黄瑞祺著《社会理论与社会世界》（北京：北大出版社），第121—124页；《批判社会学》（修订三版）（台北：三民书局，2007），第125—134页。

现其精华，世人颇能欣赏其优点和力量，盛极而衰之后，逐渐暴露其破绽或缺点。等到缺点或破绽逐渐严重，于是另一个环节或阶段出现了，取而代之。类似的历程周而复始。

四

本书从表层来看是一本引介当代社会政治理论几个流派的书，所以对诸如默顿、内格尔、温奇、舒茨、哈贝马斯等的理论都有详细精当的分析。再从深一层来看，它所呈现的理论流派并不是互不相联系的，其呈现的方式也不是平铺直叙的个别介绍，而是如上述排列成一个辩证的顺序，有优劣、高下之分，而其根据主要是在“知识论—科学哲学—方法论”*这一根轴线上，具体而言就是诸如认知兴趣、自然/社会科学的异同、理论和科学说明的形式和功能、理论家的角色、事实与价值的关系、因果分析与主观解释的必要和限制、社会政治理论中批判的必要性和结构等等线索。这些线索诚然复杂，一言以蔽之，伯恩斯坦一方面沿着这些线索批判社会科学中的经验主义和实证主义，另一方面朝向一种后经验主义和后实证主义迈进。这一种经验主义/后经验主义和实证主义/后实证主义区别的关键就是从解放的认知兴趣来证成批判科学，坚持社会/自然科学的差异和分际，社会科学应该被建立成为一种批判(critique)，这包含因果分析和意义诠释。这根本上还是哈贝马斯的立场，伯恩斯坦从这一个立场上来看一些社会政治理论，逐一加以判别，并组成一个漂亮的辩证历程。追随哈贝马斯这个知识论立场并加以发展的，比较杰出的除了伯恩斯坦之外，还有吉登斯、拉德尼茨基、麦卡锡

---

* 虽然哈贝马斯曾批评：由于实证主义的影响，知识论被化约为科学哲学(因为科学被当作最高级的、甚至唯一正当的知识)，而科学哲学又被化约为方法论(因为要求可操作)。不过这三者经常是有密切关联的、连续的，没有明确的界线。

等人。*所以本书不但是一本引介当代西方社会政治理论的好书,而且是一本探讨"知识论—科学哲学—方法论"的好书,言之成理、持之有故。

五

我最早研读本书是在台湾大学攻读硕士学位的时候,当时颇有"惊艳"之感,也对于我理解哈贝马斯、舒茨、库恩以及温奇等的理论帮助颇大。后来教书时也曾用过这本书当教材,效果不错。并曾试译其中一部分"徐志**的社会现象学"发表在期刊上(《思与言》,第十九卷第五期,1982)。其后到英国剑桥大学进修时,上导师吉登斯的课,这本书赫然又是指定参考书之一。由于与这本书渊源颇深乃动念译出全书,其后虽曾受台湾的出版社委托翻译这本书,却因故未能完成履约,一直觉得遗憾。2004年幸蒙清华大学彭刚教授引介,与南京译林出版社订约,去年以来排除杂事奋力完成,以解除多年来的遗憾。日前延请作者伯恩斯坦为中译本撰写序言,也蒙应允,深觉机缘成熟。回首这个过程漫长曲折,其中因缘不可思议。在此尽管有挂一漏万之虞,我还是要感谢张琇玮和张文绮两位的协助,使中译本更加完善。

黄瑞祺

2007年4月1日于台北南港听雨斋

---

* 参阅 A. Giddens, *New Rules of Sociological Method* (London: Hutchison, 1976); G. Radnitzky, *Contemporary schools of metascience* (Chicago: Henry Regnery Company, 1973); T. McCarthy, *The Critical Theory of Jürgen Habermas* (Cambridge: Polity Press, 1978)。本人也曾应用哈贝马斯三种认知兴趣来区别社会学的三大传统:实证社会学、解释社会学及批判社会学,参阅上引《社会理论与社会世界》,第3—30页;《批判社会学》,第9—44页。

** Alfred Schutz,译者曾译作"徐志",现在则从众译为"舒茨"。基于尊重历史,在此该译文篇名照旧。

人文与社会译丛

第一批书目

1.《政治自由主义》(增订版),[美]J. 罗尔斯著,万俊人译　118.00 元
2.《文化的解释》,[美]C. 格尔茨著,韩莉译　89.00 元
3.《技术与时间:1. 爱比米修斯的过失》,[法]B. 斯蒂格勒著,
裴程译　62.00 元
4.《依附性积累与不发达》,[德]A. G. 弗兰克著,高铦等译　13.60 元
5.《身处欧美的波兰农民》,[美]F. 兹纳涅茨基、W. I. 托马斯著,
张友云译　9.20 元
6.《现代性的后果》,[英]A. 吉登斯著,田禾译　45.00 元
7.《消费文化与后现代主义》,[英]M. 费瑟斯通著,刘精明译　14.20 元
8.《英国工人阶级的形成》(上、下册),[英]E. P. 汤普森著,
钱乘旦等译　168.00 元
9.《知识人的社会角色》,[美]F. 兹纳涅茨基著,郏斌祥译　26.00 元

第二批书目

10.《文化生产:媒体与都市艺术》,[美]D. 克兰著,赵国新译　49.00 元
11.《现代社会中的法律》,[美]R. M. 昂格尔著,吴玉章等译　39.00 元
12.《后形而上学思想》,[德]J. 哈贝马斯著,曹卫东等译　58.00 元
13.《自由主义与正义的局限》,[美]M. 桑德尔著,万俊人等译　30.00 元

14.《临床医学的诞生》,[法]M. 福柯著,刘北成译 55.00 元
15.《农民的道义经济学》,[美]J. C. 斯科特著,程立显等译 42.00 元
16.《俄国思想家》,[英]I. 伯林著,彭淮栋译 35.00 元
17.《自我的根源:现代认同的形成》,[加]C. 泰勒著,韩震等译 128.00 元
18.《霍布斯的政治哲学》,[美]L. 施特劳斯著,申彤译 49.00 元
19.《现代性与大屠杀》,[英]Z. 鲍曼著,杨渝东等译 59.00 元

第三批书目

20.《新功能主义及其后》,[美]J. C. 亚历山大著,彭牧等译 15.80 元
21.《自由史论》,[英]J. 阿克顿著,胡传胜等译 89.00 元
22.《伯林谈话录》,[伊朗]R. 贾汉贝格鲁等著,杨祯钦译 23.00 元
23.《阶级斗争》,[法]R. 阿隆著,周以光译 13.50 元
24.《正义诸领域:为多元主义与平等一辩》,[美]M. 沃尔泽著,褚松燕等译 24.80 元
25.《大萧条的孩子们》,[美]G. H. 埃尔德著,田禾等译 27.30 元
26.《黑格尔》,[加]C. 泰勒著,张国清等译 135.00 元
27.《反潮流》,[英]I. 伯林著,冯克利译 48.00 元
28.《统治阶级》,[意]G. 莫斯卡著,贾鹤鹏译 98.00 元
29.《现代性的哲学话语》,[德]J. 哈贝马斯著,曹卫东等译 78.00 元

第四批书目

30.《自由论》(修订版),[英]I. 伯林著,胡传胜译 69.00 元
31.《保守主义》,[德]K. 曼海姆著,李朝晖、牟建君译 16.00 元
32.《科学的反革命》(修订版),[英]F. 哈耶克著,冯克利译 58.00 元

33.《实践感》,[法]P. 布迪厄著,蒋梓骅译 75.00 元
34.《风险社会》,[德]U. 贝克著,何博闻译 17.70 元
35.《社会行动的结构》,[美]T. 帕森斯著,彭刚等译 80.00 元
36.《个体的社会》,[德]N. 埃利亚斯著,翟三江、陆兴华译 15.30 元
37.《传统的发明》,[英]E. 霍布斯鲍姆等著,顾杭、庞冠群译 21.20 元
38.《关于马基雅维里的思考》,[美]L. 施特劳斯著,申彤译 78.00 元
39.《追寻美德》,[美]A. 麦金太尔著,宋继杰译 68.00 元

第五批书目

40.《现实感》,[英]I. 伯林著,潘荣荣、林茂译 30.00 元
41.《启蒙的时代》,[英]I. 伯林著,孙尚扬、杨深译 35.00 元
42.《元史学》,[美]H. 怀特著,陈新译 89.00 元
43.《意识形态与现代文化》,[英]J. B. 汤普森著,高铦等译 68.00 元
44.《美国大城市的死与生》,[加]J. 雅各布斯著,金衡山译 29.50 元
45.《社会理论和社会结构》,[美]R. K. 默顿著,唐少杰等译 128.00 元
46.《黑皮肤,白面具》,[法]F. 法农著,万冰译 14.00 元
47.《德国的历史观》,[美]G. 伊格尔斯著,彭刚、顾杭译 58.00 元
48.《全世界受苦的人》,[法]F. 法农著,万冰译 17.80 元
49.《知识分子的鸦片》,[法]R. 阿隆著,吕一民、顾杭译 45.00 元

第六批书目

50.《驯化君主》,[美]H. C. 曼斯菲尔德著,冯克利译 68.00 元
51.《黑格尔导读》,[法]A. 科耶夫著,姜志辉译 45.00 元
52.《象征交换与死亡》,[法]J. 波德里亚著,车槿山译 68.00 元
53.《自由及其背叛》,[英]I. 伯林著,赵国新译 48.00 元

54.《启蒙的三个批评者》,[英]I. 伯林著,马寅卯、郑想译　48.00 元
55.《运动中的力量》,[美]S. 塔罗著,吴庆宏译　23.50 元
56.《斗争的动力》,[美]D. 麦克亚当、S. 塔罗、C. 蒂利著,李义中等译　31.50 元
57.《善的脆弱性》,[美]M. 纳斯鲍姆著,徐向东、陆萌译　55.00 元
58.《弱者的武器》,[美]J. C. 斯科特著,郑广怀等译　82.00 元
59.《图绘》,[美]S. 弗里德曼著,陈丽译　49.00 元

第七批书目

60.《现代悲剧》,[英]R. 威廉斯著,丁尔苏译　45.00 元
61.《论革命》,[美]H. 阿伦特著,陈周旺译　59.00 元
62.《美国精神的封闭》,[美]A. 布卢姆著,战旭英译,冯克利校　68.00 元
63.《浪漫主义的根源》,[英]I. 伯林著,吕梁等译　28.00 元
64.《扭曲的人性之材》,[英]I. 伯林著,岳秀坤译　22.00 元
65.《民族主义思想与殖民地世界》,[美]P. 查特吉著,范慕尤、杨曦译　18.00 元
66.《现代性社会学》,[法]D. 马尔图切利著,姜志辉译　32.00 元
67.《社会政治理论的重构》,[美]R. J. 伯恩斯坦著,黄瑞祺译　72.00 元
68.《以色列与启示》,[美]E. 沃格林著,霍伟岸、叶颖译　128.00 元
69.《城邦的世界》,[美]E. 沃格林著,陈周旺译　85.00 元
70.《历史主义的兴起》,[德]F. 梅尼克著,陆月宏译　48.00 元

第八批书目

71.《环境与历史》,[英]W. 贝纳特、P. 科茨著,包茂红译　25.00 元
72.《人类与自然世界》,[英]K. 托马斯著,宋丽丽译　35.00 元

73.《卢梭问题》,[德]E. 卡西勒著,王春华译 15.00元
74.《男性气概》,[美]H. C. 曼斯菲尔德著,刘玮译 28.00元
75.《战争与和平的权利》,[美]R. 塔克著,罗炯等译 25.00元
76.《谁统治美国》,[美]W. 多姆霍夫著,吕鹏、闻翔译 35.00元
77.《健康与社会》,[法]M. 德吕勒著,王鲲译 35.00元
78.《读柏拉图》,[德]T. A. 斯勒扎克著,程炜译 68.00元
79.《苏联的心灵》,[英]I. 伯林著,潘永强、刘北成译 59.00元
80.《个人印象》,[英]I. 伯林著,林振义、王洁译 35.00元

第九批书目

81.《技术与时间:2. 迷失方向》,[法]B. 斯蒂格勒著,赵和平、印螺译 59.00元
82.《抗争政治》,[美]C. 蒂利、S. 塔罗著,李义中译 28.00元
83.《亚当·斯密的政治学》,[英]D. 温奇著,褚平译 21.00元
84.《怀旧的未来》,[美]S. 博伊姆著,杨德友译 85.00元
85.《妇女在经济发展中的角色》,[丹]E. 博斯拉普著,陈慧平译 30.00元
86.《风景与认同》,[美]W. J. 达比著,张箭飞、赵红英译 68.00元
87.《过去与未来之间》,[美]H. 阿伦特著,王寅丽、张立立译 58.00元
88.《大西洋的跨越》,[美]D. T. 罗杰斯著,吴万伟译 108.00元
89.《资本主义的新精神》,[法]L. 博尔坦斯基、E. 希亚佩洛著,高铦译 58.00元
90.《比较的幽灵》,[美]B. 安德森著,甘会斌译 79.00元

第十批书目

91.《灾异手记》,[美]E. 科尔伯特著,何恬译 25.00元

92.《技术与时间:3. 电影的时间与存在之痛的问题》,
[法]B. 斯蒂格勒著,方尔平译 65.00 元
93.《马克思主义与历史学》,[英]S. H. 里格比著,吴英译 78.00 元
94.《学做工》,[英]P. 威利斯著,秘舒、凌旻华译 68.00 元
95.《哲学与治术:1572—1651》,[美]R. 塔克著,韩潮译 45.00 元
96.《认同伦理学》,[美]K. A. 阿皮亚著,张容南译 45.00 元
97.《风景与记忆》,[英]S. 沙玛著,胡淑陈、冯樨译 78.00 元
98.《马基雅维里时刻》,[英]J. G. A. 波考克著,冯克利、傅乾译 108.00 元
99.《未完的对话》,[英]I. 伯林、[波]B. P. -塞古尔斯卡著,
杨德友译 65.00 元
100.《后殖民理性批判》,[印]G. C. 斯皮瓦克著,严蓓雯译 79.00 元

第十一批书目

101.《现代社会想象》,[加]C. 泰勒著,林曼红译 45.00 元
102.《柏拉图与亚里士多德》,[美]E. 沃格林著,刘曙辉译 78.00 元
103.《论个体主义》,[法]L. 迪蒙著,桂裕芳译 30.00 元
104.《根本恶》,[美]R. J. 伯恩斯坦著,王钦、朱康译 78.00 元
105.《这受难的国度》,[美]D. G. 福斯特著,孙宏哲、张聚国译 39.00 元
106.《公民的激情》,[美]S. 克劳斯著,谭安奎译 49.00 元
107.《美国生活中的同化》,[美]M. M. 戈登著,马戎译 58.00 元
108.《风景与权力》,[美]W. J. T. 米切尔著,杨丽、万信琼译 78.00 元
109.《第二人称观点》,[美]S. 达沃尔著,章晟译 69.00 元
110.《性的起源》,[英] F. 达伯霍瓦拉著,杨朗译 85.00 元

第十二批书目

111.《希腊民主的问题》,[法]J. 罗米伊著,高煜译 48.00 元
112.《论人权》,[英]J. 格里芬著,徐向东、刘明译 75.00 元
113.《柏拉图的伦理学》,[英]T. 埃尔文著,陈玮、刘玮译 118.00 元
114.《自由主义与荣誉》,[美]S. 克劳斯著,林垚译 62.00 元
115.《法国大革命的文化起源》,[法]R. 夏蒂埃著,洪庆明译 38.00 元
116.《对知识的恐惧》,[美]P. 博格西昂著,刘鹏博译 38.00 元
117.《修辞术的诞生》,[英]R. 沃迪著,何博超译 48.00 元
118.《历史表现中的真理、意义和指称》,[荷]F. 安克斯密特著,周建漳译 58.00 元
119.《天下时代》,[美]E. 沃格林著,叶颖译 78.00 元
120.《求索秩序》,[美]E. 沃格林著,徐志跃译 48.00 元

第十三批书目

121.《美德伦理学》,[新西兰]R. 赫斯特豪斯著,李义天译 55.00 元
122.《同情的启蒙》,[美]M. 弗雷泽著,胡靖译 48.00 元
123.《图绘暹罗》,[美]T. 威尼差恭著,袁剑译 58.00 元
124.《道德的演化》,[新西兰]R. 乔伊斯著,刘鹏博、黄素珍译 65.00 元
125.《大屠杀与集体记忆》,[美]P. 诺维克著,王志华译 78.00 元
126.《帝国之眼》,[美]M. L. 普拉特著,方杰、方宸译 68.00 元
127.《帝国之河》,[美]D. 沃斯特著,侯深译 76.00 元
128.《从道德到美德》,[美]M. 斯洛特著,周亮译 58.00 元
129.《源自动机的道德》,[美]M. 斯洛特著,韩辰锴译 58.00 元
130.《种族与文化少数群体》,[美]G. E. 辛普森、[美]J. M. 英格尔著,马戎、王凡妹译(即出)

第十四批书目

131.《城邦与灵魂:费拉里〈理想国〉论集》,[美]G. R. F. 费拉里著,刘玮编译 58.00 元

132.《人民主权与德国宪法危机》,[美]P. C. 考威尔著,曹晗蓉、虞维华译 58.00 元

133.《16 和 17 世纪英格兰大众信仰研究》,[英]K. 托马斯著,芮传明、梅剑华译 168.00 元

134.《民族认同》,[英]A. D. 史密斯著,王娟译 55.00 元

135.《世俗主义之乐:我们当下如何生活》,[英]G. 莱文编,赵元译 58.00 元

136.《国王或人民》,[美]R. 本迪克斯著,褚平译(即出)

137.《哲学解释》,[美]R. 诺齐克著,林南、乐小军译(即出)

138.《自由与多元论:以赛亚·伯林思想研究》,[英]G. 克劳德著,应奇等译 58.00 元

139.《暴力:思无所限》,[美]R. J. 伯恩斯坦著,李元来译 59.00 元

140.《中心与边缘:宏观社会学论集》,[美]E. 希尔斯著,甘会斌、余昕译 88.00 元

第十五批书目

141.《自足的世俗社会》,[美]P. 朱克曼著,杨靖译 58.00 元

142.《历史与记忆》,[英]G. 丘比特著,王晨凤译 59.00 元

143.《媒体、国家与民族》,[英]P. 施莱辛格著,林玮译(即出)

144.《道德错误理论:历史、批判、辩护》,[瑞典]J. 奥尔松著,周奕李译(即出)

145.《废墟上的未来:联合国教科文组织、世界遗产与和平梦想》,
[澳]L. 梅斯克尔著,王丹阳译(即出)
146.《为历史而战》,[法]L. 费弗尔著,高煜译(即出)
147.《语言动物》,[加]C. 泰勒著,赵清丽译(即出)
148.《我们中的我:承认理论研究》,[德]A. 霍耐特著,
张曦、孙逸凡译(即出)
149.《人文学科与公共生活》,[美]P. 布鲁克斯编,
余婉卉译(即出)
150.《美国生活中的反智主义》,[美]R. 霍夫施塔特著,
何博超译 68.00 元